Cuaderno de ejercicios
y manual de laboratorio

Spanish for Oral and Written Review

FOURTH EDITION

Mario Iglesias

The Ohio State University

Harcourt Brace Jovanovich College Publishers

Fort Worth   Philadelphia   San Diego   New York   Orlando   Austin   San Antonio
Toronto   Montreal   London   Sydney   Tokyo

ISBN: 0-03-049478-8

Printed in the United States of America

1 2 3 4   066   9 8 7 6 5 4 3 2

Harcourt Brace Jovanovich, Inc.
The Dryden Press
Saunders College Publishing

PREFACE

This combined workbook and laboratory manual supplements **Spanish for Oral and Written Review,** fourth edition, by Mario Iglesias and Walter Meiden. It consists of three parts: (1) a set of written exercises, (2) a set of oral comprehension exercises, and (3) a set of oral expression exercises.

Cuaderno de ejercicios.

The written exercises in this workbook differ from those of the textbook. Most of these exercises encourage the student to show his or her understanding of the grammatical point involved by reacting freely but meaningfully to a statement or a question. On a few occasions the student must complete a statement or provide a given morphological item, such as an article.

There are three kinds of written exercises. Every chapter opens with a reading-comprehension exercise based on the reading selection at the beginning of each chapter in the textbook. Virtually all of these exercises differ in format, so that the student finds a challenge in approaching a reading without knowing *a priori* what to do. The student is asked to think, to interpret, and to react. No reading aids or reading strategies are given because at this level the student should be expected to move freely and without crutches through a reading. All instructions are given in Spanish; a little common sense will allow the student to guess correctly the meaning of some seemingly difficult words.

The reading-comprehension exercise is followed by three to five exercises on the vocabulary of the chapter, including that of the reading selection. Most of the words used in these exercises are in the vocabulary of the textbook or have been glossed in the chapter. However, the student may sometimes feel like using a dictionary to clarify a meaning. At this intermediate level, such consultations should be encouraged.

The third set of exercises in the *Cuaderno* consists of grammar exercises in which the student is challenged in many different ways to communicate ideas at the same time that he or she is learning a syntactical structure. Each exercise begins with instructions in Spanish followed by an example of what is expected from the student. Whenever an answer may be completed in a variety of ways, several suggested examples are given. The student is encouraged to use his or her imagination to enrich the learning experience.

Manual de Laboratorio

Comprensión oral.   This set of exercises must be done in a language laboratory, a listening center, or with a cassette tape player. In these exercises, the student is asked to listen to an utterance or paragraph, then react appropriately by selecting an answer to a question, indicating the nature or meaning of the statement heard, distinguishing verb forms, and performing other challenging comprehension activities.

The student should do these exercises no less than two times: the first time to become familiarized with the activity, the second to develop the specific language skill practiced in the exercise. The last listening-comprehension exercise in each chapter involves a more complex situation. The student will listen to a longer narration (a piece of news, a brief essay) and react by marking the statements that are related to the selection heard, or by answering briefly questions posed. The instructor will tell the student how to verify the correctness of his or her answers for these exercises.

Expresión oral.   Each chapter of the *Manual* offers the student several exercises for practicing orally the grammatical structures under study in the textbook. There is an example printed in the lab manual for the student to practice before completing the exercise, which is not printed.

As far as possible, the oral expression exercises are either contextualized or designed to offer practice in specific communicative functions of the language. The student will have the opportunity to verify accuracy instantly by comparing his or her answer with that given on the tape.

It is advisable to do the *Expresión oral* exercises in small groups of two or three students after practicing with the tape. This allows the students to build their own repertory and expand their linguistic horizons.

Mario Iglesias

Contents

Preface   *iii*

Cuaderno de ejercicios

1:   Demonstratives   1

2:   The Uses of Tenses in General   9

3:   Interrogatives   23

4:   The Use of Past Tenses in Narration   35

5:   Adjectives   49

6:   *Ser* and *estar*   59

7:   Personal Pronouns   73

8:   Adverbs   89

9:   The Article   99

10:   Possessives   111

11:   The Subjunctive   125

12:   Relative Pronouns   141

13:   Imperatives, Conditional Sentences, and Clauses of Concession   155

14:   Reflexives and the Verbs *gustar, faltar, and quedar*   171

15:   The Passive Voice and Impersonal Sentences   183

16:   Prepositions   199

17:   Infinitives and the Present Participle   213

18:   *De esto y de aquello*   225

Manual de laboratorio

1:   Demonstratives   239

2:   The Uses of Tenses in General   247

3:   Interrogatives   255

4:   The Use of Past Tenses in Narration   263

5:   Adjectives   271

6:   *Ser* and *estar*   279

7:   Personal Pronouns   287

8:   Adverbs   293

9:   The Article   299

10:   Possessives   305

11:   The Subjunctive   313

12:   Relative Pronouns   321

13:   Imperatives, Conditional Sentences, and Clauses of Concession   327

14:   Reflexives and the Verbs *gustar, faltar, and quedar*   337

15:   The Passive Voice and Impersonal Sentences   345

16:   Prepositions   351

17:   Infinitives and the Present Participle   359

18:   *De esto y de aquello*   367

Answer Key to Cuaderno de ejercicios   373

Answer Key to Manual de laboratorio   431

Cuaderno de ejercicios

C H A P T E R   1

Demonstratives

I. Lectura

1.1 Después de leer la selección «La señá Frasquita», marque **X** si los siguientes enunciados repiten la información que se da en la lectura. Si dan información que no aparece en la selección dada, déjelos en blanco.

1. _____ Los señores del pueblo iban al molino para ver a Frasquita.

2. _____ La señá Frasquita era una mujer extremadamente hermosa.

3. _____ A la señá Frasquita le gustaba que los hombres la admiraran.

4. _____ Todos los hombres nobles del pueblo enamoraban a Frasquita.

5. _____ Frasquita debería tener unos cuarenta años de edad.

6. _____ Frasquita era una mujer monumental: alta y algo gruesa, pero muy bien formada.

7. _____ Su cara era muy bonita y graciosa.

8. _____ Lucas y Frasquita habían nacido en Andalucía, pero ahora vivían en Navarra.

9. _____ Lucas era criado de un obispo y Frasquita era dueña del molino.

10. _____ Lucas y Frasquita se conocieron en Estella.

II. Vocabulario

2.1 Complete los siguientes párrafos con las palabras de la selección que se dan:

amenizar	chiquilla	legítima	mujer de bien	talla
colosal	edad	ligereza	poderosa	varón
contemplaban	estatura	molían	posturas	visitante

1. La señá Frasquita es una mujer _____. Su _____ está

por encima de lo normal, pero sus _____ de _____

graciosa le dan _____ al andar y al hablar.

2. Los _____ que iban al molino todas las tardes _____ a

Frasquita como _____ no la miraban con ojos de _____.

2.2 **Identificación.** Complete estas oraciones usando una de las tres palabras que se dan entre paréntesis.

1. _____ es una fruta tropical rica en vitamina C.
   (La manzana/El plátano/La pera)

2. Los alpinistas no han subido hoy a _____ ,porque hace muy mal
   tiempo. (la playa/la montaña/el río)

3. Riéndose, los niñitos se atacaron con _____ y la madre los puso a
   dormir. (almohadas/cajas/camisas)

4. La mamá _____ mucho con lo que le dijo la hija y no pudo dormir
   en toda la noche. (rió/se preocupó/se fue)

5. Tomás escuchó la cinta de Julio Iglesias en _____
   (el televidente/el magnetófono/el tocadiscos)

6. El maestro te miró con una cara _____ porque no entendió nada de
   lo que dijiste. (abierta/cerrada/sorprendida)

7. Es una lástima cubrir el piso de madera con una _____ tan mala como ésa. (mesa/silla/alfombra)

8. Esa camisa es _____ que ésta: cuesta dos dólares menos. (más barata/más cara/menor)

9. _____, prefiero ir a Toledo y no a Badajoz. (Estoy de acuerdo/En realidad/Pido)

10. No sé cómo _____ conmigo. (preguntarle/invitarla a salir/pedirle)

2.3 **Aplicación.** Exprese en español lo que se le pide en inglés.

1. Tell a friend that you really do not believe that you can ask your family for the car.

_____

_____

2. Refuse to wear a sweater because it does not look good on you.

_____

3. Express your agreement on an idea related to ecology. (Create the idea.)

_____

4. Express your dissatisfaction with everything you see by saying that you like neither this nor that.

_____

5. Express a favorable opinion on old European universities.

_____

2.4 **Definiciones.** Escriba la palabra definida.

1. Disputa o contienda entre dos o más deportistas o equipos.

_____

2. Parte del vestido femenino que se pone para cubrir desde el cuello hasta la cintura.

_____

3. Construcción u objeto, generalmente de madera, que puede servir para sentarse, comer, adornar, o dormir. Se usa en las piezas de la casa.

_____

4. El/La que lleva a cabo una acción heroica.

_____

5. Publicación periódica, generalmente semanal o mensual, que contiene artículos, fotografías e información de interés general.

_____

III. Gramática

3.1 **Sustitución.** Tache las palabras subrayadas y escriba en su lugar el adjetivo demostrativo que corresponda.

> *Ejemplo:* Necesito ~~algunas~~ esas entradas para el concierto.

1. En <u>la</u> época de los Reyes Católicos, España logró su unidad política.

2. Yo necesito <u>mi</u> coche (*nearby*) hoy por la noche.

3. <u>Los</u> muchachos que puedes ver allá ganaron el concurso.

4. ¿Usted se va a poner <u>la</u> camisa verde?

5. Dolores quiere *nuestra* bicicleta (*nearby*), pero yo no quiero prestársela.

3.2 A Completar. Complete las oraciones siguientes con una forma de esto, eso o aquello.

1. El jefe me llamó; me dijo que pasara a la oficina y que me sentara. _____ me pareció un poco raro.

2. No comprendo _____ ni _____. ¿Por qué no me lo explicas otra vez?

3. _____ se está poniendo muy feo y...¡me voy para casa!

4. —¿Qué es _____ que tienes en la mano?

   —Es una cámara fotográfica.

5. _____ que estás diciendo no tiene sentido ninguno.

6. _____ que ves allá lejos es una pirámide maya.

3.3 Preguntas y respuestas. Conteste negativamente las preguntas, usando pronombres demostrativos.

   Ejemplo: ¿Este coche es tuyo?
   No, **éste** no es el mío. El mío es **aquél**.

1. ¿Esos muchachos son tus hermanos?

   _____

2. ¿Compraste ese disco compacto?

   _____

3. ¿Esta niña es tu hija?

   _____

4. ¿Aquellos mapas son modernos o antiguos?

   _____

5. ¿Vas a arreglar ese coche ahora?

_____

3.4 **Selección de demostrativos.** Escriba en cada espacio en blanco la forma del demostrativo que corresponda. Selecciónelo dentro de las tres formas que se dan entre paréntesis al final.

> *Ejemplo:* ___**Esta**___ casa donde estamos es más grande que
> ___**la**___ de mi tío. (Esta/Esa/La) (ésta/esa/la)

1. No quiero que me des _____ sellos; prefiero _____
   que trajiste ayer. (aquellos/esos/los) (ésos/aquéllos/los)

2. _____ que viven muy lejos tienen que venir en el autobús de las
   siete de la mañana. (Esos/Estos/Los)

3. Puse todas las cosas tuyas en _____ mesa que está allí, a la salida del
   salón. (aquélla/aquella/esa)

4. _____ casas que vemos allí fueron construídas para _____
   que trabajan en el hospital general. (Estas/Las/Aquellas) (aquéllos/los/esos)

5. En _____ tiempos mis abuelos vivían en la Provincia de Lugo; yo
   no había nacido todavía. (estos/esos/aquellos)

3.5 **Composición: párrafos.** Escriba los párrafos que se indican a continuación.

1. Compare un hecho o costumbre del presente con uno del pasado. Use tres
   demostrativos diferentes.

_____

_____

_____

_____

2. Haga una relación de sus actividades diarias. Use tres demostrativos diferentes.

_____

_____

_____

_____

3.6 Composición: ensayo. Escriba una descripción de un lugar favorito que usted haya visitado con frecuencia. Use cinco demostrativos diferentes.

_____

_____

_____

_____

_____

_____

_____

_____

_____

_____

C H A P T E R   2

The Uses of Tenses in General

I. Lectura

1.1 Comprensión.   Después de leer el cuento «Leyenda», escriba la información que se pide en la forma más breve posible.

1. Nombres de los dos personajes: _____ y _____

2. Relación (parentesco) entre ambos: _____

3. Nombre del personaje que había muerto: _____

4. Lugar donde se encontraron: _____

5. Cómo eran los dos personajes: _____

6. Hora del día: _____

7. Quién mató a quién: _____

8. Qué es olvidar: _____

II. Vocabulario

2.1   Complete los siguientes párrafos con una forma conjugada o no de los infinitivos que se dan en esta lista:

advertir	declinar	hacer	recibir	tratar
asomar	dejar	llevarse	reconocerse	
caer	encontrarse	matar	recordar	
caminar	estar	pedir	sentarse	
comer	guardar	perdonar	ser	

1. Luisa _____ la cabeza por la ventana y después _____ hasta la sala y _____ en el sofá sin _____ que Tomás estaba leyendo allí.

2. _____ las cuatro de la tarde cuando el sol empezó a _____ tras las montañas que _____ al oeste.

3. El criminal _____ a muchos y ahora quiere que lo _____.

4. Pablo y Virginia habían cambiado de aspecto y no _____.

5. Ayer (yo) _____ de hablar con el nuevo director de la fábrica pero la secretaria no me _____ pasar a su despacho.

6. Los dos hombres _____ silencio durante unos minutos, se levantaron, _____ unos gestos raros con las manos y volvieron a _____ .

2.2 Identificación. Complete estas oraciones usando una de las tres palabras que se dan entre paréntesis.

1. _____ (La bailarina / La cajera / La lechera) del banco

   (se puso / se levantó / se afeitó) _____ (muy poderosa / muy

   ambiciosa / muy guapa) para recibir al nuevo administrador, un joven muy atractivo.

2. Los estudiantes _____ (vienen / están / son) gritando como locos

   en la plaza central _____ (hace que / desde hace / desde) cuatro

   horas, _____ (porque / pero / puesto) quieren hacer lo que

   (como / les da la gana / ganan). El alcalde de la ciudad _____

   (ha mandado / ha nadado / ha dejado) a los policías, para que _____

   (arreglen / enciendan / pongan) orden en la plaza.

3. Esta tarde voy a la tienda para _____ (jugar / cambiar / solicitar)

   una camisa que no me gusta mucho y para que me _____

   (logren / devuelvan / envuelvan) los regalos de Navidad.

4. ¿Por qué _____ (llovía / llovería / lloverá) cuando voy a

   _____ (pagar / desayunar / bailar) por la noche?

5. No _____ (hacía que / desde hacía / hacía) cuatro años

   que se (graduó / había graduado / graduaba) _____

   (sino que / sino / pero que) había empezado a estudiar.

6. Cuando Roberto _____ (se hizo / se volvió / se convirtió [en])

   abogado, _____ (se hizo / se volvió / se convirtió) muy

   ambicioso.

11

2.3 Aplicación. Exprese en español lo que se le pide en la orden que se le da en inglés.

1. Advise a friend to turn on the lights in winter to avoid becoming depressed.

_____

_____

2. Tell your friend that there is nothing in the refrigerator but an old apple pie, and that you are very hungry.

_____

_____

3. Ask your friend to leave the door open for you.

_____

_____

4. Tell your teacher that Ricky is not here. He is probably sick.

_____

_____

5. Tell your father that you have not received a check for ten weeks.

_____

_____

6. Refuse to take this road because it is longer than the other.

_____

_____

2.4 Definiciones. Escriba la palabra definida en el espacio en blanco que se da.

1. Que tiene mucho poder, o bienes económicos:

———————————————————————————————

2. El más alto representante diplomático de un país:

———————————————————————————————

3. Que tiene comodidad:

———————————————————————————————

4. Reunir varias cantidades en una sola:

———————————————————————————————

5. Tomar la comida final del día:

———————————————————————————————

6. Terminar, concluir:

———————————————————————————————

7. Meter el cuerpo en agua, enjabonarlo y enjuagarlo:

———————————————————————————————

8. Tomar la primera comida del día:

———————————————————————————————

9. Estar en contra:

———————————————————————————————

10. Miembros de una familia:

———————————————————————————————

III. *Gramática*

3.1   A completar libremente.   Complete significativamente estas oraciones.

> Ejemplo: María había salido con Nicolás muchas veces, pero ahora...
>   Posibilidades: **...no quiere verlo ni en pintura.**
>   **...no sale con él ni con nadie.**
>   **...sólo sale con Manolo.**

1. Mañana hablaremos con el jefe, pero hoy _____

   _____ .

2. Te lo habría dicho ayer, pero ahora _____

   _____ .

3. Le hemos leído todos los cuentos a Jorgito y, por eso, ahora _____

   _____ .

4. La semana pasada, Alfredo me había pedido dinero, pero esta mañana _____

   _____ .

5. Nosotros haríamos la comida todos los días, pero en días como hoy _____

   _____ .

6. Esteban gastaba mucho cuando vivía en Guatemala, por eso ahora _____

   _____ .

3.2   Respuesta breve.   Conteste a estas preguntas usando formas del presente durativo (*progressive*): **estar + ndo.**

> Ejemplo: ¿Qué lees?
>   Posibilidades: **Estoy leyendo una novela mejicana.**
>   **...un artículo sobre medicina.**

Nombre _____ Fecha _____ Clase _____

1. ¿Qué dice el presidente?

_____

2. ¿Dónde nadan ahora tus sobrinos?

_____

3. ¿A quién le escribes?

_____

4. ¿Por qué corren ustedes?

_____

5. ¿En qué piensas?

_____

6. ¿Dónde duermen las niñas?

_____

3.3 **Ampliación.** Vuelva a escribir estos enunciados, incluyendo una expresión que limite el tiempo que dura la acción expresada en la oración.

Ejemplo: Vivo en este pueblo. (3 años)
Posibilidades: Vivo en este pueblo **hace tres años.**
Vivo en este pueblo **desde hace tres años.**
Hace tres años que vivo en este pueblo.

1. Estoy casado con Cecilia. (8 meses)

_____

2. Trabajo en una compañía de seguros. (dos años y medio)

_____

3. Estudio por las noches en la universidad. (un año)

_____

4. Cecilia y yo tenemos una casa pequeña pero nuestra. (**3 semanas**)

_____

5. Ella busca trabajo en el centro. (**6 semanas**)

_____

3.4   Respuesta breve.   Conteste estas preguntas indicando que usted nunca ha hecho lo que se le pregunta pero que lo hará mañana u otro día futuro.

>   Ejemplo: ¿Fuiste al teatro Apolo?
>   Posibilidades: **No, nunca he ido pero la semana que viene iré.**
>   **Nunca he ido al Apolo, pero iré el lunes por**
>   **primera vez.**

1. ¿Le hablaste a la doctora Rojo?

_____

2. ¿Haces la comida por la tarde en tu casa?

_____

3. ¿Fuiste a Europa este verano?

_____

4. ¿Has ayudado alguna vez con la limpieza del apartamento?

_____

5. ¿Leíste algunas novelas de la Revolución Mejicana?

_____

3.5 Probabilidad. Dé una explicación probable a cada una de las afirmaciones siguientes. Use el futuro de probabilidad.

> **Ejemplo:** El jefe de ventas no vino hoy.
> Posibilidades: **Estará enfermo.**
> **Tendrá muchos problemas en su casa.**

1. No hay muchos clientes hoy.

   _____

2. Los empleados parecen estar cansados.

   _____

3. La mamá de Eloísa siempre compra en esa tienda.

   _____

4. Hay una liquidación en la tienda de la esquina.

   _____

5. Los modelos de primavera son muy caros.

   _____

6. Muy pocas personas compran flores.

   _____

3.6 Cambiar al pasado. Cambie el verbo de la oración principal al pasado y haga otros cambios que sean necesarios.

> **Ejemplo:** La secretaria <u>dice</u> que el jefe volverá más tarde.
> La secretaria **dijo** que el jefe **volvería** más tarde.

1. Tú dices que Rita será la nueva tesorera.

   _____

2. Miguel me informa que tú aceptarás el cargo de presidente.

_____

3. Los periódicos anuncian que después habrá más inflación.

_____

4. Nos dicen que los obreros irán a la huelga.

_____

5. Les notifican que no les venderán gasolina.

_____

6. Me anuncian que las acciones subirán de precio.

_____

3.7   Ante-presente.   Conteste estas preguntas brevemente usando una forma del ante-presente (*present perfect*).

> **Ejemplo:**   ¿Asiste usted a los conciertos populares?
> Posibilidades: **No, nunca he asistido a esos conciertos.**
>   **Sí, he ido a uno el viernes pasado.**

1. ¿Te tomaste ya las vitaminas?

_____

2. ¿Dónde estuviste toda la tarde?

_____

3. ¿Cuándo van a llegar tus primos?

_____

4. ¿Qué camisa se compró Tomás?

_____

5. ¿Por qué me trae usted esos papeles en griego?

_____

6. ¿Leíste alguna vez las leyendas de Bécquer?

_____

3.8 Pluscuamperfecto. Complete estas oraciones con una forma del pluscuamperfecto (*pluperfect*), como en el ejemplo, para indicar una acción anterior a la de la primera oración:

> **Ejemplo:** No fui a visitar las pirámides porque...
> Posibilidades: ...ya las <u>había visitado.</u>
> ...cuando llegué al hotel ya <u>había salido</u>
> **la excursión.**

1. Salimos temprano de casa, porque _____

_____

2. Cuando Rafael entró en la oficina _____

_____

3. No fuimos a ver la película porque _____

_____

4. Cuando llegamos a casa supimos que _____

_____

5. Antes de que llegara el otoño, ya las hojas de los árboles _____

_____

6. Por lo que decía Elena, era evidente que _____

_____

3.9   Futuro perfecto.   Conteste las preguntas siguientes usando una forma del futuro perfecto.

>   **Ejemplo:**   ¿Cuándo vas a salir?
>   Posibilidades: <u>Habré salido</u> **para las ocho.**
>   <u>Habre salido</u> **para la primavera.**

1. ¿Cuándo van a volver tus hermanos?

2. ¿Cuándo van a terminar ese trabajo ustedes?

3. ¿Cuándo va a preparar la cena Ernesto?

4. ¿Cuándo vas a traer el dinero que me debes?

5. ¿Cuándo va a conseguir ustedes los boletos para el tren?

6. ¿Cuándo me van a devolver ustedes el auto?

3.10 Condicional perfecto.   Complete estas oraciones con una hipótesis relacionada con la parte de la oración que se da.

>   **Ejemplo:**   No pudimos ir al cine, pero ...
>   Posibilidades: ...<u>habríamos ido</u> **porque teníamos ganas de ir.**
>   ...<u>habríamos ido</u> **por estar contigo.**

1. Llegaron tarde a la fiesta, pero _____

_____ .

2. No compré los discos, pero _____ .

3. _____ ,
pero no quería volver a salir.

4. _____ ,
pero era demasiado tarde.

5. _____ ,
pero ya habían pagado las entradas para el concierto.

6. No leímos esos artículos, pero _____

_____ .

3.11 Composición: párrafos. Escriba los párrafos que se indican a continuación:

1. Describa brevemente un hecho que ocurre regularmente en el presente. Use expresiones con *hace + TIEMPO* o *hace + TIEMPO + que* o *desde hace + TIEMPO:*

_____

_____

_____

_____

2. Narre un acontecimiento (*occurrence*) relacionado con usted o con un amigo o familiar y explíquelo usando algunas conjeturas (*conjectures*). Use formas del futuro o del condicional de probabilidad.

_____

_____

_____

_____

3. Mencione algo que usted no *hizo* ayer porque ya lo *había hecho* anteriormente.

_____

_____

_____

_____

3.12 Composición: ensayo.   Escriba un ensayo narrando algo que ocurrió en el pasado, pero que todavía tiene consecuencias en el presente y en el futuro.   Subraye las formas verbales que use.   Trate de usar todas las formas que aprendió en este capítulo.

_____

_____

_____

_____

_____

_____

_____

_____

_____

_____

_____

_____

_____

_____

CHAPTER 3

Interrogatives

I. Lectura

1.1 **Comprensión.** En la selección de *El delantal blanco* hay dos personajes que hablan, **la señora** y **la empleada,** y uno cuyo nombre sólo se menciona, **Alvarito.** Escriba el nombre del personaje o de los personajes a los que se refieran las siguientes afirmaciones. Si no corresponden a ninguno de los tres personajes, haga una cruz (X).

1. Está en el mar.   ———————————————————

2. Lleva el delantal blanco.   ———————————————————

3. Están jugando a la pelota.   ———————————————————

4. Usa los anteojos oscuros.   ———————————————————

5. Cree que están jugando.   ———————————————————

6. Cree que no juegan, sino que han cambiado los papeles.   ———————————————————

7. Son muy amigas   ———————————————————

8. Se enfada y grita.   ———————————————————

9. Usa el *tú* indebidamente.   ———————————————————

10. Le gusta el juego.   ———————————————————

II. *Vocabulario*

2.1 Complete los siguientes párrafos con una forma conjugada o no de los infinitivos que se dan en esta lista

acabarse	corresponder	insolentarse	tratar de tú
atreverse	desarrollarse	invertir	tutear
autorizar	gritar	proponer	usar
bastar	gustar	significar	vigilar

1. Cuando el niño _____ con su padre, le dijo que no lo iba a obedecer.

   Entonces el padre _____ con fuerza: —¡ _____ ya!

2. (Yo) no _____ a _____ mucho dinero en esa compañía en estos momentos: tengo miedo de la inflación.

3. Los jóvenes no deben _____ a las personas mayores, a menos que

   éstas se lo _____.

4. Esta palabra _____ a esta oración. Pero, ¿qué _____ esta otra palabra?

5. No me _____ que tú _____ mi automóvil sin permiso.

2.2 Identificación: adjetivos. Complete estas oraciones seleccionando uno de los tres adjetivos que se dan entre paréntesis. Enciérrelo en un círculo.

1. En las elecciones, generalmente, la gente vota por candidatos que sean (reservados / honrados / sospechosos).

2. Esa chica es muy (simpática / conservadora / lamentable) y por eso la invitan a muchas fiestas sus amigos.

3. Por fin encontré mi pasaporte (ligero / completo / perdido). No sabía dónde estaba desde el mes pasado.

4. Cuando tengo mucha hambre, me gusta comer una comida
(moderada / ligera / completa).

2.3 Identificación: nombres. Complete cada oración con uno de los tres nombres
dados entre paréntesis. Enciérrelo en un círculo.

1. Cuando voy de compras al centro necesito llevar mucho (viajero / visado / dinero)
porque las cosas están muy caras.

2. Don Quijote de la Mancha es uno de los (caracteres / personajes / modernistas) más
famosos de todos los tiempos.

3. Para el desayuno me gusta comer (una taquilla / una toronja / una botella) bien
madura.

4. Como perdí (las gafas / la botica / el reloj) ahora no puedo ver bien.

5. Necesito (una oferta / un catarro / un asiento) porque estoy muy cansado.

2.4 Aplicación. Exprese en español lo que se le pide en la orden que se le da en inglés.

1. Tell a friend that your sister is very angry because her best friend has come between her
and her boyfriend.

_____

_____

2. Tell a friend that you have come up with an idea to solve the problem of the homeless.

_____

_____

3. Explain how you came across with the idea of ....

_____

_____

2.5 Definiciones. Escriba la palabra definida.

1. Espectáculo que consiste en actos de acróbatas, payasos, etc.

_____

2. Ir hacia arriba; escalar:

_____

3. Venir a un lugar:

_____

4. Sonido molesto, discordante:

_____

5. Forma de precipitación que ocurre en la atmósfera:

_____

6. Persona que sale de su país para vivir en otro:

_____

III. Gramática

3.1 Uso de varios adjetivos interrogativos. Usted actúa de dependiente en una tienda del centro. Los clientes le piden productos y servicios. Algunas veces usted no oye bien y tiene que hacer una pregunta. Escriba la pregunta cuya respuesta sea la parte subrayada de lo que dice el cliente. Use la forma de _usted_ .

    Ejemplo: Necesito <u>tres</u> pañuelos blancos.
            ¿Cuántos pañuelos blancos necesita usted?

1. Quiero <u>ese perfume</u>.

_____

2. Voy a mandar<u>le</u> este regalo <u>a mi sobrina</u>.

_____

3. Mi sobrina se llama <u>Josefina Jiménez</u>.

_____

4. Vive <u>en la Calle 8, número 88</u>.

_____

5. Prefiero <u>la blusa negra</u>, no la gris.

_____

6. Creo que esta blusa <u>es de seda</u>.

_____

7. Hablé <u>con el gerente</u> sobre mi tarjeta de crédito.

_____

8. Le hablé <u>porque necesito más crédito</u>.

_____

3.2 Presuntas apropiadas. Las siguientes oraciones expresan un deseo, una necesidad o una obligación. Complete la expresión con una pregunta que se hace la misma persona.

> **Ejemplo:** Necesito ir al centro.
> Posibilidades: **¿Qué autobús debo tomar?**
> **¿Cómo se va allí?**

1. Necesito comprar un casete de ese grupo musical.

_____

2. Me gustaría salir esta noche.

_____

3. Hay una fiesta en casa de Ricardo.

_____

4. En noviembre iré a ver a mis padres.

_____

5. Voy a comprar un coche nuevo.

_____

6. Tengo hambre.

_____

7. No me siento bien.

_____

8. Debo ir al hospital.

_____

3.3   Preguntas de entrevista.   Usted tiene la oportunidad de entrevistar a una persona famosa. Prepare el cuestionario que usted llevará a la entrevista. Formule seis preguntas por lo menos.

1. _____

2. _____

3. _____

4. _____

5. _____

6. _____

3.4 Las preguntas de todos los días. Escriba la pregunta que usted hace cuando quiere averiguar los siguientes datos.

> **Ejemplo:** El nombre de alguien:
> **¿Cómo se llama ese muchacho... ese señor...**
> **esa chica...?**

1. La edad de tu amigo:

_____

2. La hora:

_____

3. El precio de algo:

_____

4. El día de un examen:

_____

5. La fecha de una fiesta:

_____

6. La temperatura:

_____

7. El plato del día en un restaurante:

_____

8. El autobús que va al centro:

_____

9. La hora de un evento: concierto, reunión, desfile, juego, ...:

_____

10. La forma de ir al centro, al hospital, al teatro, al cine...:

_____

11. El estado del tiempo:

_____

12. La dirección de una persona:

_____

3.5 Preguntas apropiadas a la situación.   ¿Qué preguntaría usted en estas situaciones?

Ejemplo: Un amigo quiere comprar una motocicleta.
Posibilidades: **¿De dónde es la motocicleta que quieres comprar?**
¿De qué marca es?
¿Cuántos kilómetros por litro hace esa moto?

1. Un amigo quiere comprar un libro.

_____

2. Usted no ve a su amigo o amiga después de mucho tiempo.

_____

3. Usted no sabe dónde queda el estadio.

_____

4. Un amigo o amiga llega tarde a una cita.

_____

5. Usted no oye muy bien lo que le dicen por teléfono.

_____

6. Usted quiere saber el estado de salud de alguien.

_____

7. Usted va a la taquilla de un teatro a comprar una entrada.

_____

8. Usted llega tarde al aeropuerto.

_____

9. Su amigo está muy serio y preocupado.

_____

10. Su mamá lo/la llama a usted por teléfono.

_____

3.6 Interrogativos. Complete estos breves diálogos con los interrogativos adecuados.

1. —¿_____ cosas querrías tener si estuvieras en una isla desierta?
—Dos.

—¿_____?
—Una buena biblioteca...

—¿_____ más?
—Una bibliotecaria muy bonita...

2. —¡Hola, Juanita! ¿_____ estás?

—Bien, y tú, Joaquín, ¿_____ tal te va?
—Yo no soy Joaquín.
—Ni yo soy Juanita.

3. En una cárcel política.

—¿_____ _____ estás aquí?

—Porque estaba en contra del primer ministro García. Y tú, ¿_____ hiciste?

—Yo estaba a favor de García. ¿_____ fue su crimen?
—Yo soy García.

4. En la clase de español.

—¿_____ se escribe la palabra *indigestión*?
—Con jota.

—¿ _____ ha visto usted escrita la palabra *indigestión* con jota?
—No sé... me imagino que...

—¿_____ no se compra usted un buen diccionario?

—¿Para _____? Si no tengo buena ortografía no podría encontrar

las palabras en el diccionario. Y si tuviera buena ortografía, ¿ _____

utilidad tendría el diccionario?

3.7 Preguntas de periodista.   Después de leer las siguientes situaciones, imagínese que usted es un periodista y le hace algunas preguntas al personaje mencionado en la situación. Formule tres preguntas por lo menos.

1. El primer ministro del gobierno está en contra de la nueva ley sobre impuestos aprobada recientemente por el parlamento. Algunos miembros del partido del primer ministro apoyaron con sus votos el proyecto de ley auspiciado (*sponsored*) por los partidos de la oposición.

a. _____

b. _____

c. _____

2. El gerente de la compañía distribuidora de víveres (*food staples*) El Globo ha sido acusado de confabulación (*conspiracy*) para subir los precios de ciertos productos alimenticios básicos. El gerente niega que haya cometido delito alguno.

a. _____

b. _____

c. _____

3. La actriz Melinda Rubio ha declarado a la prensa televisiva que no es cierto lo que se ha publicado sobre sus relaciones con el director y realizador (*producer*) Lino Linares. Niega que está a punto de divorciarse de su tercer marido el torero Nino Romero.

a. _____

b. _____

c. _____

4. Un científico investigador de la Universidad de Tristana, el eminente psiquiatra Bernardo Bernal del Riesgo, ha afirmado en un artículo publicado recientemente que la depresión mental, el mal del siglo XX, es un producto de nuestra civilización tecnológica.

a. _____

b. _____

c. _____

3.8 Composición: cuestionarios. Escriba los cuestionarios que se indican a continuación:

1. Las preguntas más importantes que usted le haría a una persona que quisiera estudiar para médico.

a. _____

b. _____

c. _____

2. Las preguntas más importantes que usted le haría a un candidato a la presidencia del país.

a. _____

b. _____

c. _____

3.9   Composición: ensayo.   Escriba un diálogo dinámico entre dos personas que conversan animadamente sobre cuestiones de la vida diaria. Use oraciones interrogativas.

_____

_____

_____

_____

_____

_____

_____

_____

_____

C H A P T E R   4

The Use of Past Tense in Narrative

I. Lectura

1.1 Comprensión.   Después de leer el cuento «El emperador de la China», escoja la respuesta correcta.

1. ¿Dónde murió el emperador?

    a. En una batalla.
    b. En un trono.
    c. En su cama.
    d. En una profundidad enorme.

2. ¿Quiénes se enteraron de la muerte del emperador?

    a. Todos se enteraron porque estaban en el palacio.
    b. El pueblo se enteró.
    c. Todos estaban ocupados siguiendo sus órdenes.
    d. El Primer Ministro fue el único que se enteró.

3. ¿Cómo era el Primer Ministro?

   a. Era ambicioso.
   b. Era muy bueno.
   c. Era un asesino.
   d. Era muy eficiente.

4. ¿Qué hizo el Primer Ministro?

   a. No hizo nada.
   b. Escondió el cadáver del emperador.
   c. Mató al emperador.
   d. Se lo dijo a todos.

5. ¿Qué hizo el Primer Ministro después de un año?

   a. Sacó el esqueleto del emperador y lo ocultó en otro lugar.
   b. Gobernó muy bien y lo hicieron Primer Ministro.
   c. Mostró al pueblo el esqueleto del emperador y le dijo que él había gobernado todo un año.
   d. Se sentó en el trono con el emperador y gobernó con él.

6. ¿Qué hizo el pueblo?

   a. Sentó en el trono al Primer Ministro y lo mató.
   b. Continuó la prosperidad del imperio.
   c. El emperador era perfecto y no hizo nada.
   d. Eligió un nuevo emperador.

II. Vocabulario

2.1   Identificación: verbos. Complete las siguientes oraciones con una forma verbal, conjugada o no. Escoja la forma dentro de la lista que se da aquí:

acusar	encender	gobernar	matar	poder	seguir
callar(se)	entender	levantar(se)	ocultar	preocupar(se)	transcurrir
decir	enterar(se)	llegar	pagar	recordar	vestir(se)
durar	firmar	llover	pedir	saludar	vigilar

1. Ayer me _____ que el Primer Ministro de España no _____

conseguir el apoyo de todos los diputados para _____ gobernando.

2. Vamos a _____ al gerente del banco que _____

los papeles autorizando el préstamo para _____ nuestras deudas.

3. Miguel se _____ a las seis, se _____ en diez

minutos y _____ a la oficina a las nueve en punto.

4. _____ (tú) y no te _____ porque hoy no va a

_____; el tiempo está muy bueno.

5. _____ tres semanas después de que los periodistas _____

al gobernador de _____ sus conexiones con la mafia de

narcotraficantes.

2.2 Identificación: nombres. Complete las siguientes oraciones escribiendo uno de los
nombres de la lista. Escriba una forma del artículo cuando sea necesario.

alcalde	camino	hombros	ojos	queja
anochecer	consulta	mano	otoño	rareza
asunto	espalda	manzano	pared	soledad
brazo	gesto	mapa	propiedad	venganza
cabeza	hambre	moneda	prosperidad	voz

1. _____ de esa ciudad es muy respetado porque ha garantizado

_____ de todos con muy pocos impuestos sobre _____.

2. Es _____ que Rosa vaya a _____ del médico por

un simple dolor de _____.

3. Marta me habló no con _____ de _____, sino

de _____. Le brillaban _____ con odio.

4. En _____ los campesinos recogen _____ desde

las seis de la mañana hasta _____.

5. En _____ que está en _____ no se puede ver

_____ que necesitamos coger para llegar a Quito.

2.3   Identificación: adjetivos.   Complete las siguientes oraciones escribiendo en cada
espacio en blanco uno de los cuatro adjetivos que se dan entre paréntesis.

1. Compró una propiedad que tiene un _____ (escaso / pasmado /
vasto / ocupado) terreno al lado del río.

2. La luz de la luna le daba un aspecto _____ (gris / plateado /
ardiente / largo) al pequeño lago.

3. Hernando se sentía muy _____ (deprimido / ocupado /
instintivo / nublado) después de la muerte de su tía.

4. Nicolás es muy _____ (tembloroso / peligroso / impresionante / atento)
con todos; por eso tiene muchos amigos.

5. No podemos aprender mucho con Tomás porque sus conocimientos son muy (largos /
escasos / pálidos / sucios).

2.4   Palabras difíciles.   Escriba la mejor traducción de la(s) palabra(s) dada(s) entre
paréntesis en inglés.

1. Voy a Panamá (every other year) _____

2. No puedo (enjoy) _____ la playa cuando ese señor está
mirándonos.

3. (Everybody enjoys) _____ tener un mes de vacaciones.

4. Lo único que te pido es que no (fail me) _____ ahora.

5. (We enjoyed ourselves at) _____ la fiesta que dio Flora.

III. Gramática

3.1 **Tiempo pasado.** Combine libremente las palabras dadas para expresar un hecho ocurrido en el pasado.

Ejemplo: dejar / libros

Posibilidades: <u>Dejé</u> los <u>libros</u> en la mesa del cuarto.
¡Qué barbaridad! ¿<u>Dejaste</u> los <u>libros</u> en el autobús otra vez?

1. volver / amanecer

_____

2. atreverse a / visitar

_____

3. cambiar de / opinión

_____

4. apurarse a / pueblecito

_____

5. casarse con / ciudad

_____

6. poder / monedas

_____

7. atravesar / sorprendido

_____

8. ver / carnaval

_____

3.2 Ya. Conteste negativamente estas preguntas, explicando que ya ocurrió algo en el pasado que hace innecesaria la acción futura. Use su imaginación.

> _Ejemplo:_   ¿Cuándo vas a comprar los sellos de correo.
> Posibilidades: **Ya los compré ayer.**
>   **No tengo que comprarlos. Luisa me dio uno.**
>   **¿Para qué? No escribí ninguna carta.**

1. ¿Irás al cine esta noche?

_____

2. ¿Cuándo volverán tus hermanos?

_____

3. ¿Por qué no vas a visitar a tu padre?

_____

4. ¿Cuándo van a hervir el agua?

_____

5. ¿Vas a escribir el informe ahora?

_____

6. ¿Va a saludar Guillermo al nuevo presidente?

_____

Nombre _____ Fecha _____ Clase _____

3.3   Pretérito vs. imperfecto.   Diga si usted *hizo* o *hacía* la actividad mencionada en el tiempo indicado.

> *Ejemplo:*   comer en la cafetería / el domingo pasado
>
> Posibilidades: **Comí en la cafetería el domingo pasado.**
> **El domingo pasado, comí en la cafetería.**

1. ir a una fiesta / ayer

_____

2. pagar las cuentas / todos los fines de mes

_____

3. visitar a Teresa / todos los lunes

_____

4. ir de compras / los sábados

_____

5. vender la bicicleta / el miércoles pasado

_____

6. recibir un cheque / el día 15

_____

7. servir la mesa / todos los días de fiesta

_____

8. casarse / el 1 de abril

_____

3.4 Narración en el pasado.   Complete esta breve narración en el pasado con formas verbales del pretérito o del imperfecto.

Cuando yo _____ (tener) quince años, _____ (vivir)

en Los Ángeles _____ (ir) a una escuela cerca de Hollywood.

Todos los viernes _____ (salir) a las cuatro e _____ (ir)

para casa. Me _____ (gustar) mucho esa casa, porque

_____ (tener) un centro de recreo que _____ (dar)

a las montañas.

Algunas veces _____ (ir) al cine con mis amigos del barrio, pero

cuando (nosotros) no _____ (tener) dinero, nos

_____ (quedar) en casa y _____ (mirar) uno de

los programas de televisión donde _____ (actuar) el padre o la

madre de uno de mis compañeros de escuela.

Aquel viernes no _____ (salir) de la escuela a las cuatro, como siempre.

El director de la escuela nos _____ (dejar) salir más temprano

porque _____ (haber) un nivel de contaminación del aire muy alto.

3.5 Actividades de costumbre.   Cuéntele a un amigo o amiga las cosas que usted hacía regularmente cuando estaba en el último año de la escuela secundaria. Use las siguientes sugerencias para construir diez enunciados.

levantarse	ir a clases	hacer deportes	regresar a casa
vestirse	tomar cursos	ir a reuniones	cenar
desayunar(se)	almorzar	hacer trabajos	ir al cine
jugar	mirar televisión	nadar	pasear

Ejemplo: Me levantaba todos los días muy temprano, a eso de las siete de la mañana.

1. _____

2. _____

3. _____

4. _____

5. _____

6. _____

7. _____

8. _____

9. _____

10. _____

3.6 Cambiar al tiempo pasado. Escriba en el pasado estas noticias periodísticas dadas en el presente.

1. Brasilia: Abril 15.   El jefe de la policía declara a la prensa que el alcohol que se vende para los nuevos automóviles está siendo usado para la producción de aguardiente (*type of brandy*). El gobierno ordena modificar el producto añadiendo un 3% de gasolina al alcohol.

_____

_____

_____

_____

2. Ginebra. Abril 15.   Venezuela preside la reunión de la Comisión de Petróleo que tiene lugar en esta ciudad. El embajador venezolano preside la reunión en la cual participan especialistas de unos veinte países.

_____

_____

_____

_____

3.7   Presente Perfecto.   Uso del presente perfecto. Conteste las siguientes preguntas indicando que la persona mencionada nunca ha hecho lo que se le pregunta.

> _Ejemplo:_   ¿Dónde vieron ustedes a ese señor?
> Posibilidades: **Nunca hemos visto a ese señor.**
> **Lo hemos visto todos los días durante el mes de julio.**

1. ¿Por qué les compraste esos juguetes a los niños?

_____

2. ¿Cuándo fuiste a las playas de Punta del Este?

_____

3. ¿Dónde oyó María a Julio Iglesias?

_____

4. ¿Patinaste en la pista de hielo del Club Atlántico?

_____

5. ¿Te dijo algo Miguel de su trabajo?

_____

6. ¿Te dio dinero Alfonso?

_____

3.8 Oraciones en tiempo pasado. Complete libremente la cuarta línea de cada diálogo con una oración en tiempo pasado.

1. *En el tren.*

CONDUCTOR: Su boleto, por favor.

PASAJERO: *(Buscando)* No sé... debe estar por aquí...

CONDUCTOR: Pero, ¿usted compró boleto?

PASAJERO: _____

2. *En el restaurante.*

TOMÁS: ¿Qué carne pediste?

RITA: No pedí carne.

TOMÁS: Entonces, ¿qué pediste?

RITA: _____

3. *En la esquina.*

POLICÍA: ¿Qué pasó?

CHOFER: Un choque.

POLICÍA: ¿Cómo ocurrió?

CHOFER: _____

4. *En la consulta del médico.*

DOCTOR: ¿Qué se siente?

PACIENTE: Tengo dolor de cabeza y garganta;   un poco de fiebre, también.

DOCTOR: ¿Tomó aspirinas?

PACIENTE: _____

3.9   Composiciones breves.   Escriba brevemente sobre los temas que se sugieren a continuación.

1. Cuente lo que usted hizo el fin de semana pasado. Use el pretérito y el imperfecto principalmente.

   _____

   _____

   _____

   _____

2. Narre un incidente (serio o humorístico) que ocurrió hace varios meses o años. Use el pretérito, el imperfecto y de vez en cuando el pluscuamperfecto.

   _____

   _____

   _____

   _____

3. Cuente algo real o imaginado que le ha ocurrido hace unos instantes. Use el pretérito, el imperfecto y de vez en cuando el presente perfecto (ante-presente).

_____

_____

_____

_____

3.10 Composición: ensayo. Escriba una biografía de un personaje real o imaginado (de usted mismo, si asi lo desea). Use todos los tiempos pasados que ha estudiado hasta ahora.

_____

_____

_____

_____

_____

_____

_____

_____

_____

_____

C H A P T E R   5

Adjectives

I. Lectura

1.1 Comprensión.   Complete los siguientes enunciados con las palabras apropiadas de acuerdo con la información que se da en la selección *¡Adiós, Cordera!*

1. En esta lectura se mencionan tres personajes: un niño llamado _____,

una niña llamada _____ y una vaca llamada _____.

2. El lugar donde están estos personajes se llama _____. Tiene forma de

_____ y es de color _____.

3. Cerca de la línea del ferrocarril hay _____ que representa para los

niños _____.

4. Pinín, después de adquirir confianza, _____ al poste y _____

hasta llegar cerca de _____. No los tocaba porque les tenía

_____ y se dejaba _____ hasta el césped.

49

5. Rosa era _____ y le bastaba acercar el oído al _____

para escuchar _____que eran, para ella, _____.

Sólo le interesaba _____.

6. Para Cordera, el palo del telégrafo no era más que _____.

II. Vocabulario

2.1   Adjetivos.   Complete los siguientes enunciados con el adjetivo más conveniente.

1. Este animal no ataca a ningún otro animal ni a las personas. Es un animal

_____.(temible / vertiginoso / inofensivo / pobre)

2. Compré un libro que no puedo leer porque está en una lengua que no entiendo. Es un

libro _____. (aventajado / formal / sutil / inútil)

3. Cuando Felipe habla, no dice nada nunca. Es un tonto y no dice más que

_____ tonterías. (semejantes / puras / mismas / tristes)

4. Ese bebé me mira fijamente. Para lo pequeña que es tiene una mirada muy

_____. (intensa / formidable / seca / cortés)

5. Ricardo será muy rico, pero para mí, a pesar de su fortuna, es un _____
hombre, porque no tiene amigos. (buen / cierto / pobre / triste)

2.2   Lo cosas que haría.   Seleccione lo que usted haría si estuviera en las situaciones que
se describen.

1. Usted ha trabajado mucho, está muy cansado y tiene mucho sueño.

❏ latir   ❏ dormir   ❏ mover   ❏ animar

2. Usted camina por una acera después de una lluvia helada (freezing rain):

❏ quemar ❏ tropezar ❏ resbalar ❏ trepar

3. Usted ve a un familiar que no ha visto desde hace dos años.

❏ abrazarse ❏ contentarse ❏ acometer ❏ quejarse

4. Un amigo le esconde los libros de usted antes de un día de examen.

❏ agarrar ❏ volverse ❏ ponerse ❏ enfadarse

5. Usted está en un concierto de música que le gusta.

❏ escuchar ❏ copiar ❏ competir ❏ ganar

2.3 Definiciones. Escriba la palabra que se define. Escójala entre las cuatro que se dan en cada definición.

1. Sistema para distribuir agua en los campos: _____
(equipo / regadío / establo / camarote)

2. Instrumento que produce un sonido mediante vibraciones _____
(diapasón / hilo / telégrafo / fibra)

3. Lugar donde el abogado, el profesor, etc., recibe a las personas _____
(oficina / docena / despacho / galería)

4. Depósito de agua en la tierra, menor que un lago _____
(río / semilla / laguna / confianza)

5. Ruido vago, sordo y continuado: _____
(oído / misterio / ángulo / rumor)

III. Gramática

3.1 Oraciones. Construya oraciones completas con las siguientes palabras.

Ejemplo: tienda / vender / vinos / portugués
En esa tienda venden vinos portugueses.

1. profesora / inglés / hablar / francés

_____

2. nosotros / ir / misa / iglesia / santo / Juan Bautista

_____

3. muchachos / holgazán / ser / descortés / también

_____

4. cuando / (yo) / ir / fiestas / pasar / bueno / rato / amigos

_____

5. Ricardo / salir / muchacha / holandés / agradable

_____

6. ya / Dora / terminar / primero / año / medicina / y / ahora / no / ser / hablador

_____

7. Mario Andretti y Giuliano Huey / ser / corredor / veloz

_____

8. maestros / no / gustar / estudiantes / preguntón

_____

3.2   Cualidades.   Escoja las cualidades que usted considera deseables para cada comida o bebida que se da a continuación.

> _Ejemplo:_   café (frío / caliente / amargo / dulce)
> Posibilidades: **Para mí, el café debe estar caliente y dulce.**
> **Prefiero el café caliente y amargo.**

Nombre _____ Fecha _____ Clase _____

1. papas (asado / frito / duro / blando)

_____

2. arroz (duro / blando / frío / caliente)

_____

3. bistec (frito / asado / caliente / frío / duro / blando)

_____

4. postre (dulce / amargo / frío / caliente)

_____

5. fruta (verde / maduro / blando / frío / caliente / cocinado)

_____

3.3 Descripciones.   Complete las oraciones siguientes con dos o más adjetivos. Puede escogerlos libremente o puede usar los de la lista que se da.

> *Ejemplo:*   Para mí, el libro perfecto debe ser **interesante, entretenido y moderno.**

aburrido	cómodo	extranjero	limpio	sabroso
amable	desagradable	fuerte	moderno	simpático
ancho	duro	hablador	nuevo	simple
antiguo	elegante	honrado	pequeño	suave
barato	entretenido	interesante	picante	trabajador
caliente	estudioso	ligero	ruidoso	valiente

1. Quiero una casa que sea _____ .

2. Necesitamos una cama que sea _____ .

3. Este es el automóvil _____ .

4. Mis amigos tienen que ser _____.

5. Para triunfar en la vida hay que ser _____

_____.

6. Me gusta la música _____.

7. Detesto la comida _____.

8. No puedo aguantar la ropa _____.

3.4   Comparativos.   En las siguientes oraciones, escriba los <u>adverbios</u>, <u>conjunciones</u> y <u>preposiciones</u> que faltan.

> *Ejemplo:*   Esta casa es **tan** grande **como** la mía. Las dos tienen el mismo número de piezas.

1. Vivo _____ cerca del centro _____ tú. Vivo a dos cuadras y tú a diez.

2. Esta camisa vale _____ _____ la que compré el mes pasado. Me ahorré tres pesos.

3. Este es el edificio _____ alto _____ la ciudad. Es el único que tiene cincuenta pisos.

4. Aquí hay _____ _____ veinte empleados. Hay treinta por lo menos.

5. No puedo ir al concierto: tengo _____ dinero _____ que se necesita para comprar una entrada.

6. No vinieron _____ _____tres invitados: Rosa, Carlos y Antonio.

7. La ciudad de Méjico es _____ grande _____ la de

Chicago. Es la ciudad _____ grande _____ mundo.

8. Tu automóvil consume _____ gasolina _____ la que debe consumir. Debes llevarlo al taller.

3.5 Comparaciones. Combine las dos oraciones que se dan usando formas del comparativo. Use su imaginación y déle un toque personal a cada combinación.

> *Ejemplo:* (a) Carlos habla mucho. (b) Elena habla mucho también.
> Posibilidades: **Carlos habla tanto como Elena.**
> **Carlos es tan hablador como Elena.**
> **Carlos habla tanto como Elena. ¡Qué barbaridad!**

1. (a) Tú ganas $600.00 al mes   (b) Gastas $700.00.

_____

2. (a) Luis es gordo: pesa 250 libras.   (b) Alfredo pesa 300 libras.

_____

3. (a) Mi tocadiscos es moderno.   (b) Tu tocadiscos es antiguo.

_____

4. (a) Mido un metro sesenta centímetros.   (b) Tú mides un metro ochenta.

_____

5. (a) Tengo cuatro dólares.   (b) María tiene ocho dólares.

_____

6. (a) La sala es grande.   (b) El cuarto principal es grande también.

_____

7. (a) Mi casa está a dos kilómetros del centro.   (b) Tu casa está a cuatro kilómetros del centro.

_____

8. (a) Ustedes comieron cuatro hamburguesas.   (b) Sus amigos comieron ocho.

_____

3.6 Respuestas. Conteste afirmativa o negativamente las siguientes preguntas, pero añada a la respuesta una expresión que empiece con el enlace (linking) *de lo que*, como en el ejemplo.

> *Ejemplo:* ¿Es barato ese libro?
> Posibilidades: **Sí, es más barato de lo que creía.**
> **Sí, es más barato de lo que me dijiste.**
> **No, es más caro de lo que anunciaron en el periódico.**
> **No, es más caro de lo que vale en realidad.**

1. ¿Está enfermo Ciro?

_____

2. ¿Es aburrido ese programa de televisión?

_____

3. ¿Están preocupados los padres de Eloísa?

_____

4. ¿Es tonto ese muchacho?

_____

5. ¿Estás contento con tu nuevo trabajo?

_____

6. ¿Está muy lejos tu oficina?

_____

3.7 Completar oraciones. Complete cada oración con la expresión apropiada dentro de las dos que se dan.

> *Ejemplo:* Miguel es un **hombre pobre**. Gana poco y a veces no tiene trabajo.

1. Háblame de _____ (cosas ciertas / ciertas cosas). No me hagas cuentos ni inventes fábulas.

2. _____ (El chico mismo / El mismo chico) nos atendió por segunda vez.

3. Vi a Guillermo en su _____ (casa propia / propia casa), no en la de Felicia.

4. Acabo de comprar _____ (un par de zapatos nuevos / un nuevo par de zapatos), porque solamente tenía un par muy viejo.

5. El profesor me dijo que no leyera _____ (un libro semejante / semejante libro) porque no tenía valor ninguno.

6. No había allí ni una _____ (persona triste / triste persona); todos estaban alegres.

3.8 Composición. Escriba los párrafos que se indican.

1. Describa a la persona que usted admira más. Diga cuáles son sus cualidades.

_____

_____

_____

_____

2. Describa un lugar que usted haya visitado y que detesta. Explique por qué le disgusta.

_____

_____

_____

_____

3. Prepare un breve anuncio (25 a 40 palabras) para dar a conocer un producto comercial (alimento, detergente, utensilio, …). Destaque su valor, indicando las cualidades excepcionales que tiene.

_____

_____

_____

_____

3.9   Ensayo crítico. Imagínese que usted es el crítico musical o teatral de un periódico. Escriba una crónica sobre un grupo musical o teatral. Escriba sobre sus cualidades y defectos como artistas y específicamente señale los méritos de la actuación que usted presenció.

_____

_____

_____

_____

_____

_____

_____

_____

_____

C H A P T E R 6

Ser *and* Estar

I. Lectura

1.1 Comprensión. Después de leer la selección sobre las ideas de Gaspar M. Jovellanos, complete cada enunciado con una de las tres terminaciones que se dan.

> *Ejemplo:* Jovellanos fue...
> ❑ un ilustre monarca español.
> ❑ un hombre muy agresivo.
> ☒ un distinguido economista y político.

1. La prosperidad social es...

❑ producto de la moderación y la conciliación.
❑ producto de la educación pública.
❑ una forma de corrupción.

2. La instrucción pública es...

❑ la causa más importante de la prosperidad.
❑ como un manantial sin agua.
❑ la matriz de un buen gobierno apreciado y reconocido por todos.

3. La riqueza individual y el poder estatal...

❑ son obra de un gobierno dedicado al poder militar.
❑ se perfeccionan con buenos caminos.
❑ se perfeccionan con la educación pública.

4. Se dice que la instrucción pública...

❏ corrompe los manantiales.
❏ corrompe la sociedad.
❏ es verdad.

5. Según Jovellanos, el lujo...

❏ trae prosperidad.
❏ corrompe las costumbres.
❏ nace de la riqueza.

6. Para Jovellanos, la educación...

❏ modera el lujo y mejora la vida.
❏ es la causa del lujo y de la moderación.
❏ y el lujo están en todas las naciones.

II. Vocabulario

2.1 Selección.   En las siguientes oraciones aparecen entre paréntesis algunos pares de palabras. Sólo una de las palabras en cada par es la apropiada. Enciérrela en un círculo.

1. Mi profesor ha escrito varios libros y artículos sobre cuestiones financieras. Es un (político / economista) (ilustre / perdido).

2. La policía (desterró / persiguió) al delincuente hasta que lo (encarceló / ensayó), (concluyendo / ocurriendo) así una tarea que había empezado hace años, cuando se escapó de la prisión adonde lo habían (llegado / llevado) por un delito grave.

3. Acabo de comprar gasolina y tengo (el motor / el tanque) (vacío / lleno). Sólo necesito (la mitad / el origen) del tanque para (llegar / llevar) hasta la cabaña.

4. Mercedes va a casarse dentro de dos meses. Ahora está muy (callada / ocupada) con la lista de (invitados / notarios) que vendrán a la (boda / bolsa). Ya ha (preparado / medido) las (direcciones / invitaciones) pero todavía no las ha (puesto / pasado) en el correo.

5. Esa provincia tiene muchos recursos naturales. Su (capital / riqueza) le permite un (bajo / alto) nivel de vida que no tiene (enemigo / rival) en toda la nación.

2.2 ¿Qué hace usted cuando...? Escoja lo que usted haría en cada una de las situaciones que se describen. Se ofrecen dos alternativas, pero sólo una es posible, en condiciones normales. Márquela con una cruz.

> *Ejemplo:* ¿Qué hace usted cuando recibe una carta de un amigo?
> ❑ La rompo.
> ☒ La leo y después la contesto.

1. ¿Qué hace usted cuando tiene mucho sueño?

   ❑ Me acuesto.
   ❑ Me afeito.

2. ¿Qué hace usted cuando está muy aburrido?

   ❑ Bostezo.
   ❑ Ensayo.

3. ¿Qué hace usted cuando tiene dolor de muelas?

   ❑ Me pongo enfadado.
   ❑ Voy al dentista.

4. ¿Qué hace usted cuando lo invitan a una fiesta?

   ❑ Me divierto.
   ❑ Acepto.

5. ¿Qué hace usted cuando oye decir que hay un examen?

   ❑ Insisto en tomarlo.
   ❑ Me preparo.

2.3 ¿Qué dice usted cuando...? Conteste estas preguntas escogiendo la mejor respuesta entre las dos que se dan.

> *Ejemplo:* ¿Qué dice usted cuando le preguntan algo que usted no puede contestar?
> ❑ ¡Oh, sí! ¡Cómo no!
> ☒ No sé.

1. ¿Qué dice usted cuando le hacen un favor?

   ❑ Usted siempre está listo.
   ❑ Muchas gracias. Usted es muy amable.

2. ¿Qué dice usted cuando una amiga no quiere hablar?

❑ ¿Por qué estás tan callada?
❑ Eres muy atractiva y simpática.

3. ¿Qué dice usted cuando le preguntan qué debe hacerse con un criminal?

❑ Deben abastecerlo.
❑ Deben encarcelarlo.

4. ¿Qué dice usted cuando no está de acuerdo con hacer una cosa?

❑ Me opongo.
❑ Me modero.

5. ¿Qué dice usted cuando tiene sed?

❑ ¿Dónde está la fuente?
❑ ¿Dónde está la sábana?

2.4 Dos adjetivos.   Escójalos entre los cinco que se le dan.

> *Ejemplo:*   El público estaba muy contento porque el comediante era muy
>
> _____**simpático**_____ y _____**alegre**_____.
>
> (aburrido / simpático / alegre / callado / limpio)

1. La _____ señora _____ no supo qué decir y se fue. (reservada / pobre / gran / vigente / triste)

2. Me gusta lo que dices en ese tono _____ y _____. (honrado / conciliador / moderado / alto / precursor)

3. No nos permiten entrar en esa clase. Debe estar _____ o

_____. (interesada / triste / ocupada / abierta / sucia)

4. Desde el _____ día de clases hasta la _____ noche de estudio, nos hemos divertido mucho. (última / nueva / primer / listo / tercero)

5. En el refrigerador sólo había una botella _____ y _____ .

(baja / ocupada / viva / vacía / limpia)

III. *Gramática*

3.1 Oraciones. Construya oraciones completas con los pares de palabras que se dan más la forma correcta de *ser* o de *estar*. Use su imaginación.

> *Ejemplo:* déspota / loco
> Posibilidades: **El déspota de esa nación está completamente loco.**
> **Todos los déspotas son algo locos.**
> **Por fin derribaron (*overthrew*) al déspota que estaba loco.**

1. edificios / muchos

_____

2. ropa / limpia

_____

3. trabajo / seguro

_____

4. hospital / allí

_____

5. graduación / teatro

_____

6. puerta / abierta

_____

7. en Chile / verano

_____

8. amigo / abogado

_____

9. automóvil / mío

_____

10. veranos / calurosos

_____

3.2   **¿Cómo debe *ser*?**   Hay muchas cualidades que nosotros esperamos encontrar en la persona ideal o en su contraparte. Escoja, dentro de la siguiente lista de cualidades, las que pertenecen a la persona ideal y las que pertenecen a la persona no ideal.

Cualidades:

agradable	alegre	amable	atractivo	cariñoso	cobarde
egoísta	enfermizo	entusiasta	expresivo	feliz	generoso
gracioso	honrado	interesado	interesante	irresponsable	listo
lógico	loco	locuaz	preparado	sencillo	valiente

La persona ideal debe <u>ser</u>...

1. _____   7. _____   13. _____

2. _____   8. _____   14. _____

3. _____   9. _____   15. _____

4. _____   10. _____   16. _____

5. _____   11. _____   17. _____

6. _____   12. _____   18. _____

La persona ideal NO debe <u>ser</u>...

1. _____   4. _____

2. _____   5. _____

3. _____   6. _____

3.3 A completar.   Complete libremente estas oraciones usando formas de *ser* o *estar* y otras palabras. Use su imaginación.

>   *Ejemplo:*   Siempre salgo de casa cuando...
>   Posibilidades: **...son las seis**
>   **...estoy cansado.**
>   **....es de noche.**
>   **...mis primos están allí.**

1. Miguel estudió para ingeniero pero ahora _____.

2. Prefiero ir al cine porque _____.

3. —¿Quién llama a la puerta? _____.

4. Me gusta ese restaurante porque _____.

5. Ese señor no puede caminar desde que _____.

6. Luis no tiene mucho dinero pero _____.

7. Hilda no ha terminado a pesar de que _____.

8. Vamos a ir adonde _____.

3.4 A combinar.   Construya oraciones libres, combinando palabras de las tres columnas.

>   *Ejemplo:*   **Las noticias de la radio están inquietantes.**

COLUMNA 1		COLUMNA 2		COLUMNA 3	
Las noticias	Ellas	están	eres	enfermo	amables
Yo	Nosotros	son	estás	cansado	claras
Mis cuentas	Las chicas	soy	es	muchas	inquietante
Esta camisa	Usted	estoy	está	camarero	médico
Tú	Roberto	estamos	está de	preocupadas	aquí
Sus amigos	Ustedes	somos	estoy de	Méjico	en la casa
		es de		sucia	aburrido

1. _____

2. _____

3. _____

4. _____

5. _____

6. _____

7. _____

8. _____

9. _____

10. _____

3.5 Voz pasiva.   Cambie a la voz pasiva las siguientes oraciones en voz activa.

     Ejemplo: Carlos arregló el tocadiscos.
             El tocadiscos fue arreglado por Carlos.

1. Ese año, Cristóbal Colón ya había descubierto la Isla de Cuba.

_____

_____

2. El cartero trajo las cartas, como siempre.

_____

_____

3. Todos comentaron favorablemente el discurso del gobernador.

_____

_____

4. La nueva copiadora sacó esas copias.

_____

_____

5. Esa tarde entregaban los cheques a los empleados.

_____

_____

6. Vendieron todas las entradas para el concierto en cinco minutos.

_____

_____

3.6 ¿Qué está haciendo? Dé dos respuestas posibles a cada una de las situaciones que se presentan, usando formas durativas o cursivas (*progressive*).

> *Ejemplo:* El señor Sanz, de Segovia, va a salir mañana para Madrid, donde tiene una entrevista para un empleo en el Banco Bilbao. ¿Qué cree usted que hace ahora?
> **(a) Estará preparando la maleta y los papeles para la entrevista.**
> **b) Está comprando algo que necesita para el viaje.**

1. Lilí está muy agitada y un poco nerviosa porque mañana se va a casar en la Iglesia de la Merced. ¿Qué cree usted que hace ahora?

(a) _____

(b) _____

2. Hay dos estudiantes en la biblioteca. Tienen varios libros abiertos sobre la mesa, algunos papeles y dos cuadernos de notas. Tienen un examen mañana. ¿Qué cree usted que hacen ahora?

(a) _____

(b) _____

3. Los socios del Club Hispanoamericano celebraron una fiesta en el edificio de la Unión Estudiantil anoche. ¿Qué cree usted que estuvieron haciendo por la tarde?

(a) _____

(b) _____

3.7 Ya está hecho. Conteste las preguntas que se le hacen indicando que lo que se le pregunta ya está hecho. Añada una oración explicando cuándo se hizo. Use su imaginación.

> *Ejemplo:* ¿Cuándo piensan terminar ustedes el proyecto?
> **Ya está terminado. Lo terminamos esta mañana.**

1. ¿Cuándo crees que vas a terminar esas cartas?

_____

2. ¿Cuándo tienes que arreglar ese motor?

_____

3. ¿Cuándo va Felicia a comprar los boletos?

_____

4. ¿Cuándo piensa Carlos hacer las reservaciones?

_____

5. ¿Cuándo cree usted que empezará el trabajo?

_____

6. ¿Cuándo piensan abrir el nuevo camino?

_____

3.8 Narraciones. Escoja la forma de *ser* o de *estar* para completar estas breves narraciones. Encierre en un círculo su selección.

1. (Era / Estaba) una noche toda llena de estrellas y hacía mucho frío. Los esquiadores (eran / estaban) en el salón de la posada frente a una chimenea que (era / estaba) muy ancha y (era / estaba) encendida.

2. Ñico terminó sus estudios y ahora (es / está) de administrador de una empresa que (es / está) en el mismo centro de la ciudad. Como él (es / está) tan industrioso e inteligente pronto llegará a (ser / estar) vicepresidente de la empresa... de su padre!

3. El tío le dice al sobrino: No quiero que (seas / estás) egoísta. (Es / Está) que tenemos que (ser / estar) generosos con nuestros semejantes. (Somos / estamos) en un mundo donde (es / está) necesario tener conciencia social.

3.9   Descripciones. Describa lo indicado usando formas de *ser* y de *estar*. Cada descripción debe tener de 25 a 50 palabras.

1. Un atardecer (*sunset*) en el campo.

_____

_____

_____

_____

2. Una persona admirable.

_____

_____

_____

_____

3. Su animal favorito.

_____

_____

_____

_____

3.10 Composición: Escriba una <u>descripción</u> o <u>narración</u> donde use por lo menos diez formas de *ser* o *estar*. Se sugieren los siguientes típicos: una película, un juego de fútbol, un paisaje, una escena callejera (*a street scene*), un personaje famoso...

_____

_____

_____

_____

_____

_____

_____

_____

_____

C H A P T E R   7

Personal Pronouns

I. Lectura

1.1 Ejercicio de comprensión. Después de leer el fragmento del cuento «Héctor Max» de María Manuela Dolón, escriba el nombre del personaje del cuento al cual se refiere cada uno de los siguientes enunciados. Recuerde que hay tres personajes en el cuento: el narrador, el criado, cuyo nombre no sabemos, y Jaime, antiguo amigo del narrador. Los enunciados no siguen el orden del cuento.

1. _____ Recuerda muchas cosas que le duelen.

2. _____ Sube las escaleras casi corriendo.

3. _____ Parece que no está bien de la cabeza.

4. _____ No ha olvidado a su amigo nunca.

5. _____ Se fue de viaje solo.

6. _____ Triunfó en su empresa.

7. _____ Le preparan un gran homenaje.

8. _____ Está escribiendo a máquina.

9. _____   Lo han nombrado hijo predilecto del pueblo.

10. _____   Le trae las noticias del pueblo.

II. Vocabulario

2.1 Selección.   En las siguientes oraciones aparecen entre paréntesis algunos pares de palabras. Sólo una de las palabras en cada par es la apropiada. Enciérrela en un círculo.

1. La noticia del accidente aéreo (subió / circuló) por el pueblo (atropelladamente / instantáneamente).

2. Leo (esa revista / esa carta) de mecánica porque me (alcanzan / interesan) (las novedades / las máquinas) en el campo de la ingeniería.

3. Salí de mi casa a los dieciocho años (sin resuello / en busca de) trabajo y (libertad / llave).

4. El secretario estaba (hacia / ante) su máquina de escribir y cuando vio (salir / entrar) al jefe dejó de (quitar / teclear) y (se acordó / se puso a) beber café.

5. Debes (quedarte con / guardar) esos papeles en la caja fuerte del banco; son muy (duraderos / importantes).

6. (El enfermero / El cocinero) trabaja en el hospital, lo cual no le (alegra / impide) seguir (estudiando / siendo) medicina.

2.2 Palabras relacionadas.   Al lado de cada verbo aparecen cuatro nombres. Marque los nombres que tienen alguna relación de significado o sentido con el verbo. Usted encontrará que puede marcar desde *ninguno* hasta *cuatro* nombres relacionados de alguna manera con el verbo. Fíjese en los ejemplos.

> *Ejemplo 1:* MIRAR: ❏ aire ☒ cielo ❏ libertad ❏ entonación
> (Cielo es el único nombre que tiene alguna relación de sentido con MIRAR, ya que podemos MIRAR el cielo, pero no el *aire*, ni la *libertad* ni la *entonación*.)

Ejemplo 2: ESPERAR: ☒ amigo ☒ honor ☒ madre ☒ primo
(Podemos esperar a un *amigo*, un *honor*, a la *madre* o a un
primo.)

1. ALEGRAR: ❑ pueblo ❑ sillón ❑ festejo ❑ refresco

2. TRANSCURRIR: ❑ coche ❑ rey ❑ ayuntamiento ❑ año

3. DAR: ❑ mar ❑ circo ❑ niñez ❑ calle

4. DOLER: ❑ ojos ❑ queso ❑ ropa ❑ cabeza

5. AÑADIR: ❑ ventanal ❑ cama ❑ mueble ❑ ejercicio

6. TRAER: ❑ programa ❑ mujer ❑ foto ❑ regalo

7. SURCAR: ❑ discusión ❑ mar ❑ revuelo ❑ foto

8. RECOGER: ❑ parque ❑ aire ❑ origen ❑ calle

9. ENTERARSE DE: ❑ novedades ❑ noticias ❑ examen ❑ impuestos

10. SOÑAR CON: ❑ gloria ❑ mujer ❑ instante ❑ honor

2.3 Definiciones. Escriba la palabra que se define entre las cuatro que se dan.

1. Que está opuesto a la izquierda.

   ❑ difícil ❑ seria ❑ derecha ❑ duradera

2. De pronto, de repente; bruscamente.

   ❑ de sopetón ❑ casi corriendo ❑ de cuanto ❑ por conducto

3. Período en la vida de los seres humanos que va desde el nacimiento hasta los once o doce años, aproximadamente.

   ❑ muchacho ❑ niñez ❑ novedad ❑ años

4. Descansar cómodamente en una silla o sillón.

❑ teclear   ❑ chochear   ❑ soñar   ❑ repantigarse

5. Poner un objeto en un lugar; dar trabajo a una persona.

❑ enseñar   ❑ colocar   ❑ poner   ❑ ansiar

6. Que no trabaja porque no le gusta trabajar.

❑ industrioso   ❑ contento   ❑ difícil   ❑ perezoso

2.4   ¿Qué hace usted cuando...?   Escoja lo que usted haría en cada una de las situaciones que se describen. Se ofrecen dos alternativas, pero sólo una es posible. Márquela con una cruz.

> *Ejemplo:*   ¿Qué hace usted cuando recibe una carta de un amigo?
> ❑ La rompo.
> ☒ La leo y después la contesto.

1. ¿Qué hace usted cuando empieza a llover muy fuerte?

❑ Entro en la casa.
❑ Me acuerdo de mirar los ejercicios.

2. ¿Qué hace usted cuando tiene que hablarle a un grupo de personas?

❑ Me pongo a marchar con el grupo.
❑ Me pongo al frente del grupo.

3. ¿Qué hace usted cuando alguien quiere nombrarlo para un trabajo importante?

❑ Dejo de trabajar y a continuación abandono el cargo.
❑ Le digo que es un honor y le doy las gracias.

4. ¿Qué hace usted cuando la camisa está sucia?

❑ La plancho.
❑ La lavo.

5. ¿Qué hace usted cuando quiere conseguir un buen empleo?

❑ Trato de enterarme dónde hay empleos que me gusten.
❑ Me sonrío y empiezo a soñar con un empleo bueno y que pague bien.

6. ¿Qué hace usted cuando alguien lo saluda?

❑ Respondo atropelladamente y a continuación me voy.
❑ Le contesto cortésmente.

III. Gramática

3.1 Lo dicho, hecho. Responda a la orden que se le da usando el pronombre personal *tú* o *usted*. Ambos pronombres pueden omitirse si el significado de la oración no resulta afectado, como en los ejemplos.

> *Ejemplos:* Pregúntele a su amigo Carlos si va a salir esta noche.
> **Carlos, ¿vas a salir esta noche?**
>
> Dígale a su profesor que usted quiere hablar con él sobre
> el examen.
> **Quiero hablar con usted sobre el examen.**

1. Pregúntele a su mamá adónde va a ir mañana.

_____

2. Dígale a su hermano Luis que Laura lo llamó a las dos.

_____

3. Dígale al empleado de la tienda que le envuelva el paquete.

_____

4. Pregúntele al policía si le puede dar la dirección del Ministerio de Educación.

_____

5. Pídale a su papá que le explique la nueva ley de impuestos.

_____

6. Pregúntele a don Ramiro, un señor de 70 años, dónde compró la revista *Mercurio*.

_____

3.2   Vosotros.   Conteste libremente estas preguntas, primero como si usted fuera de España y después como si fuera de algún país hispanoamericano.

> *Ejemplo:*   ¿Qué debemos hacer ahora?
> (España): **Ahora debéis pagar y marcharos.**
> (Hispanoamérica): **Ahora deben pagar y marcharse.**

1. ¿Cuándo podremos entrar en el edificio?

    (E) _____

    (H) _____

2. ¿Dónde nos sentamos? ¿Aquí o allí?

    (E) _____

    (H) _____

3. ¿Abrimos la puerta o la dejamos cerrada?

    (E) _____

    (H) _____

4. ¿Por qué nos dices eso?

    (E) _____

    (H) _____

5. ¿Qué tenemos que buscar?

    (E) _____

    (H) _____

6. ¿Cuánto necesitamos pagar para conseguir eso?

    (E) _____

    (H) _____

3.3 Pronombre sujeto. En los siguientes párrafos, cada verbo tiene un pronombre sujeto. Algunos son necesarios, pero otros deben omitirse. Tache (*cross out*) los que deban omitirse. También tache los pronombres de los objetos directo e indirecto cuando sean innecesarios.

> *Ejemplo:* ~~Yo~~ llegué a las once de la mañana y ~~yo~~ vi que ~~ella y él~~ estaban sentados en la sala. Ella hablaba. ~~Ella~~ le decía a él que ~~ella~~ estaba muy disgustada. ~~Ellos~~ parecían estar muy enfadados, pero después de veinte minutos, ~~ellos~~ hicieron las paces y ~~ellos~~ salieron a comer en un restaurante.

1. Hacía muchos añós que tú no venías al pueblo, porque tú no querías ver a tus amigos de la niñez. Ellos te traían a ti recuerdos de cuando tú te esforzabas por participar con ellos en los deportes de la escuela.

2. Nosotros fuimos adonde estaba la secretaria de la empresa. Ella ni nos miró a nosotros y ella siguió tecleando apresuradamente. Nosotros le dijimos a ella que nosotros queríamos ver al jefe de la planta. Él nos había dado a nosotros una entrevista para esa tarde. Ella no parecía escuchar lo que nosotros le estábamos diciendo a ella. Ella siguió escribiendo sin mirarnos a nosotros.

3. Esta casa es para ti. Yo mismo la hice con mi esfuerzo, porque tú la querías ahí, cerca de la orilla del río, de nuestro río, donde tú y yo jugábamos cuando nosotros éramos niños.

4. Yo no sé cómo piensas tú que yo no soy yo ni tú eres tú, cuando tú sabes que yo soy tú y tú eres yo.

5. Yo le escribo esta nota a usted para solicitar de usted un gran servicio. Yo espero que usted me conceda permiso para inscribirme en su curso de usted sobre la civilización maya. Yo estoy muy interesado en los temas mayas y yo espero que usted me dé el permiso que le pido.

3.4 Pronombres preposicionales. Conteste libremente estas preguntas pero use una forma preposicional del pronombre en la respuesta.

> *Ejemplo:* ¿De quién hablas?
> Posibilidades: **Hablo de ti.**
> **¿Yo? No hablo de nadie.**

1. ¿Para quién es esta medicina?

_____

2. ¿A quién le llevas esas revistas?

_____

3. ¿Según quién, dices tú, nos van a dar un aumento de sueldo?

_____

4. ¿Sin quiénes, dices, no podremos salir?

_____

5. ¿En quién confías tú para esa operación?

_____

6. ¿Con quién va a esquiar Ernesto?

_____

3.5   Más preposiciones.   Complete cada oración con la frase preposicional (prep. + pron.) apropiada, como en el ejemplo.

> *Ejemplo:*   ¿Por qué no quieres bailar _____**conmigo**_____? Yo no bailo tan mal. (contigo / con él / conmigo)

1. Rolando corría y corría y sus amigos corrían _____ sin poder alcanzarlo. (con él / tras él / por él)

2. La fiesta no quedó muy buena porque fueron todos _____. (según él / menos tú y él / entre tú y él)

3. No digas nada _____ porque siempre nos ayuda. (contra ella / por ella / sin ella)

4. Nadie entendió al profesor. _____ hubieran tenido dificultades para entenderlo. (hasta ustedes / para ustedes / desde ustedes)

5. Señor Menéndez, este regalo es _____, por lo que ha hecho por nosotros. (por usted / a usted / para usted)

6. Siempre podemos ir _____ a la ciudad porque tú nos llevas generosamente. (por ti / para ti / contigo)

3.6 Respuestas con lo. Conteste estas preguntas afirmativa o negativamente, usando el pronombre neutro *lo*.

> *Ejemplo:* ¿Están preparados los empleados para abrir la tienda?
> Posibilidades: **Sí, lo están.**
> **No, no lo están.**

1. ¿Son americanos ustedes?

_____

2. ¿Estaban enfermos tus hijos?

_____

3. ¿Es usted la señora Ibarra?

_____

4. ¿Eres feliz?

_____

5. ¿Están listos ustedes?

_____

6. ¿Sería usted capaz de hacer eso?

_____

3.7   Pronombres personales.   Complete estas preguntas y respuestas con los pronombres personales apropiados, sujetos u objetos.

> *Ejemplo:*   ¿A quiénes _____**les**_____ diste _____**tú**_____ las fotos? ¿A ellos?
>
> No, no _____**se**_____ _____**las**_____ di a
>
> _____**ellos**_____. _____**Te**_____ _____**las**_____ di a ti.

1. —¿_____ va a enseñar _____ su nuevo apartamento?

   —Sí, _____ _____enseñaré mañana, con mucho gusto, si venís temprano.

2. —¿A _____ _____ gustan esas novelas de misterio?

   —No _____ gustan nada pero _____ leemos porque no tenemos otros libros aquí.

3. —¿Por qué _____ dicen que no coma en ese restaurante de la calle Llinás.

   _____ gusta mucho y _____ queda muy cerca de casa.

   —_____ _____ decimos porque queremos proteger tu salud.

4. —¿ _____ puedo hablar ahora? Necesito que _____ des cierta información confidencial sobre Gloria.

   —Puedes preguntar _____ lo que quieras _____ conozco muy bien.

5. —¿Quién _____ dijo que mañana no hay vuelos a Montevideo?

   —_____ _____dijo Adela cuando _____ _____ pregunté anoche.

3.8 Complementos.   Construya una oración con los infinitivos seguidos de los complementos directos que se dan, usando además un pronombre personal como complemento indirecto.

Ejemplo: romper la maleta
  Posibilidades: **Me rompieron la maleta.**
  El inspector nos romperá la maleta si no
  se la abrimos.

1. presentar a Emilio

_____

2. guardar el dinero

_____

3. lavar la ropa

_____

4. impedir salir

_____

5. buscar la bibliografía

_____

6. pagar la cuenta

_____

3.9   Ordenar palabras.   Ordene estas palabras de manera que formen una oración simple declarativa, como en el ejemplo.

Ejemplo: deliciosa / te / una / preparó / cena / Alberto
  Alberto te preparó una cena deliciosa.

1. tus / no / intenciones / nos / ocultarás

_____

2. ayer / su / me / ofreció / en / oficina / lo

_____

3. no / próxima / podemos / la / te / la / organizar / semana

_____

4. esa / muy / me / ti / poesía / parece / para / difícil

_____

5. a / los / el / le / para / quiero / pobres / dinero / dárselo / pedir

_____

6. me / no / a / da / lo / mí

_____

3.10 Dos pronombres.   Conteste libremente estas preguntas, pero use pronombres personales en los complementos directos e indirectos.

> *Ejemplo:*   ¿Dónde te pongo las blusas?
> Posibilidades: **Pónmelas en el armario de cedro.**
> **Déjamelas sobre la cama. Yo las**
> **guardaré después.**

1. ¿Cuándo me vas a preparar la comida?

_____

2. ¿Por qué no le dices eso mismo a tu padre?

_____

3. ¿A quién le van a dar ustedes esas revistas mejicanas?

_____

4. ¿Por qué me quieren comprar los libros usados?

_____

5. ¿Me quieres arreglar el vestido?

_____

6. ¿Les prometiste traerles el video?

_____

7. ¿Nos puedes prestar tu grabadora de videos?

_____

8. ¿Le quieren dar las noticias a Daniel hoy?

_____

3.11 Diálogos. En cada una de los siguientes diálogos faltan los pronombres personales, en el sujeto y en los complementos directos e indirectos. Escríbalos en los espacios en blanco.

1. **ANTONIO:** ¿Quieres hacer _____ un favor?

LUIS: Ahora no puedo hacér _____; estoy muy ocupado.

ANTONIO: Oye, Luis, _____ nunca quieres ayudar _____.

LUIS: Eso no es verdad. ¿Qué _____ dices de ayer? ¿Ya

_____ olvidaste?

ANTONIO: ¿Qué pasó ayer?

LUIS: ¿ _____ ves? Ya _____ _____ olvidó que

estuve reparándo _____ el coche toda la tarde.

2. **CECILIA:** _____ voy a decir a Armando que no venga esta noche. Voy

a llamar _____ ahora mismo.

AURORA: ¿Qué _____ pasa? ¿Por qué no quieres ver _____
esta noche?

CECILIA: Es que _____ hemos estado viendo mucho últimamente.

AURORA: ¿Y qué? ¿Por qué _____ preocupa eso? ¿No _____

gusta salir con _____?

CECILIA: No, en realidad no _____ gusta y no sé cómo decir

_____.

3.12 Composiciones breves. Escoja uno de los temas y escriba los párrafos que se piden.
Use no menos de cinco formas diferentes del pronombre personal. Escriba de 35 a 50
palabras.

1. Escríbale una nota a su compañero de cuarto diciéndole que usted va a salir esta noche
y que regresará tarde por el motivo que ...usted inventará. Use no menos de cinco
formas diferentes del pronombre personal. Escriba de 35 a 50 palabras.

2. Escríbale una carta breve a un miembro de su familia (mamá, papá, hermano)
anunciándole que el próximo fin de semana irá a casa con un amigo o amiga a pasar
esos días porque... (*invente la causa*).

_____

_____

_____

_____

_____

_____

_____

_____

_____

_____

3.13 Composición. Escriba una descripción-narración de un evento inolvidable, como una cena, una fiesta, un viaje, una boda, ... Use no menos de diez pronombres personales. Escriba de 100 a 150 palabras.

_____

_____

_____

_____

_____

_____

_____

_____

_____

_____

_____

_____

C H A P T E R   8

Adverbs

I. Lectura

1.1 Ejercicio de comprensión. Después de leer el fragmento del cuento «La Cuesta de las Comadres», complete el siguente resumen esogiendo y escribiendo la palabra o frase que corresponda.

El cuento, cuyo fragmento hemos leído, se desarrolla en _____

(Torricos / Comadres / Zapotlán). Se menciona por su nombre a una familia, la

familia de _____ (los Torricos / las Comadres / los Zapotlán). Esta

familia estaba, en el momento de la narración, _____

(viviendo en la Cuesta / muerta / desapareciendo). Los Torricos y _____

(los vecinos del pueblo / el narrador / los dueños de la tierra) habían sido muy buenos

amigos. La gente de Zapotlán no quería a _____

(Torrico / Odilón / los que vivían en la Cuesta). Los que vivían en la Cuesta y los

Torricos siempre tenían _____ (desavenencias / amistades / ganado).

89

Los Torricos eran los dueños de _____

(las tierras y las casas / el ganado / los cultivos) a pesar de que cuando

_____ (las desapariciones / el reparto / la venta) todos habían

recibido una cantidad igual de tierra. Poco a poco la Cuesta se fue _____

(desapareciendo / poblando / deshabitando). Los vecinos de la Cuesta se

_____ (iban / quedaban / morían).

II. Vocabulario

2.1   Selección.   En las siguientes oraciones aparecen entre paréntesis algunos pares de palabras. Sólo una de las palabras es la apropiada. Enciérrela en un círculo.

1. Si quieres comprar esa casa debes hablar con su (dueño / vecino).

2. No (sabemos / conocemos) a ese actor.

3. Pueden entender al profesor porque habla (elegantemente / claramente).

4. Tengo los libros (allí / aquí) conmigo.

5. En las (pasadas / últimas) dos semanas he visto cuatro películas.

6. Si vas a necesitar los libros en seguida, tendrás que escribirle al editor (directamente / agradecidamente).

2.2 Definiciones.   Encierre con un círculo la palabra que se define.   Escójala entre las tres que se dan entre paréntesis.

1. Elevación pequeña del terreno: (puerto / loma / monte)

2. Que actúa con rapidez: (apresurado / lento / despacio)

3. Ocasionalmente; no siempre: (nunca / de tiempo en tiempo / tal vez)

4. Que habla desordenadamente, sin sentido: (débil / hábil / incoherente)

5. Ocultarse, quitarse de la vista de otro: (deshabitar / desaparecerse / atravesarse)

2.3 Opuestos. Escriba el opuesto de cada una de las palabras que se dan.

1. siempre _____

2. nadie _____

3. ninguno _____

4. ruidosamente _____

5. tristemente _____

6. algo _____

7. preciso _____

8. llegar _____

9. comprar _____

10. debajo de _____

11. temprano _____

12. también _____

13. despacio _____

14. lejos _____

15. noche _____

III. *Gramática*

3.1 ¿Cómo es...?   Responda libremente a estas preguntas que se le hacen para indicar cómo actúa una persona que usted conoce. Use un adverbio de modo en sus respuestas.

> *Ejemplo:*   ¿Cómo trabaja Hilario?
> Posibilidades: **Trabaja lentamente.**
> **Trabaja eficientemente.**

1. ¿Cómo habla tu profesora?

_____

2. ¿Cómo actúas tú?

_____

3. ¿Cómo estudia tu compañero?

_____

4. ¿Cómo escribe tu madre?

_____

5. ¿Cómo vive tu tío?

_____

6. ¿Cómo pinta Picasso?

_____

3.2   ¿Cómo? ¿Dónde? ¿Cuándo?   Conteste estas preguntas brevemente usando uno o dos adverbios o frases adverbiales.

> *Ejemplo:*   ¿Cómo debemos servir la comida?
> Posibilidades: **Pronto y rápidamente.**
> **Con mucho cuidado, pero rápido.**

1. ¿Cómo debemos tratar a los nuevos vecinos?

_____

2. ¿Dónde debemos poner el dinero?

_____

3. ¿Cuándo debemos llamar a Luisa?

_____

4. ¿Cómo debemos vestirnos para esta noche?

_____

5. ¿Dónde debemos sentarnos?

_____

3.3 **¿MÁS? ¿O MENOS?** Conteste afirmativamente las preguntas que se le hacen y añada una expresión libre con la combinación *mientras más/menos ... más/menos.*

> *Ejemplo:* ¿Estás trabajando ahora?
> Posibilidades: **Sí, y mientras más trabajo, menos estudio.**
> **Sí, y mientras más trabajo, más me gusta.**
> **Sí, un poco, y mientras menos trabajo, menos gano.**

1. ¿Estás estudiando ciencias ahora?

_____

2. ¿Estás tomando vitaminas ahora?

_____

3. ¿Estás saliendo con Carlos ahora?

_____

4. ¿Estás escribiendo el trabajo ahora?

_____

5. ¿Estás leyendo ese libro ahora?

_____

3.4   Todo lo contario.   Responda a los enunciados o a las preguntas indicando que usted hace lo contrario de lo que se le dice, como en el ejemplo.

> _Ejemplo:_   Tus amigos siempre comen algo cuando van al café.
> Posibilidades: **Pues yo nunca como nada.**
> **Yo nunca como nada porque no voy al café jamás.**

1. Los otros siempre compran la ropa aquí.

_____

2. ¿Viste a alguien haciendo algo?

_____

3. ¿Tú también tienes algo que decir?

_____

4. Hablé con algunos amigos míos en la feria.

_____

5. ¿No viste a nadie tampoco?

_____

3.5 Negaciones. Diga que la persona mencionada nunca hace lo que se indica en la expresión con infinitivo.

> *Ejemplo:* nosotros / contar el dinero
> **Nosotros nunca contamos el dinero.**
> **No contamos el dinero nunca.**

1. Gabriel / llegar a tiempo

_____

2. mis primos / acordarse de las fechas de cumpleaños

_____

3. yo / vestirse de rojo

_____

4. ustedes / mirar algunos programas de televisión

_____

5. ellas / pasear y descansar

_____

3.6 Palabras negativas. Conteste negativamente estas preguntas usando tantas palabras negativas como sea necesario.

> *Ejemplo:* ¿Fuiste con alguien a algún lugar?
> **No, no fui con nadie a ningún lugar.**

1. ¿Compraste algo en alguna tienda?

_____

2. ¿Vas a salir con alguien?

_____

3. ¿Tienes mucho que leer y escibir hoy?

_____

4. ¿Qué quiere hacer tu mamá?

_____

5. ¿Cuándo vas a hablar con alguien importante?

_____

3.7   Rechazar ofertas.   Rechace las ofertas o sugerencias que se le hacen. Use por lo menos un adverbio de negación.

> _Ejemplo:_   Vamos a bailar.
> Posibilidades: **Gracias, pero no quiero bailar ahora.**
> **Gracias; no quiero hacer nada ahora.**
> **¿Bailar? No, no quiero bailar con nadie ahora.**

1. Vamos a comer aquí.

_____

2. Debes visitar a Francisco.

_____

3. Préstame tu tarea para copiar algunas respuestas.

_____

4. Toma esa medicina.

_____

5. Tienes que comer más postre.

_____

6. Te invito a salir esta noche.

_____

3.8 Composiciones breves. Escriba uno o dos párrafos breves sobre cada uno de los tópicos que se describen a continuación. Subraye los adverbios que use y use tres por lo menos.

1. Escriba su opinión sobre la campaña para proteger los derechos de los animales.

_____

_____

_____

_____

2. Describa cómo es el cuarto donde duerme y estudia un personaje real o imaginario. Diga las cosas que le disgustan y las que le agradan.

_____

_____

_____

_____

3. Piense en una persona conocida por usted y descríbala. Indique sus características positivas y negativas, su ocupación, sus hábitos.

_____

_____

_____

_____

3.9 Composición. Ahora imagínese que usted conoce a un personaje de la realidad presente o pasada (Washington, Bolívar, el Rey Arturo, Golda Meier, Corazón Aquino). Describa su personaje inventando lo que usted no sabe sobre él o ella.

_____

_____

_____

_____

_____

_____

_____

_____

C H A P T E R   9

The Article

I. Lectura

1.1 Comprensión. Después de leer el fragmento de «La Nochebuena de 1836», complete los siguientes enunciados con la terminación apropiada dentro de las tres que se dan.

1. El narrador de este artículo siente fuerte aprensión...

❑ por la Nochebuena.
❑ contra el número 24 en general.
❑ contra los días 24.

2. El narrador confiesa que...

❑ nació un día 24.
❑ nació el 24 de diciembre.
❑ no hay días fatales para él.

3. También nos dice el narrador que...

❑ es un hombre enamorado.
❑ es muy supersticioso.
❑ sólo cree en verdades.

4. Según el narrador de estas confesiones, el ser humano...

❏ necesita creer en algo.
❏ cuando está casado no cree en su consorte.
❏ no cree en sus gobiernos.

5. Para el narrador, todos los días 24...

❏ son buenos.
❏ anuncian algo bueno.
❏ son fatales.

6. Para él, el día anterior al 24...

❏ es el día de los incendios.
❏ es la víspera de las desgracias.
❏ es día de sufrimiento y resignación.

7. El narrador se abstiene de hacer muchas cosas...

❏ a partir de las doce de la noche del día 23.
❏ desde el mediodía del día 24.
❏ el día de Navidad.

8. El narrador expresa su desconfianza de las mujeres cuando dice que...

❏ todas están enamoradas de él.
❏ lo peor que le puede pasar a un hombre es que una mujer lo acepte.
❏ el hombre amado por una mujer es un hombre feliz y afortunado.

II. *Vocabulario*

2.1 Categóricos.   Escriba las palabras que se dan a continuación debajo de la categoría a la que pertenecen.

águila	coche	fray	obispo	reputación
amante	consorte	latón	plata	tren
caballo	física	mentira	química	

Nombre _____ Fecha _____ Clase _____

ANIMALES	TRANSPORTE	CIENCIAS	RELIGIÓN	MATERIALES	MORALIDAD	AMOR
_____	_____	_____	_____	_____	_____	_____
_____	_____	_____	_____	_____	_____	_____

2.2 Grupos de palabras. Tache (*Cross out*) la palabra que no pertenece al grupo de cinco palabras dado en cada línea.

1. accidente	terremoto	fábrica	incendio	catástrofe
2. ventana	toronja	manzana	naranja	plátano
3. árbol	flor	bosque	hojas	ruido
4. sentimiento	desgracia	desconfianza	casado	tormento
5. calendario	semana	lunes	aula	día
6. otoño	hielo	primavera	verano	invierno
7. geografía	botánica	paleontología	sótano	astronomía
8. libro	aula	examen	bomba	alumno
9. libertad	ídolo	fray	obispo	iglesia
10. pueblo	hada	gobierno	político	ministro

2.3 Verbos. Al final de cada oración se dan cuatro verbos. Hay dos que pueden completar la oración. Escríbalos en el espacio en blanco.

> *Ejemplo:* La calle Luz **empieza / comienza** en la Plazoleta de las Rosas. (empieza / cierra / comienza / necesita).

1. Para esta mesita _____ las flores rojas.
(veremos / me gustan / usan / prefiero)

2. Cuando veo venir un peligro _____ .
(me paso / me prevengo / me cuido / me imagino)

101

3. Nunca le _____ a Miguel lo que pasa en la oficina.
(digo / hablo / alcanzo / cuento)

4. No puedo _____ lo que está pasando en esa ciudad.
(traer / imaginar / buscar / creer)

5. Lo que dices _____ hace muchos años.
(pasó / sucedió / perdió / trató)

2.4   Equivalentes.   Sustituya las palabras y frases en inglés por sus equivalentes en
español.

1. (*How long*) _____ estás mirando ese cuadro?

2. Sólo faltan (*ten till twelve*) _____ .

3. Los espectadores llegan tarde a la función porque (*they are used to*) _____
a entrar cuando les da la gana.

4. ¿Puedes (*look over*) _____ estos documentos que llegaron (*last*

Thursday) _____ ?

5. Vi un vestido muy bonito y lo compré porque (*luckily*) _____ tenía
dinero.

III. Gramática

3.1   Respuestas.   Conteste afirmativa o negativamente estas preguntas.   Use el objeto
directo de la pregunta como sujeto de la respuesta.   Sea imaginativo en sus
explicaciones.

> *Ejemplo:*   ¿Compraste carne?
> Posibilidades: **Sí, la carne estaba muy buena y barata hoy.**
> **No, la carne es muy cara y no estaba muy**
> **buena hoy.**

1. ¿Trajiste discos?

2. ¿Bebiste cerveza?

_____

3. ¿Vas a estudiar química?

_____

4. ¿Vas a leer poesías?

_____

5. ¿Quieres cuidar niños?

_____

6. ¿Quieres visitar iglesias antiguas?

_____

3.2 Respuestas incompletas. Complete libremente las respuestas a las preguntas que se le hacen.

1. ¿Qué clase de cerveza no te gusta?

No me gusta nada _____

2. ¿Qué materias debo estudiar para ser aceptado en la Escuela de Medicina?

Debes estudiar _____

3. ¿Por qué no fuiste a trabajar? ¿Qué día es hoy?

No fui a trabajar porque hoy es _____

4. ¿Qué otro ingrediente necesitas?

Ya tengo los camarones, ahora necesito _____

5. ¿En qué trabajan esas señoras?

Esas señoras son _____

6. ¿Qué deporte practicas?

Me gusta muchísimo _____

3.3 Lo característico.   Complete estos enunciados con una frase sustantivada formada por **lo** + *adjetivo.*

> *Ejemplo:* Ayer llovió muchísimo; __lo malo/lo bueno/lo desagradable__ es que llovió por la mañana y no por la tarde.

1. Ese señor quiere ser senador de la república; _____
es que nadie va a votar por él.

2. Dicen que van a bajar los impuestos; _____
es que siempre dicen lo mismo cuando se acercan las elecciones.

3. Samuel dice que es muy trabajador; _____
es que nunca lo veo hacer nada.

4. Me gustaría mucho salir contigo; _____
es que nunca aceptas mis invitaciones.

5. _____ siempre resulta caro.

6. _____ estimula la inteligencia y fortalece la voluntad.

3.4 Cómo, cuándo y dónde.   Conteste estas preguntas usando en cada respuesta la palabra que se da entre paréntesis.

> *Ejemplo:*   ¿Cuándo regresarán tus primos? (martes)
> Posibilidades: **El martes.**
> **Creo que regresarán el martes.**

1. ¿En qué época del año vas a Málaga? (invierno)

_____

2. ¿Cuándo sales para Santiago? (sábado)

_____

3. ¿En qué idioma habla esa señora? (ruso)

_____

4. ¿Quién es tu médico? (doctor Arango)

_____

5. ¿Cuándo vas a cantar? (otro día)

_____

6. ¿A qué hora empieza tu clase de español? (nueve)

_____

7. ¿Dónde está ahora el señor Castro? (cárcel)

_____

8. ¿En qué calle viven los Núñez? (Juárez)

_____

3.5 Actividades. Diga a qué hora del día hace las actividades siguientes.

 Ejemplo: levantarse: **Me levanto a las siete de la mañana.**

1. bañarse: _____

2. ir a la escuela: _____

3. desayunar: _____

4. almorzar: _____

5. cenar: _____

6. acostarse: _____

3.6 Sustituciones.   Sustituya la palabra subrayada en cada oración por la expresión que se da entre paréntesis al final.

>   *Ejemplo:*   Tengo dolor de cabeza. (dolor de cabeza muy fuerte)
>   Tengo **un dolor de cabeza muy fuerte.**

1. Oímos unas canciones de Méjico. (Méjico revolucionario)

   _____

2. Ese médico es ecuatoriano. (ecuatoriano muy conocido)

   _____

3. Me gustan las novelas españolas. (España contemporánea)

   _____

4. Vivo en Luaces 45. (calle Luaces)

   _____

5. Trabajo en Lima. (centro)

   _____

6. Lucía Villar es profesora. (profesora de italiano)

   _____

7. Sergio Galíndez es abogado. (abogado admirado por todos)

   _____

8. Era lunes. (lunes aburrido)

   _____

3.7 Novela. En el siguiente fragmento de *Cecilia Valdés*, por Cirilo Villaverde, novelista romántico cubano del siglo XIX, todos los nombres tienen un espacio en blanco. Escriba en ese espacio el artículo definido o indefinido apropiado. Si no hace falta ningún artículo, ponga una cruz (X). Tenga en cuenta las contracciones.

«Hacia _____ oscurecer de _____ día 25 de _____ noviembre de

_____ año de 1812, seguía _____ calle Compostela, en _____

dirección de _____ norte de _____ ciudad, _____ coche tirado por

_____ par de _____ mulas, en _____ de _____ cuales, como era

de _____ costumbre, cabalgaba (*was riding*) ____**la**____ cochero negro.»

3.8 ¿Qué le gusta hacer? Complete estas oraciones con un artículo definido o indefinido si es necesario. Tenga en cuenta las contracciones.

Ejemplo: Me gusta hablar con mis amigos en _____ escuela.

1. Prefiero comprar en _____ centro, no en _____ suburbios.

2. Me gusta esquiar a _____ comienzo de _____ invierno, cuando _____

nieve está blanda.

3. Me encanta salir _____ sábados por _____ noche.

4. Me gusta mucho bailar en _____ fiestas de _____ barrio que dan _____

4 de _____ julio.

5. Prefiero almorzar a _____ mediodía.

6. Me gusta dormir por _____ tarde _____ buena siesta.

3.9   Composiciones breves.   Escriba los párrafos cuyas instrucciones se dan más abajo. Subraye todos los artículos definidos e indefinidos que use.

1. Mis actividades de los sábados.

_____

_____

_____

_____

_____

2. Un mensaje a un amigo o amiga explicando algo o invitando.

_____

_____

_____

_____

_____

3. Un breve anuncio para el periódico vendiendo algo.

_____

_____

_____

_____

_____

3.10 Composición. Escriba la introducción de un trabajo (*paper*) que usted tiene que entregar para una de sus clases. Explique el propósito de la investigación y por qué es importante. Subraye todos los artículos que use.

_____

_____

_____

_____

_____

_____

_____

_____

_____

_____

C H A P T E R   1   0

Possessives

I. Lectura

1.1 Comprensión. Después de leer el breve poema «Ropa limpia» del poeta guatemalteco José Arévalo Martínez, complete los siguientes enunciados con las palabras apropiadas para expresar las mismas ideas del poema.

1. El poeta _____ la mano a _____.

2. La mano _____ a _____.

3. El poeta llevó su _____ contra _____.

4. La mano de la _____ era _____ y

_____.

5. La boca del poeta quedó _____.

6. El poeta pide que el hombre que se acerque a ella huela _____.

7. El poeta también le besó _____.

8. También olían _____.

9. El poeta se pregunta en qué agua lava _____.

10. Para el poeta, la muchachita es como _____.

II. *Vocabulario*

2.1   Categorías.   Escriba los nombres debajo de la categoría que mejor se relacione con la idea expresada por el nombre.

Algunos nombres pueden pertenecer a más de una categoría.

agua	cabellos	gerente	libro	portero
asiento	calcetines	hermano	mano	primo
boca	copa	jabón	mesa	ropa
bolígrafo	corazón	joyas	novia	vecino

BAÑARSE	CUERPO	BEBER	ESCRIBIR	LECTURA
_____	_____	_____	_____	_____
_____	_____	_____	_____	_____
_____	_____	_____	_____	_____
_____	_____	_____	_____	_____

OCUPACIÓN	PEINARSE	RELACIÓN	VESTIRSE
_____	_____	_____	_____
_____	_____	_____	_____
_____	_____	_____	_____
_____	_____	_____	_____

2.2 De vacaciones. Marque las actividades que a usted le gusta hacer cuando está de vacaciones.

1. ❑ Traer y llevar libros a la biblioteca.

2. ❑ Quedarse dormido frente al televisor.

3. ❑ Lavar la ropa en la lavandería automática.

4. ❑ Molestar a mis hermanos o hermanas.

5. ❑ Salir de viaje.

6. ❑ Ir a comprar ropa por las tiendas del centro.

7. ❑ Casarme y cuidar niños.

8. ❑ Pasar dos semanas en las montañas del oeste.

9. ❑ Guardar el dinero y las joyas en la caja fuerte del banco.

10. ❑ Oír mis discos favoritos.

2.3 Definiciones. Escriba la palabra que se define. Escójala entre las que se dan a continuación.

abrigo	ahora mismo	al lado de	lívido	salir
extrañar	lejos de	limpia	recordar	entrante
oler	olvidar	pasado	casarse	oír
subir	unirse	bajar	luego	sombrero

1. Unirse en matrimonio: _____

2. Echar de menos a una persona: _____

3. Mover algo hacia abajo: _____

4. Próximo, cerca de: _____

5. En este momento: _____

6. Que viene o se aproxima: _____

7. Traer a la memoria: _____

8. Ropa para protegerse del frío: _____

9. Sentir aromas y olores por la nariz: _____

10. Que no está sucia: _____

2.4 ¿De qué se habla?   Lea cada párrafo y después diga de qué se habla en él, escogiendo la palabra o frase adecuada para completar la oración.

1. ¡Qué barbaridad! El tren acaba de salir y no llegaré a mi casa hasta muy tarde, pues el próximo tren no sale hasta dentro de dos horas. Aquí se habla de una persona que...

❑ disfruta de viajar en tren.
❑ perdió el tren.
❑ extraña el tren.

2. Desde que salí de mi casa en septiembre no veo a mi amiga Gloria, con quien solía hablar todos los días. Teníamos unas relaciones muy cordiales. Aquí se habla de una persona que...

❑ echa de menos a su amiga.
❑ está casada con Gloria.
❑ falta de su casa hace mucho tiempo.

3. Cuando estoy de viaje tengo problemas con la ropa. Nunca encuentro lugar para lavarla y termino usándola sin lavar o mal lavada en el baño del hotel. Aquí se habla de una persona que ...

❑ no quiere lavar la ropa.
❑ no es muy limpia.
❑ tiene dificultades con la ropa cuando viaja.

4. Cuando le hablo a Robertico, mi sobrino, baja los ojos y no me mira a la cara. Parece un niño o muy respetuoso o tímido. Aquí se habla de un niño que...

❑ tiene un problema en los ojos.
❑ parece tener problemas para comunicarse con personas mayores.
❑ parece haber hecho algo malo, como faltar a clases, hacer gestos desafiantes, o cosas por el estilo.

5. Cuando llegué al aeropuerto, el inspector de inmigración me pidió el pasaporte. Le dije que no lo tenía y que no lo necesitaba para entrar en mi propio país. Después me pidió la licencia de conducir, que tampoco llevaba conmigo. Aquí se habla de una persona que...

❑ no tiene ningún documento de identidad.
❑ se va al extranjero sin pasaporte ni licencia de conducir.
❑ quiere entrar en un país que exige pasaporte.

2.5 Complementos. En la columna de la izquierda aparecen, en letras mayúsculas, algunos verbos. Al lado de cada verbo hay cinco nombres. Uno de estos nombres no tiene ninguna relación con el verbo, es decir, no puede ser su sujeto, ni su complemento directo ni indirecto. Táchelo (*Cross it out*).

1. BESAR: boca   cabellos   gesto   viajero   cara

2. OLER: cine   gato   pies   agua   café

3. LLEVAR: dinero   motocicleta   libros   cámara   edificio

4. TRAER: problemas   asientos   cielo   vecinos   copas

5. OCUPAR: edificio   llavero   caja   coche   garaje

6. COMPRAR: ropa   estómago   libros   mesa   jabón

7. PONER: mano   corazón   bolsillo   perro   semana

8. CUIDAR: vacuna   bolígrafo   revista   gorra   pista

III. Gramática

3.1 Respuestas. Responda a las preguntas o a los enunciados negativamente. Cambie la posición del adjetivo posesivo que aparece en la pregunta y añada una explicación con la conjunción <u>sino</u>, como en el ejemplo.

> *Ejemplo:* ¿El dependiente recogerá <u>la ropa nuestra</u>?
> Posibilidades: **No, no recogerá nuestra ropa, sino la ropa de ellos.**
> **No, no recogerá nuestra ropa, sino que recogerá la ropa de ella.**

  115

1. El <u>automóvil tuyo</u> es europeo, ¿verdad?

_____

2. Roberto dice que en la <u>casa suya</u> hay agua, ¿no?

_____

3. ¿Los <u>padres de él</u> vienen esta noche?

_____

4. Traje <u>el vestido de usted</u>, ¿verdad?

_____

5. ¿En <u>el pueblo tuyo</u> hay un banco solamente?

_____

6. ¿Es éste <u>el tren nuestro?</u>

_____

3.2 Su y sus.   Usted oye una pregunta con un adjetivo posesivo de la tercera persona. Usted la contesta libremente pero aclarando el significado de _su_ o _sus_, según la información dada entre paréntesis.

> _Ejemplo:_   ¿Dónde están <u>sus</u> cartas? (_his_)
> Posibilidades: **Las cartas <u>de él</u> están en la mesa.**
> **No sé dónde están las cartas <u>de él</u>.**

1. <u>Su</u> mesa es de madera fina, ¿verdad? (_their_, fem.)

_____

2. ¿Quién tiene <u>sus</u> notas? (_her_)

_____

3. ¿Ya le trajeron <u>su</u> coche? (*your*, singular)

_____

4. ¿Cuántas ambulancias había frente a <u>su</u> casa? (*your*, plural)

_____

5. ¿Cuándo limpiaron <u>su</u> coche? (*his*)

_____

6. ¿Han visto a <u>sus</u> suegros? (*their*, masc.)

_____

7. ¿Sabes <u>su</u> dirección? (*her*)

_____

8. ¿Le dieron <u>su</u> pasaporte? (*your*, singular)

_____

3.3 Partes del cuerpo. Escriba la parte del cuerpo que corresponda al significado de la oración, como en el ejemplo.

> *Ejemplo:* Saqué _____ **la lengua** _____ porque el médico me lo pidió.

1. ¿Qué te pasa? ¿Por qué cierras _____? ¿No quieres ver lo que pasa?

2. Me dijo que no con un movimiento rápido de _____.

3. Cierra _____ y no digas más tonterías.

4. Estira (*Stretch out*) _____ y coge una naranja.

5. El estudiante de Guatemala levantó _____ pero el profesor no lo vio.

6. Las reglas de etiqueta de antes no permitían que una señora o señorita respetable

cruzara _____.

3.4 Acciones cotidianas.   Diga en una oración cuándo hace usted lo siguiente.

Ejemplo: lavarse los dientes:
Posibilidades: **Me lavo los dientes después de cada comida.**
Me lavo los dientes tres veces al día.

1. lavarse las manos: _____

_____

2. cortarse las uñas: _____

_____

3. maquillarse los ojos: _____

_____

4. limpiarse los zapatos: _____

_____

5. ponerse crema en los brazos: _____

_____

6. cortarse el pelo: _____

_____

7. teñirse (*to tint*) el pelo: _____

_____

8. afeitarse la barba: _____

_____

3.5 En el pasado. Construya una oración en el pasado con los datos que se dan. Incluya el pronombre reflexivo cuando sea necesario.

> *Ejemplo:* mi padre / frotar (*rub*) la espalda
> Posibilidades: **Mi padre se frotó la espalda.**
> **Mi papá se frotaba la espalda cuando le dolía.**

1. yo / abrir los ojos

_____

2. María / levantar la mano

_____

3. Pepe / bajar el brazo

_____

4. ustedes / cepillar los dientes

_____

5. tú / romper la pierna

_____

6. vosotros / lastimar los dedos

_____

7. ellas / cepillar el pelo

_____

8. el joven / arañar (scratch) la cara

_____

3.6 Servicios.   Construya una oración indicando a quién le va a hacer usted el servicio que se indica.

> *Ejemplo:*   lavar la cabeza
> Posibilidades: **Le voy a lavar la cabeza a mi hermanito.**
> **Les voy a lavar la cabeza a ustedes ahora mismo.**

1. cortar las uñas: _____

2. lavar las manos: _____

3. maquillar la cara: _____

4. arreglar el pelo: _____

5. afeitar la barba: _____

6. pintar los labios: _____

7. frotar la espalda: _____

8. curar (*to cure*) la herida (*wound*): _____

3.7 Pequeñas palabras.   Complete las siguientes narraciones con las palabras apropiadas para que cada una tenga sentido. Puede usar <u>artículos definidos</u>, <u>pronombres reflexivos</u>, <u>dativos (indirect object pronouns)</u> y <u>posesivos</u>.

> *Ejemplo:*   Cuando entró Isabel, tenía una herida en _____**la**_____ cara
>
> _____**Me**_____ lavé _____**las**_____ manos y _____**le**_____
>
> puse una venda (*bandage*) sobre _____**la**_____ herida.

1. Luisa _____ estaba arreglando _____ pelo, porque esa noche iba a salir con Julio.

2. El profesor hizo una pregunta. Yo levanté _____ mano, él movió

_____ la cabeza como asintiendo (*assenting*) y contesté.

3. Ese muchacho tiene _____ pelo negro que casi nunca _____

corta, y _____ ojos muy azules.

4. Después de jugar con la tierra, los niños entraron en _____ casa. Tenían

_____ pies y _____ manos muy sucios y _____ padre

_____ lavó y _____ puso ropa limpia.

5. Susana siempre _____ arregla _____ pelo y _____ pone

un broche de oro que _____ queda muy bien.

6. Había mucho frío y (yo) _____ quité _____ abrigo y _____

cubrí _____ espalda a la pobre chica.

7. Como _____ dolían mucho _____ muelas fui al dentista que

_____ puso _____ dentadura (*denture*) a Georgina.

8. El maestro _____ lavó _____ manos a _____ discípulos
en un acto de humildad.

3.8 Posesivos. Complete estas oraciones con un pronombre posesivo dentro de los varios
que se pueden usar.

> ***Ejemplo:*** Vimos la casa de Luis y creemos que _____ es mejor.
> Posibilidades: **la mía / la tuya / la de usted (es) / la
> de ella(s) / la nuestra / la vuestra / la de ellos**

1. Mis padres llegaron ayer. ¿Cuándo llegarán _____?

2. Nuestra casa es moderna; _____ es de estilo colonial

3. Ernesto tiene su dinero en ese banco, pero _____ está en el Banco
Central.

4. En España viven mis parientes y _____.

5. No sé dónde puse mis discos ni _____.

6. Los cursos que estás llevando son más difíciles que _____ .

7. No hablé con tus padres ni con _____ .

8. Me gustan sus blusas pero detesto _____ .

3.9   Pero...   Combine las dos oraciones simples que se dan usando la conjunción *pero*. Use pronombres posesivos para evitar repeticiones innecesarias, como en el ejemplo.

> *Ejemplo:*   (a) Llegó tu pasaporte. (b) Mi pasaporte no llegó todavía.
> **Llegó tu pasaporte, pero el mío no llegó todavía.**

1. (a) Mis rosas son bonitas. (b) Tus rosas son más grandes.

   _____

2. (a) Nuestro cuarto tiene dos ventanas. (b) El cuarto de ella tiene una ventana solamente.

   _____

3. (a) Tu mamá trabaja en el Ministerio de Educación. (b) La mamá de él trabaja en el Hospital Municipal.

   _____

4. (a) Su corbata es roja. (b) Mi corbata es verde.

   _____

5. (a) La hija de ellos está en el ejército. (b) La hija nuestra es arquitecta.

   _____

6. (a) Mis profesores son americanos. (b) Los profesores de usted son españoles.

   _____

3.10 Composición. Escriba los párrafos que se describen. Use por lo menos dos formas de indicar la posesión en español en cada párrafo.

1. Describa lo que usted hace cuando va a salir con alguien muy especial.

_____

_____

_____

_____

_____

2. Imagínese que usted está sintiéndose mal y va a la clínica para ver un médico. Descríbale los síntomas.

_____

_____

_____

_____

_____

3. Explique brevemente sus planes para estas próximas vacaciones.

_____

_____

_____

_____

_____

3.11 Ensayo.   Escriba un breve ensayo sobre el derecho a tener propiedad privada y a pasarla a los herederos (*heirs*).

_____

_____

_____

_____

_____

_____

_____

_____

C H A P T E R   1 1

The Subjunctive

I. Lectura

1.1 Comprensión. Después de leer el breve fragmento de *San Manuel Bueno, mártir*, novela escrita por don Miguel de Unamuno, escriba el nombre de la persona o lugar a que se refieran los siguientes enunciados. Use los siguientes nombres: don Manuel, narradora (su nombre no se da, pero es Angelita), Renada, Lázaro, Colegio de Religiosas, aldea, la madre.

1. Lugar donde vivía la narradora cuando empezó a tener recuerdos de don Manuel:

   _____

2. Lugar donde había una catedral:

   _____

3. Tenía treinta y siete años cuando Angelita tenía diez:

   _____

4. Vivía en América:

   _____

5. Nombre del colegio adonde iba a ir Angelita:

_____

6. Vivían bien en la aldea:

_____

7. Les mandaba dinero a su madre y a su hermana:

_____

8. No había buenas escuelas laicas (no religiosas):

_____

9. Quería que Angelita se educara:

_____

10. Quería estudiar para maestra:

_____

11. Terminó detestando los estudios de educación:

_____

II. *Vocabulario*

2.1 **Categorías.**   Escriba cada verbo o frase que se da a continuación debajo de la categoría que mejor se relacione con la idea expresada por él.

aceptar	desear	lamentar	ser cierto
aconsejar	dudar	mandar	ser evidente
alegrarse de	entender	pedir	ser importante
aprobar	esperar	pensar	ser mejor

buscar	estar seguro de	preferir	ser posible
consentir	gustar	prohibir	ser preciso
creer	hacer que	querer	ser verdad
decir	impedir	saber	sugerir
dejar que	insistir en	sentir	tener miedo de
desaprobar	invitar a	ser bueno	ver

CATEGORÍAS

1. Consejo: _____

2. Deseo: _____

3. Duda: _____

4. Emoción: _____

5. Entendimiento/conocimiento: _____

6. Esperanza: _____

7. Evaluación: _____

8. Mandato/consentimiento/influencia: _____

_____

9. Percepción: _____

10. Petición: _____

11. Preferencia: _____

12. Prohibición: _____

13. Seguridad: _____

2.2   Selección.   Complete estas oraciones con una de las palabras o frases que se dan al final de cada una.

1. _____ no quiera decir lo que le pasó en la escuela, porque está abochornado (embarrassed). (para que / cuando / quizás / impide que)

2. El policía me mandó que _____ porque allí no se podía estacionar el auto. (parara / siguiera / viniera / entrara)

3. Mi _____ hija vive en Huelva y yo la extraño mucho. (sola / laica / razón / única)

4. Hay que _____ a lo que diga el jefe, porque él es el que manda en esta oficina. (atenerse / obligarse / reírse / gustarle)

5. Me gustaría que te _____ junto a mí durante el concierto. (sientas / cantas / cantaras / sentaras)

6. Rosa Domínguez trabaja en el Ministerio de Salud Pública: es una de las

   _____ más competentes. (monjas / enfermas / funcionarias / aldeanas)

7. Emilio trabaja mucho para todos, _____ su mujer y su casa adonde sólo va a comer y a dormir. (hasta para / menos para / regularmente / todos los días)

8. _____, José todavía está en Córdoba.
   (Desde ayer / Que yo sepa / Mando que / Quiero que)

2.3   Traducción indirecta.   Exprese en español lo que se le pide en la orden que se le da en inglés:

1. Tell the person you are speaking with that you really cannot stomach a common friend.

   _____

2. Express your desire (*ojalá que*) for living in an apartment with all the comforts of modern living.

   _____

3. Tell someone that it's very important for him or her to speak as if he or she understood everything the lecturer said.

_____

4. Tell your parents that you would like to travel this summer.

_____

2.4 Definiciones. Encierre en un círculo la palabra definida.

1. Que no tiene mucha educación ni refinamiento: (laico / zafio / decoroso enfermo)

2. Sentir vacío el estómago: (comer / tener hambre / tener sed / ser pobre)

3. Proponer una idea, o solución: (insistir / sugerir / decir / hacer)

4. Sustancia espesa y viscosa que se usa en motores y otros objetos para suavizar su funcionamiento: (gasolina / metal / aceite / brillante)

5. Aparato eléctrico que se usa en la cocina para enfriar y/o congelar alimentos, agua, leche, …: (refrigerador / cocina / microondas / batidora)

III. Gramática

3.1 Reacciones. Usted leerá un enunciado sobre algo que ocurre normalmente o que va a ocurrir en el futuro inmediato. Escriba su reacción a lo que usted leyó indicando si lo *desea, quiere, prefiere,* o le *gusta.*

> *Ejemplo:* Mañana lloverá.
> Posibilidades: **Quiero que llueva mañana.**
> **No me gusta que llueva mañana.**

1. Mañana habrá un examen.

_____

2. Nos van a aumentar el sueldo (*salary*).

_____

3. No hay mucho trabajo ahora.

_____

4. Felipe está enfermo.

_____

5. Hay una fiesta el sábado.

_____

6. En estas elecciones, ganará el candidato de la oposición.

_____

3.2   **¿Por qué...?**   Usted leerá un enunciado en el que se usa un <u>verbo de mandato o influencia</u> + <u>un infinitivo</u>. Reaccione preguntando *por qué* y usando el mismo <u>verbo de mandato o influencia</u>, pero esta vez con un <u>subjuntivo</u>.

> *Ejemplo:*   Me *prohibieron hablar* con Luisa.
> **¿Por qué te *prohibieron que hablaras* con Luisa?**

1. Les aconsejé pagar los impuestos antes del día 15.

_____

2. Dejaron entrar al señor Caballero.

_____

3. Francisco te permitió recoger el coche del taller.

_____

4. La doctora Luz mandó traer al enfermo.

_____

5. El detective nos impidió salir de la casa.

_____

6. El conserje me prohibió entrar en el auditorio de la escuela.

_____

3.3   Prohibido.   Usted lee un enunciado donde se dice que hace algún tiempo se hacía una cosa determinada. Reaccione indicando que ahora se *prohibe, o se impide, o no se deja hacer* lo que antes se permitía. Su reacción puede escribirse de varias maneras.

> *Ejemplo:*   Antes la gente llevaba armas.
> Posibilidades: **Ahora la ley *prohibe* que la gente *lleve* armas.**
> **Pues ahora *está prohibido llevar* armas.**
> **Ahora *no dejan* que la gente *lleve* armas.**

1. Hace algunos años se podía traer bebidas alcohólicas al estadio.

_____

2. En esa clase, el año pasado, permitían usar libros de consulta en ciertos exámenes.

_____

3. El año pasado, los padres de Lolita le permitían salir sola por las noches.

_____

4. Antes, por esa carretera, se podía ir a más de 160 kilómetros por hora (*100 mph*)

_____

5. Antes se permitía bailar en esas calles los días de fiesta nacional.

_____

6. Hace tres años, la dirección de la escuela dejaba a los alumnos almorzar en los jardines.

_____

3.4   Por eso fue.   Usted leerá un enunciado donde se dice que alguien hizo una cosa determinada. Explique que lo hizo porque usted se lo *exigió, mandó, dejó, prohibió, pidió, ...*

Ejemplo: Vinieron a las ocho de la mañana.

Posibilidades: **Es que les *mandé* venir a las ocho.**
Vinieron a las ocho porque les *exigí* que vinieran a esa hora.
Sí, les *prohibí* que vinieran más tarde.

1. Amalia fue a ver a su abuela.

_____

2. Juan preparó la comida.

_____

3. Irene y Armando pintaron la casa.

_____

4. Virginia estudió las lecciones de piano.

_____

5. Norberto volvió más temprano que otras veces.

_____

6. Se quedaron en casa por la noche.

_____

3.5   **¿Sequro que sí?**   En las siguientes oraciones se dice algo que concierne a sus amigos, o familiares, o al lugar donde vive o trabaja. Exprese su duda o seguridad con respecto a lo que se dice.

Ejemplo: En enero aquí hace mucho frío.

Posibilidades: **Es evidente que aquí hace mucho frío en enero.**
¿Qué dices? Dudo que aquí haga mucho frío en invierno.

1. Margarita dice que trabaja dieciséis horas todos los días.

_____

2. Aquí esa carne cuesta más de seis dólares la libra.

_____

3. Al director de nuestra Orquesta Sinfónica le gusta mucho la música «rock».

_____

4. Mis alumnos prefieren no tener exámenes nunca.

_____

5. Vicente es un jefe muy competente y amable.

_____

6. Para ir al cine ahora no hace falta mucho dinero.

_____

3.6 Pena. Reaccione a cada enunciado expresando pena o sentimiento (*regret*). Use una forma de estos verbos: *sentir, dar pena, lamentar, o disgustar,* como en el ejemplo.

> *Ejemplo:* No pude hablar con Samuel.
> Posibilidades: *Siento* que no *hayas podido* hablar con Samuel.
> Me *da pena* que no *pudieras hablar* con Samuel.
> Me *disgusta* que no *hayas hablado* con Samuel.

1. Eugenio no encontró trabajo.

_____

2. María Teresa está enferma.

_____

3. No vi a Adela en la fiesta.

_____

4. Voy a ir solo a casa de Lourdes.

_____

5. Perdí el dinero que tenía para comprar el vestido rojo.

_____

6. Todavía no terminé de preparar la declaración de impuestos sobre la renta (*income tax return*)

_____

3.7   Gustos y preferencias.   Complete estos enunciados libremente expresando sus gustos o preferencias.

> *Ejemplo:*   Me gustan las casas que...
> **Me gustan las casas que tengan piscinas.**

1. Prefiero ver una película que _____

_____

2. Me gustan los vestidos que _____

_____

3. Detesto los libros que _____

_____

4. Admiro a las personas que ————————————————————

——

5. No me gustan nada los muebles que —————————————————

——

6. Me encantan las playas que ——————————————————————

——

3.8 Funciones del subjuntivo. Ya usted ha visto que el subjuntivo se usa para expresar ciertas funciones de la comunicación. Ahora vamos a ver si usted puede cambiar una oración simple declarativa para que exprese algunas funciones comunicativas. Escriba en cada espacio la forma de la oración que se da en mayúsculas expresando la función que se le pide. Use sólo formas del presente. (Verbos que puede usar en este ejercicio: *alegrarse de / dar pena / desear / entristecerse / esperar / exigir / gustar / insistir en / pedir / temer*)

ROBERTO PAGA LA CUENTA.

1. (insistencia) ————————————————————————————

2. (petición) ——————————————————————————————

3. (exigencia) —————————————————————————————

4. (esperanza) —————————————————————————————

5. (pena) ————————————————————————————————

6. (gusto) ———————————————————————————————

7. (deseo) ———————————————————————————————

8. (alegría) —————————————————————————————

Ahora imagine que Roberto acaba de pagar la cuenta. Exprese la función que se le pide. ¿Qué tiempo del subjuntivo debe usar?

ROBERTO PAGÓ LA CUENTA.

9. (esperanza) _____

10. (pena) _____

11. (gusto) _____

12. (deseo) _____

13. (alegría) _____

14. (temor) _____

15. (tristeza) _____

3.9   **Palabras de enlace.**   Escriba la palabra o la frase de enlace que correponda a cada oración en su espacio. Después traduzca al inglés toda la oración.

PALABRAS DE ENLACE:

a menos que	antes de	con tal de que	hasta que	sin
a pesar de que	antes de que	cuando	para que	sin que
al	aunque	desde que	que	

Ejemplo: No temo _____**que**_____ me llamen a declarar.

Traducción: **I am not afraid of being call to declare.**

1. Trabajo tanto _____ estudies sin preocupaciones económicas.

Traducción: _____

2. Estaremos aquí _____ veamos al presidente de la compañía.

Traducción: _____

3. Siempre quiero estar en casa _____ llegan mis hijos de la escuela.

Traducción: _____

4. Pon la mesa _____ empiecen a llegar los invitados.

Traducción: _____

5. Manolo me pagaba lo que me debía poco a poco, _____ no tuviera mucho dinero.

Traducción: _____

6. Le dieron mucho dinero _____ no hizo nada de lo que le mandaron.

Traducción: _____

7. Hablaré con Nicolás _____ él no quiera hablar conmigo.

Traducción: _____

8. No hagas nada _____ yo lo sepa antes.

Traducción: _____

9. Voy a descansar un poco _____ empezar a pintar el comedor.

Traducción: _____

10. Vi a los sobrinos de Elvira _____ cruzar el parque.

Traducción: _____

3.10 ¿Subjuntivo o infinitivo? Complete estas narraciones breves con la forma apropiada del infinitivo que se da entre paréntesis.

1. Ayer yo estaba muy enfermo y necesitaba a alguien que me _____

(llevar) al médico. Pero no había nadie que me _____ (poder) llevar

y tuve que llamar un taxi para _____ (ir) hasta la clínica.

2. Ya _____ (ser) las doce de la noche y Paulina no _____

(llegar) todavía. (Yo) le _____ (decir) que _____

(venir) antes de las once para que mañana _____ (levantarse)

temprano y me _____ (ayudar) con la limpieza del apartamento.

3. Se nos _____ (echar a perder) el televisor y es probable que (ellos)

no lo _____ (arreglar) hasta dentro de dos meses. Por eso sería

mejor que (nosotros) _____ (comprar) otro.

3.11 Oraciones compuestas.   Construya oraciones compuestas (oración principal +
oración subordinada) combinando elementos que se dan en las tres columnas.

Quiero	antes de que	vayas al trabajo
Siempre pido helado	tan pronto como	tomes esa medicina
El dependiente cerró la tienda	para que	apagaron las luces
Busco un coche	que	como fuera de casa
Llamaré al médico	cuando	tú la veas primero
No compraré la casa	sin que	llames

1. _____

2. _____

3. _____

4. _____

5. _____

6. _____

3.12 Composición. Escriba una carta solicitando información sobre viajes por un país escogido por usted. Explique por qué tiene interés en el país, qué desearía ver y cuándo. Pida información sobre alojamiento, comidas y transporte. Después vaya a la biblioteca, a la sala de diccionarios y guías de turismo, y averigüe la dirección del Departamento de Turismo del país escogido por usted. Envíe la carta para ver si tiene la suerte de que se la contesten.

_____

_____

_____

_____

_____

_____

_____

_____

_____

_____

C H A P T E R   1   2

Relative Pronouns

I. Lectura

1.1 **Comprensión.** Después de leer el cuento «Una carta a Dios» del autor mejicano Gregorio López y Fuentes, complete el siguiente resumen, escogiendo para cada oración la terminación más apropiada.

1. Lencho y su familia vivían en una casa que estaba ...

   - ❑ cerca de la oficina de correos.
   - ❑ en el pueblo.
   - ❑ encima de una elevación.
   - ❑ en una pirámide antigua, construida por tribus peregrinas.

2. Lencho acababa de sembrar sus campos y ya...

   - ❑ tenía varios hijos grandes y algunos pequeños.
   - ❑ podía ver las matas de maíz y el frijol con florecillas.
   - ❑ estaba lloviendo, un aguacero fuerte.
   - ❑ tenía asegurada una buena cosecha.

3. Ahora sólo necesitaba...

   - ❑ una buena lluvia.
   - ❑ un préstamo de cien pesos para comprar más semillas.
   - ❑ tener respuesta de Dios.
   - ❑ que la vieja le preparara la comida.

141

4. En lugar de un buen aguacero,

- ❑ los muchachos limpiaban de hierba la siembra.
- ❑ cayeron unas pocas gotas gruesas.
- ❑ cayeron algunas monedas de a diez y de a cinco pesos.
- ❑ cayeron unos granizos muy grandes.

5. La tormenta duró más de una hora...

- ❑ y destruyó todo lo sembrado.
- ❑ pero sólo hizo pedazos al maíz.
- ❑ porque todo parecía una salina.
- ❑ y apedreó la casa, destruyéndola totalmente.

6. A Lencho se le ocurrió remediar la situación...

- ❑ sembrando los campos otra vez.
- ❑ pidiéndole un préstamo a la cooperativa.
- ❑ escribiéndole a Dios para pedirle cien pesos.
- ❑ yendo a la iglesia el domingo.

7. Los empleados de correo, cuando vieron la carta de Lencho...

- ❑ reunieron el dinero y se lo pusieron en un sobre.
- ❑ se empezaron a reír de la fe primitiva del pobre campesino.
- ❑ pidieron dinero al jefe postal.
- ❑ le mandaron la carta a Dios.

8. El jefe de correos sólo pudo conseguir...

- ❑ cien pesos.
- ❑ un préstamo pequeño.
- ❑ la ayuda de sus empleados.
- ❑ sesenta pesos.

9. Cuando Lencho recibió el sobre...

- ❑ se puso muy contento.
- ❑ se enfadó y pidió papel para escribirle otra carta a Dios.
- ❑ se lo llevó a su mujer.
- ❑ fue a comprar más semillas de maíz y frijol.

10. Lencho le decía a Dios en la nueva carta que...

❑ le estaba muy agradecido por mandarle el dinero que necesitaba por medio del jefe postal, que había hecho una buena obra.

❑ no le mandara el resto por la oficina de correos porque los empleados eran unos ladrones.

❑ ya no le hacía falta tanto dinero y que sólo necesitaba un poco más.

❑ tenía los sesenta pesos en la mano.

II. Vocabulario

2.1 Adjetivos. Marque con una cruz los adjetivos que se podrían usar para completar estas oraciones. Puede haber uno, dos, tres o cuatro adjetivos apropiados.

Ejemplo: Aquel cerro sin punta parecía una pirámide...
❑ mortificada ☒ truncada ☒ solitaria ☒ antigua

1. Tenía en la mano una carta que estaba...

❑ divertida ❑ posible ❑ espiritual ❑ terminada

2. Los sembrados de maíz eran...

❑ dirigidos ❑ deshojados ❑ apegados ❑ nuevos

3. La comida servida sobre la mesa estaba...

❑ antigua ❑ vieja ❑ sabrosa ❑ posible

4. El aguacero fue muy...

❑ fuerte ❑ solicitado ❑ pequeño ❑ grande

5. En mitad del valle había unos campos...

❑ subidos ❑ cultivados ❑ inequívocos ❑ gruesos

2.2   Nombres.   Complete estas oraciones con uno de los cuatro nombres que se dan. Hay un sólo nombre apropiado para completar la oración.

> *Ejemplo:*   Cuando quiero decirle algo a mis padres les escribo ____una carta____.
> (un telegrama / una carta / un sello / un papel)

1. _____ estaba muy adelantada: ya había pequeñas matas de maíz y frijoles con sus florecillas moradas. (La tribu / La siembra / El cielo / La mazorca)

2. No sabíamos qué hora era, porque ninguno de nosotros tenía _____. (mentira / reloj / calendario / pleito)

3. Debes buscarte un buen _____ si te ponen pleito por chocar el auto de Berta. (abogado / médico / agente / testigo)

4. Necesito que me mandes _____ del artículo que escribiste para poder leerlo y entenderlo. (la lista / la estrategia / el resto / el papel)

5. Samuel me dio _____ y me tiró al suelo. (una póliza / un puñetazo / un despacho / un gesto de cólera)

6. Dar dinero a los pobres es hacer _____. (cosas de ladrones / mucho sueldo / obras piadosas / una campaña)

2.3   Verbos.   Complete estas oraciones con una de las cuatro formas verbales que se dan. Hay una sola forma apropiada para completar la oración. Después traduzca al inglés toda la oración.

> *Ejemplo:*   Todavía no ____**recogieron**____ la basura en esta calle.
> funcionaron / recogieron / pasaron / obtuvieron)
> ***They have not picked up the garbage in this block yet.***

1. Ya desde el año pasado, _____ estacionar vehículos en esta calle. Por eso te pusieron la multa. (habían apoyado / habían permitido / habían prohibido / habían visto)

Traducción: _____

_____

2. Gloria me _____ una grabadora por mi cumpleaños.
   (vendió / regaló / obtuvo / hizo)

   Traducción: _____

   _____

3. Los vecinos de esos estudiantes se _____ del ruido que hacen todas
   las noches. (quejan / pasan ratos / apoyan / defraudan)

   Traducción: _____

   _____

4. Felipe no tiene trabajo; es muy pobre y por eso creo que _____.
   (espía a sus vecinos / pasa ratos muy buenos / pasa hambre / ayuda a sus amigos)

   Traducción: _____

   _____

5. La gente _____ a la plaza pública para escuchar a los candidatos
   que participaban en la campaña electoral. (correteó / acudió / paseó / llevó)

   Traducción: _____

   _____

6. Mi primo Tomás _____ una manera de vivir sin trabajar.
   (ha comenzado / ha velado / ha dirigido / ha concebido)

   Traducción: _____

   _____

2.4 Definiciones.   Lea estas definiciones y diga: (a) si la palabra definida es un *nombre*, un
adjetivo o un *verbo*; y (b) la palabra que se define.

   Ejemplo: Persona que posee una propiedad determinada.
   Nombre. Dueño.

1. Órgano de las plantas donde se forman las semillas y/o el fruto.

_____

2. Enseñar, demostrar; dejar ver algo.

_____

3. Que tiene mucho tiempo; opuesto de joven.

_____

4. Producto de la siembra y el cultivo; lo que se recoge en el campo.

_____

5. Que no ve; persona que ha perdido la visión.

_____

6. Que no tiene alegría; lo opuesto de alegre.

_____

7. Hacerse bruto por falta de educación y contacto civilizado.

_____

8. Vigilar, cuidar, proteger.

_____

2.5 Palabras difíciles.   Complete estas oraciones con la palabra o expresión adecuada. Escójala entre las que se dan. (Si es un infinitivo se puede usar en forma conjugada.)

bastante	en lugar de	jugar	mejor que	regresar
darse cuenta	en vez de	lograr	preferir	tocar
devolver	gustar	más que	realizar	volver

1. Como yo tenía tanto sueño no _____ de lo que pasaba.

2. Al _____ a casa anoche, vi una lluvia de estrellas.

3. Por fin Pedro _____ entender esos principios de álgebra.

4. Preferiría ir ahora _____ ir más tarde.

5. Las inversiones financieras de Mónica _____ grandes ganancias este año.

6. Tengo que _____ este disco antes de las cinco de la tarde.

7. Esa señora _____ el violín en la orquesta sinfónica.

8. Debes _____ mañana _____ esperar aquí por dos
o tres horas.

III. Gramática

3.1 Relativos. Complete las oraciones siguientes con una de las expresiones con
pronombre relativo que se dan al final de cada oración. Sólo una expresión es posible
y correcta.

> *Ejemplo:* Ayer hablé con Mercedes _____ **de quien** _____
> se dicen tantas cosas raras y ya comprendo por qué.
> (sin quien / de quien / a quien / por lo cual)

1. Trabajaremos en la oficina _____ van a llevar el nuevo equipo.
(sin la que / desde la que / a la que / con la que)

2. Estos son los chicos _____ entregué los juguetes donados por los
empleados de la compañía. (de los que / por quienes / a quienes / con los que)

3. El juez me pidió que le mostrara los documentos _____
me referí ayer durante la primera vista (sesión) del juicio. (a quienes / de los que /
a los que / de quienes)

4. Hablamos con el secretario _____ obtuvimos la información.
(de quien / de la que / sin quien / hasta el que)

5. Ahora necesito esas copias de las declaraciones de los testigos, _____ no podré demostrar mi tesis. (para las que / con las que / sin quienes / sin las que)

6. Enséñame los zapatos _____ compraste ayer en el centro. (quienes / en los que / con los que / que)

3.2   Lo que.   Complete estas oraciones resumiéndolas libremente con otra oración que empiece con el relativo *lo que*.

> *Ejemplo:*   Me llamó Enriqueta, lo que _____
>
> Posibilidades: ...me sorprendió, porque ése no es mi nombre.
>
> ...me molestó, porque así se llama su antigua novia.
>
> ...es normal en él, porque siempre está equivocado.

1. En esta casa nunca hay nada, lo que _____

_____.

2. Estás hablando más de la cuenta, lo que _____

_____.

3. Mi novia está muy apegada a las tradiciones, lo que _____

_____.

4. No llovía bastante desde hacía varias semanas, lo que _____

_____.

5. El campesino se conformó con sembrar una pequeña parcela, lo que _____

_____.

6. Fue imposible hablar con el cantante, lo que _____

_____.

3.3 Oraciones. Forme diez oraciones combinando correctamente elementos de las tres columnas.

Me gustan los zapatos	lo cual	no me gusta nada.
Esto es	a quien	no podremos hacer nada.
No quiero saber	sin cuyo apoyo	le pedí las camisas.
Gloria sólo baila	todo lo que	recibe su recompensa.
El que	lo que	hiciste en la fiesta.
Ayer salieron los jugadores	con quienes	no entiendo.
Este es el dependiente	lo que	pasamos el fin de semana.
No puedo entender	con los que	dices.
Esta casa es muy calurosa	que	le gustan.
Necesitamos ver a Jorge	trabaja	compraste ayer

Ejemplo: **Me gustan los zapatos que compraste ayer.**

1. _____

2. _____

3. _____

4. _____

5. _____

6. _____

7. _____

8. _____

9. _____

10. _____

3.4   Completar.   Escriba el equivalente español de la expresión dada en inglés.

Ejemplo: Compré el coche _____ (*that*) quería comprar.

Compré el coche que quería comprar.

1. Aquí está _____ (*everything*) querías saber sobre el relativo.

2. Detrás del edificio hay una estatua en _____ (*which*) se puede leer una inscripción en latín que dice: «*Stultorum infinitus est numerus*». (El número de los tontos es infinito.)

3. Estos son los señores _____ (*whose*) hijos van a la escuela con los nuestros.

4. No pude terminar el examen en cuarenta y ocho minutos, _____ (*which*) le molestó al profesor Ruiz.

5. Hablé con el gerente de ventas, _____ (*who*) me dio las estadísticas

_____ (*that*) necesitaba.

6. _____ (*He who*) te quiere, no te hará llorar.

7. Sergio García fuma y bebe mucho, _____ (*which*) es malo para su salud.

8. ¿Estos son los niños a _____ (*whom*) tú cuidas por las tardes?

3.5   Oraciones compuestas.   Combine estos pares de oraciones simples para que formen una oración compuesta: *oración principal + oración subordinada adjetiva.*

Ejemplo: Descubrí un mapa antiguo en el sótano de la casa.
Alquilé una casa la semana pasada.

a) **Descubrí un mapa antiguo en el sótano de la casa que alquilé la semana pasada.**

b) **Alquilé una casa la semana pasada, en cuyo sótano descubrí un mapa antiguo.**

1. Le pediré la revista a Paco.
Sin ella (la revista) no podré terminar mi informe.

(a) _____

(b) _____

2. Rosita se siente muy mal.
Por eso llamé al médico.

(a) _____

(b) _____

3. Los trabajadores cobran mucho.
Contraté a los trabajadores.

(a) _____

(b) _____

4. Compré el coche.
Me hablaron muy bien del coche.

(a) _____

(b) _____

5. La nueva lámpara no enciende.
La lámpara está sobre esa mesa.

(a) _____

(b) _____

6. Estoy hablando de Federico.
Ayer vi a Federico con Tania.

(a) _____

(b) _____

151

7. Subimos a la montaña.
Desde ella (la montaña) vimos un hermoso valle escondido.

(a) _____

(b) _____

8. Éste es el chico americano.
Mercedes sale con él.

(a) _____

(b) _____

3.6   Conclusiones.   Complete libremente la parte de la oración que falta.

Ejemplo: <u>Quiero viajar en un avión en el cual **sólo vayan personas agradables y simpáticas.**</u>

1. En un lugar de Nicaragua, de cuyo _____,
había una maestra muy dedicada y trabajadora.

2. Lo que _____
me parece una tontería.

3. No debemos hablar de quienes _____,
porque eso no es justo.

4. Tú siempre estás moralizando, lo cual _____.

5. Compré la casa en la que _____.

3.7 Composición. Escriba una paráfrasis abreviada del cuento «Una carta a Dios», introduciendo algún giro (*twist*) distinto. Use un pronombre relativo de cada clase (*que, quien, el cual, cuyo*) y subráyelo.

———————————————————————————————————

———————————————————————————————————

———————————————————————————————————

———————————————————————————————————

———————————————————————————————————

———————————————————————————————————

———————————————————————————————————

———————————————————————————————————

———————————————————————————————————

———————————————————————————————————

———————————————————————————————————

———————————————————————————————————

———————————————————————————————————

———————————————————————————————————

———————————————————————————————————

———————————————————————————————————

———————————————————————————————————

C H A P T E R   1 3

Imperatives,
Conditional Sentences
and Clauses of Concession

I. Lectura

1.1 **Comprensión.** Después de leer el cuento «La lucecita roja» del autor español Azorín, haga un resumen del mismo, combinando los comienzos de la izquierda con las terminaciones de la derecha en el orden apropiado. Escriba las siete oraciones en el espacio que se da más abajo.

Una noche llegan a la estación

El hombre se pasa las mañanas escribiendo

Toman el tren y se marchan dejando

El tren tiene una lucecita roja en el furgón

En ella viven un señor pálido y delgado

Por las noches la pequeña familia sale

La casa del Henar está asentada

allá en la meseta la casa cerrada y muda.

al jardín para ver pasar un tren.

en lo alto de una ancha meseta.

una señora y una niña que han llorado mucho.

que aparece a su hora y desaparece.

en una mesa cubierta de libros.

una señora y una niña

1. _____

2. _____

3. _____

4. _____

5. _____

6. _____

7. _____

II. Vocabulario

2.1 Lugar.   El cuento «Una lucecita roja» tiene muchas preposiciones, adverbios y frases adverbiales relacionados con el concepto de lugar. En las siguientes oraciones, escriba el equivalente español de la expresión inglesa dada entre paréntesis. Escójalo de la lista de expresiones usadas en el cuento.

a media hora de	allá lejos	hacia
a poca distancia de	aquí	hasta
a través del	aquí abajo	junto a
ahí	desde	sobre
allá abajo	desde allá arriba	tras
allá arriba	en lo alto	

1. Hago mis prácticas de correr _____ (*from*) mi casa, _____

   (*through*) la plaza mayor _____ (*until*) la casa de Marujita.

2. _____ (*from way up there*) se puede ver todo lo que pasa

   _____ (*down here*).

3. Tenemos una casita _____ (*up there*) _____ (*on*) el pico de la loma (*top of the hill*).

4. La estación de servicio no está _____ (*there*); está, más bien,

_____ (*two hours away from here*).

5. La cabaña de mi tío está _____ (*next to the*) río, _____ (*behind*) una cerca (*fence*) muy alta.

2.2 Tiempo. También el cuento «Una lucecita roja» tiene varios ejemplos de frases adverbiales relacionadas con el concepto de tiempo. En las siguientes oraciones sustituya las expresiones inglesas por sus equivalentes en español. Se da una lista de estos equivalentes.

a esta hora	alguna vez	poco a poco
a la misma hora	casi	todas las mañanas
a la noche	casi inmediatamente	todas las noches
a su hora	de noche	ya
ahora	en seguida	

1. Nancy y su novio se veían _____ (*every night*), _____

(*at the same time*), _____ (*right after*) después de la cena.

2. Antes el tren pasaba puntualmente, _____ (*on time*), pero

_____ (*now*) esto sólo ocurre _____ (*sometimes*).

3. Orlando trabaja _____ (*nights*) y duerme hasta las once

_____ (*every morning*).

4. _____ (*At this hour of the day*) no hay

nadie por la calle _____ (*already*).

5. Los invitados a la fiesta vendrán _____ (*little by little*)

_____, (*right after*) que terminen de trabajar, _____

(*at night*).

2.3 Nombres. Complete estas oraciones con uno de los cuatro nombres que se dan en cada una.

1. La _____ del atardecer no permitía ver muy bien el color de las rosas. (diafanidad / penumbra / noche / fragancia)

2. Los _____ de la ventana estaban rotos desde hacía mucho tiempo y cuando llovía se mojaba el piso. (ruidos / círculos / cristales / almacenes)

3. El enfermo come muy bien; tiene un _____ magnífico. (apetito / hambre / pelo / oído)

4. El olmo y la palma son _____, pero son muy diferentes. (hierbas / rimas / cuartillas / árboles)

5. No son ruidos lo que oigo: es un _____ como el del viento que pasa entre las ramas de los árboles. (caserío / estruendo / rumor / molino)

2.4 Adjetivos. Escriba todos los adjetivos que le correspondan a la oración de la lista que se da. Usted puede escribir uno, dos, tres o cuatro adjetivos. En algunos casos no hay ningún adjetivo que se pueda usar. En ese caso, déjelo en blanco. Tenga cuidado con las contradicciones.

1. Las puertas de la mansión estaban pintadas de _____. (redondo / blanco / bello / tupido)

2. Mi amiga me escribió una carta _____. (alegre / atenta / breve / sencilla)

3. Los dos amigos, después de no verse por muchos años, se encontraron en una reunión

   social: fue un momento _____.

   (asentado / ancho / radiante / formidable)

4. Ascendamos por la cuesta _____.
(viciosa / pálida / silenciosa / enfadada)

5. Ese juez siempre da sentencias _____.
(breves / sencillas / suaves / tristes)

6. Nos tuvimos que meter por un camino _____.
(polvoriento / enrojecido / limpio / viejo)

7. El profesor es un hombre _____.
(pálido / grueso / delgado / cerrado)

8. En su jardín hay muchas rosas _____.
(bermejas / amarillas / rojas / blancas)

2.5 ¿Opuestas o sinónimas? Diga si los siguientes pares de oraciones tienen significados iguales, opuestos o diferentes.

1. (a) Vamos en coche a dar un paseo.
(b) Vayamos a dar una vuelta en el coche

❏ Sinónimas   ❏ Opuestas   ❏ Diferentes

2. (a) Hablaremos en el momento favorable.
(b) Vamos a hablar en el momento menos apropiado.

❏ Sinónimas   ❏ Opuestas   ❏ Diferentes

3. (a) Tienes razón.
(b) Eres razonable.

❏ Sinónimas   ❏ Opuestas   ❏ Diferentes

4. (a) Teníamos razón.
(b) Estábamos equivocados.

❏ Sinónimas   ❏ Opuestas   ❏ Diferentes

5. (a) Lo hago por el derecho.
(b) Lo hago por la derecha.

❏ Sinónimas   ❏ Opuestas   ❏ Diferentes

6. (a) Tú siempre crees que tienes derecho.
   (b) Tú siempre crees que tienes obligación.

   ❏ Sinónimas   ❏ Opuestas   ❏ Diferentes

III. Gramática

3.1 **Imperativos.**   Generalmente, las preguntas que se hacen en primera persona se contestan con una oración imperativa.   En este ejercicio se dan varias de esas preguntas.   Contéstelas afirmativamente con una oración con verbo en modo imperativo forma familiar, tú.   Use pronombres para expresar los objetos.

   Ejemplos: ¿Puedo salir ahora?   ¿Le presto el dinero a Victoria?
   Sí, sal ahora.   **Sí, préstaselo.**

1. ¿Puedo trabajar aquí?

   _____

2. ¿Dónde pongo el libro?   ¿Sobre la mesa?

   _____

3. ¿Me siento aquí?

   _____

4. ¿Te limpio los zapatos?

   _____

5. ¿Les digo las últimas noticias a tus tíos?

   _____

6. ¿Quieres que te busque esa palabra en el diccionario?

   _____

3.2 Imperativos negativos. Ahora conteste estas preguntas negativamente, pero usando una oración imperativa, con el verbo en modo imperativo forma familiar, tú. Use pronombres para expresar los objetos cuando sea posible.

Ejemplos: ¿Puedo comer ahora?   ¿Debo escribir la carta?
     No, no comas ahora.   **No, no la escribas.**

1. ¿Cierro la puerta y la ventana?

_____

2. ¿Te llevo los paquetes?

_____

3. ¿Le enseño las fotos de tu fiesta a Yolanda?

_____

4. ¿Me puedo acostar ya?

_____

5. ¿Hago estos problemas de cálculo?

_____

6. ¿Les digo la respuesta a los muchachos?

_____

3.3 Sí o no. Las siguientes preguntas se refieren a la vida en un hogar. Cada pregunta ofrece dos alternativas. Conteste con una orden afirmativa a la primera alternativa y con una negativa a la segunda.

Ejemplo: ¿Abro la puerta o la cierro?
     Abrela, no la cierres.

1. ¿Me siento o me quedo de pie?

_____

2. ¿Subimos las maletas o las dejamos aquí?

_____

3. ¿Pongo la mesa o preparo la ensalada?

_____

4. ¿Preparamos el postre o lo compramos hecho?

_____

5. ¿Pintamos la puerta o la lavamos?

_____

6. ¿Lavamos los platos o barremos el comedor?

_____

3.4   Que lo haga otro.   Alguien le da una orden para que usted haga algo.   Usted no quiere hacer lo que le piden y pasa la orden a una persona que no está presente, como en el ejemplo.

> _Ejemplo:_   Lava los platos.
> Posibilidades: **Yo no. Que los lave tu hermano.**
> **No quiero lavar nada ahora. Que los**
> **laven tus amigos.**
> **¡Qué va! Que los lave ella.**

1. Vete al mercado.

_____

2. Plancha la ropa.

_____

3. Pon los platos en la mesa.

_____

Nombre _____ Fecha _____ Clase _____

4. Haz las camas.

_____

5. Limpia el baño.

_____

6. Corta el césped (*lawn*)

_____

3.5 **Hagámoslo.** Ahora pasemos a la vida burocrática de una oficina estatal (*state*). Conteste las siguientes preguntas con una forma del imperativo de primera persona plural, *nosotros.*

> *Ejemplo:* ¿Quién va a arreglar los archivos?
> **Arreglémoslos nosotros.**

1. ¿Quién va a responder a estas solicitudes?

_____

2. ¿Quién va a contestar estas cartas?

_____

3. ¿Quién va a darles las malas noticias a esos señores?

_____

4. ¿Quién va a preparar el informe?

_____

5. ¿Quién va a hablar con el jefe?

_____

6. ¿Quién va a llenar estos formularios?

_____

3.6 Diálogos.   Complete la última línea de cada diálogo con una oración imperativa.

1.   JORGE: ¿Qué hora es?

   MIGUEL: Son las ocho y media.

   JORGE: ¿Las ocho y media? ¡Qué barbaridad! ¿Qué hago ahora?

   MIGUEL: _____

2.   LUCÍA: Ricardo, ¿por qué estás tan serio?

   RICARDO: No sé... no me pasa nada.

   LUCÍA: ¿Quieres que te diga una cosa?

   RICARDO: _____

3.   ALICIA: ¿Vamos a salir esta noche?

   JUAN: No. Tengo muchas cosas que hacer.

   ALICIA: Tú siempre dices eso. Es que no quieres salir.

   JUAN: _____

4.   CARLOS: ¿Adónde vamos?

   JULIO: Adonde tú quieras.

   CARLOS: Bueno, entonces, ¿doblo por aquí o sigo derecho?

   JULIO: _____

5.   CELIA: ¡Qué calor más terrible!

   IRENE: Vamos, vamos, no te quejes tanto.

   CELIA: Si no me quejo... ¿qué voy a hacer?

   IRENE: _____

6. MANUEL: ¿Has visto a Antonio?

MARINA: Sí, pasó por aquí ahora mismo y dijo que volvería. ¿Qué quieres?

MANUEL: _____

3.7 El mundo de los negocios. Complete estas condiciones con conclusiones adecuadas escogidas libremente por usted.

Ejemplo: Si las fábricas de automóviles producen mucho, ...
Posibilidades: **...las ciudades industriales prosperarán.
...aumenta la contaminación de la atmósfera.**

1. Si la gente pone mucho dinero en sus cuentas de ahorro, _____

_____

2. Si los intereses de los préstamos aumentaran, _____

_____

3. Si los bancos hubieran hecho muchos préstamos a bajo interés, _____

_____

4. Si los salarios aumentaran mucho, _____

_____

5. Si hubiera habido muchos compradores de ese producto, _____

_____

6. Si el gobierno no controla sus gastos, _____

_____

3.8   Actividades universitarias.   Complete estas oraciones condicionales con la forma verbal apropiada del infinitivo que se da entre paréntesis.

1. Habrían traducido el poema si _____ (tener) un buen diccionario bilingüe.

2. ¿Me habrías traído tu trabajo si te lo _____ (pedir)?

3. Nosotros _____ (votar) por ese candidato a presidente de la Unión Estudiantil, si fuera menos politiquero (*political jobber*).

4. Las muchachas no firmarán la petición si las _____ (tratar) de intimidar.

5. No tendríamos este examen si _____ (salir) bien en la prueba oral de la semana pasada.

6. Si (yo) hubiera tenido dinero, _____ (ir) a Acapulco en las vacaciones de primavera.

3.9   Como si...   Complete imaginativamente estas oraciones *como si* se refirieran a personas que usted conoce.

> *Ejemplo:*   Hablas como si...
> Posibilidades: **...estuvieras enfermo.**
> **... si lo supieras todo.**
> **...hubieras visto un fantasma del pasado.**

1. Estela entró en el cuarto como si _____ .

2. Esos chicos gastan como si _____ .

3. Entraron y comieron como si _____ .

4. Elisa me llamó como si _____ .

5. El violinista tocó como si _____ .

6. El cartero tocó a la puerta como si _____

3.10 Oraciones concesivas. Complete estas oraciones con una concesión que tenga sentido.

Ejemplo: No le daría dinero a este sinvergüenza (*scoundrel*) aunque...
Posibilidades: **...lo tuviera.**
...me lo pidiera.
...tuviera un millón de pesos.

1. No te venderé el carro aunque _____

_____

2. No saldremos con Alberto a pesar de que _____

_____

3. (yo) Sabía lo que pasaba en ese país aún cuando _____

_____

4. Ustedes no vendrían a verme, a pesar de que _____

_____

5. Ya todos sabían lo que había ocurrido, a pesar de que _____

_____

6. No voy a ir al concierto, aún cuando _____

_____

7. Vi al director del ballet, a pesar de que _____

_____

8. Sólo había diez personas en la conferencia del doctor Kantor, aunque

_____

3.11 Enlaces. Complete estas oraciones con el enlace que le corresponda: *si / como si / aunque / lo que*. Después tradúzcala al inglés.

> *Ejemplo:* Ven _____ si _____ quieres venir.
> Traducción: ***Come if you want to come.***

1. Tú escribes _____ hubieras tomado un curso de composición.

   Traducción: _____

2. Venga _____ venga, estaremos listos.

   Traducción: _____

3. No iremos a la fiesta, _____ nos inviten.

   Traducción: _____

4. Daniel entró en la casa _____ hubiera vivido en ella siempre.

   Traducción: _____

5. _____ me dieran el trabajo, lo aceptaría.

   Traducción: _____

6. No te daré nada, digas _____ digas.

   Traducción: _____

7. Esos funcionarios siguen trabajando en el proyecto, _____ la idea ya está anticuada y no tiene valor ninguno.

   Traducción: _____

   _____

8. Teresa es mi amiga y me lo habría dicho _____ lo hubiera sabido.

   Traducción: _____

3.12 Composiciones breves.   Escriba los párrafos que se piden.

1. Explique en qué condiciones aceptaría usted un cambio de estudios o trabajo. Use una forma condicional y escriba 25 palabras por lo menos.

_____

_____

_____

_____

2. Explique algo que hace usted (real o imaginado) todos los fines de semana. Añada y explique una concesión. Escriba 30 palabras por lo menos.

_____

_____

_____

_____

3. Describa algo que le pasó a usted y compárelo con otra experiencia, imaginada introducida por *como si*. Escriba 30 palabras, por lo menos.

_____

_____

_____

_____

3.13 Composición.   Narre un cuento breve, conocido por usted.   Hágale los cambios
que sean necesarios para poder usar una vez, por lo menos, cada uno de estos enlaces:
si, aunque, a pesar de que, como si, lo que.

_____

_____

_____

_____

_____

_____

_____

_____

_____

_____

_____

_____

_____

_____

_____

_____

C H A P T E R   1 4

Reflexives and the Verbs Gustar, Faltar, *and* Quedar

I. *Lectura*

1.1 Comprensión.   Después de leer el fragmento de *Sobre héroes y tumbas,* escriba el nombre del personaje al cual se refieren los siguientes rasgos de personalidad y carácter (*personality traits*).   Recuerde que hay dos personajes solamente, Alejandra y Martín.

1. _____ Le gusta estar en compañía de sus pensamientos.

2. _____ Tiene preocupaciones y melancolías.

3. _____ Se sorprende por pequeñas cosas.

4. _____ No tiene una personalidad abierta y previsible.

5. _____ Es incapaz de comprender sentimientos complejos.

6. _____ Ama apasionadamente.

7. _____ Es una persona complicada y ambivalente.

8. _____ Temía haberse quedado sin su amante.

9. _____ Era impenetrable.

10. _____ Se consideraba de poco valor y prefería la soledad.

II. Vocabulario

2.1   Expresiones modales.   La selección de *Sobre héroes y tumbas* tiene varias expresiones que describen la *forma* o *modo* en que la acción del verbo ocurre. En las siguientes oraciones, escriba la expresión modal más apropiada a su contexto. Escójala de la lista de expresiones usadas en el cuento que se da a continuación. Traduzca la oración al inglés.

con amor	con asombro	con fervor	en silencio	pensativamente
con ansiedad	con exactitud	con tristeza	mágicamente	sin apartar
				sin esperar

Ejemplo: Felipe le habló a Georgina _____ **con amor** _____. Se podía notar en su manera delicada de dirigirse a ella.
Traducción: *Phillip talked to Georgine lovingly. One could notice it in his soft and tender way of talking.*

1. Martín se levantó de la silla, tomó el abrigo y se marchó _____ el final de la comedia.

Traducción: _____

_____

2. El pobre niño miró su osito de tela (*little cloth bear*) _____ porque estaba sucio y mojado (*wet*).

Traducción: _____

_____

3. Como Teresa no podía creer lo que había ocurrido, hablaba _____.

Traducción: _____

_____

4. Ernesto estaba sentado en la mesa _____, leyendo un libro

_____, porque iba a tener un examen esa misma tarde.

Traducción: _____

_____

5. El camarero hizo desaparecer los platos _____ y _____
los ojos de la bella señora.

Traducción: _____

_____

6. El ingeniero explicó el proyecto para construir _____ un puente sobre

el río Almendares.

Traducción: _____

_____

7. El abogado del Secretario de Hacienda Pública defendió a su cliente _____,
pero pese a ello, fue condenado.

Traducción: _____

_____

8. Si los tratas _____ te querrán más.

Traducción: _____

_____

2.2 Nombres. Complete estas oraciones con uno de los cinco nombres que se dan para cada una.

1. Era muy temprano. A esa hora _____ no había nadie por las calles de la pequeña ciudad. (del alféizar / del amanecer / de la noche / de la sábana)

2. El hombre no podía comer la sopa porque no tenía _____. (mueble / basura / cuchara / cuchillo)

3. Prefiero acostarme en mi _____. (cama / ventana / cara / mesita)

4. Teníamos gran _____ por las noticias que nos llegaban de la guerra. (luminosidad / inquietud / rumor / tacto)

5. Fui al centro y compré _____ para poder leer por las noches en vez de mirar la televisión. (un cuadro / un borde / una luz del alba / una mesita de luz)

2.3 Verbos. Complete estas oraciones con una de las cuatro formas verbales que se dan en cada una.

1. El Partido Revolucionario sufrió una gran derrota en las últimas elecciones y no

   _____ fácilmente para la campaña de 1998.

   (advertirá / se revelará / se apartará / resurgirá)

2. Como estaba algo lejos de ella, _____ para ponerle mi mano sobre su mano. (me enfadé / me acerqué / me sonreí / me volví)

3. Le _____ a usted que está prohibido quedarse aquí de noche. (he advertido / he sabido / he pensado / he enojado)

4. Cuando el célebre cantante pasó frente a la tienda, todo el mundo _____ para verlo. (se quejó / se sentó / se afeitó / se volvió)

5. El señor presidente _____ hablando, a pesar de que había algunas personas que le gritaban insultos. (paró de / prosiguió / se arrepintió de / volvió)

2.4 Opuestos. Subraye la palabra opuesta a la que se da en mayúsculas.

1. GASTAR	arrojar	ahorrar	arrancar	alojar	guardar
2. SENTARSE	sentirse	irse	andar	levantarse	dormirse
3. FALTAR	respetar	dar	tomar	llevar	quedar
4. DETESTAR	gustar	desistir	odiar	mentir	desterrar
5. ENFADARSE	enojarse	agarrarse	volverse	alegrarse	advertir
6. CALLARSE	hablar	tardar	llevarse	tomarse	meterse
7. TERMINAR	contar	pensar	empezar	comentar	finalizar
8. OLVIDAR	volverse	recordar	acordar	conmemorar	esperar
9. DESPERTARSE	levantarse	dormir	dormirse	pararse	lavarse
10. ACERCARSE	alejarse	irse	venir	marcharse	sentarse

III. Gramática

3.1 ¿Qué hizo? Un amigo le pregunta por el *estado* de una persona. Responda libremente in el afirmativo, pero use el verbo reflexivo que corresponda.

> *Ejemplo:* ¿Está enfermo Esteban?
> Posibilidades: **Sí, se enfermó ayer en el trabajo.**
> **Sí, se enfermó por haber comido carne contaminada.**

1. ¿Estás afeitado para ir a la fiesta de esta noche?

_____

2. ¿Está despierto don Ramón?

_____

3. ¿Están acostados tus hermanitos?

_____

4. ¿Por qué estás enfadado?

_____

5. ¿Está levantado Emilio?

_____

6. ¿Desde cuándo está vestida Irenita?

_____

3.2   Oraciones reflexivas.   Construya oraciones reflexivas, combinando los elementos que se dan y añadiendo otras palabras necesarias para completar el enunciado.

> *Ejemplo:*   doctor Frank Stein / incorporarse / mesa
> **El doctor Frank Stein se incorporó sobre la mesa de operaciones.**

1. pequeño / bañarse / casa

_____

2. nosotros / sorprenderse / noticias

_____

3. chicos / encontrarse / puente

_____

4. enfermero / ocuparse / heridos

_____

5. perrito / asustarse / estruendo

_____

6. Marujita / peinarse / espejo

_____

3.3 Respuestas libres.   Conteste libremente estas preguntas, pero use un verbo reflexivo, además de su imaginación.

> *Ejemplo:*   ¿A qué hora se despertó usted hoy?
> Posibilidades: **¿Por qué quiere saber usted a qué hora me desperté hoy?**
> **No sé qué hora era cuando me desperté esta mañana.**

1. ¿Con cuánta frecuencia se bañan ustedes?

_____

2. ¿Por qué se sorprendió usted cuando entré?

_____

3. ¿Cuándo te abonaste a esos conciertos? (abonarse = suscribirse)

_____

4. ¿Por qué se asustaron ustedes?

_____

5. ¿Te alegraste de ver a Julio Iglesias?

_____

6. ¿Quién te peinó tan bien?

_____

3.4   Recíprocos.   Conteste estas preguntas libremente, pero use una forma verbal recíproca en su respuesta.

> *Ejemplo:*   ¿Viste a Ana?
> Posibilidades: **No, hace más de un mes que no nos vemos.**
> **Sí, nos vimos esta mañana en el metro.**
> **¿Ana? ¿No sabes que nos vemos todos los días?**

1. ¿Saludaste a Antonio?

_____

2. ¿Ayudan ustedes a sus vecinos?

_____

3. ¿Le escribiste a tu padre?

_____

4. ¿Miraste a la recepcionista cuando entraste?

_____

5. ¿Todavía no le hablas a tu querida amiga Susi?

_____

6. ¿Cuándo vieron ustedes a Armando?

_____

3.5   Reflexivo vs. recíproco.   Las siguientes oraciones tienen un pronombre que puede entenderse como *reflexivo* o como *recíproco*. Vuelva a escribirlas de manera que no haya dudas sobre si son <u>reflexivas</u> o <u>recíprocas</u>.

> *Ejemplo:*   Los chicos se miraron.
> Reflexiva: Los chicos se miraron en el espejo.
> Recíproca: Los chicos se miraron uno(s) a otro(s) / mutuamente.

1. Mis tías se ayudan.

Reflexiva: _____

Recíproca: _____

2. Siempre nos quejamos.

Reflexiva: _____

Recíproca: _____

3. Muchas veces Marta y María se burlan.

Reflexiva: _____

Recíproca: _____

4. Esos jóvenes se mataron.

Reflexiva: _____

Recíproca: _____

5. Los niños se cansan muy pronto.

Reflexiva: _____

Recíproca: _____

6. Los leones se asustaron.

Reflexiva: _____

Recíproca: _____

3.6   *Gustar* y...   Diga si las actividades que se dan le *gustan,* le *encantan,* o le *parecen bien o mal.*   Use su imaginación y dé respuestas interesantes.

> *Ejemplo:*   nadar en el lago
> Posibilidades: **Antes no me gustaba nadar en ese lago, pero ahora me encanta.**
> **No me parece bien nadar en ese lago tan contaminado.**

1. los juegos de pelota

_____

2. las películas cómicas

_____

3. comer en restaurantes mejicanos

_____

4. la gente que habla mucho

_____

5. que traten de venderme algo

_____

6. que seas tan inocente

_____

3.7   Completar.   Una persona hace un comentario sobre algo que usted conoce. Usted debe completar su respuesta en el espacio correspondiente. Sea original y creativo, pero use las palabras que se le dan para comenzar su respuesta.

> *Ejemplo:*   Delia se va a casar pronto.
> Sí, sólo faltan...
> Posibilidades: **...tres meses para al boda.**
> **...unos documentos que necesitan para casarse.**

1. ¿Cuántos libros te devolvieron?

Tengo diez. Me faltan _____

2. Ese señor es muy descortés.

Sí, le falta _____

3. Puedo contar con Carlos, ¿verdad?

Cómo no. Nunca ha faltado a _____

4. ¿Tienes todo el dinero que necesitas?

No, todavía me falta _____

5. Necesito un coche para esta noche.

¿Te hace falta para _____

6. Esta semana no voy a ir a clases.

Si faltas _____

3.8   Comentarios.   Una persona hace un comentario sobre algo que usted conoce. Usted debe completar su respuesta en el espacio correspondiente. Sea original y creativo, pero use las palabras que se le dan para comenzar su respuesta, como en el ejemplo.

Ejemplo: ¡Qué fiesta tan aburrida! Tengo ganas de irme.
Sólo quedan...
Posibilidades: **...tres personas en la fiesta.**
...dos discos y la fiesta se acabó.

1. Estás muy serio conmigo.

Es que quedaste _____

2. ¿Quién va a cuidar al bebé?

No te preocupes. Me quedaré _____

3. ¿Qué te parecen esos jóvenes alemanes?

¡Qué altos son! Quedé _____

4. Tú nunca quieres prestarme un lápiz.

No, eso no es verdad: es que no me queda _____

5. La noche está muy oscura y se acerca una tormenta.

¿Puedo quedarme _____

6. ¿Compraste las camisas que querías en la venta especial?

Cuando llegué ya no quedaba _____

3.9   Composición.   Escriba una semblanza (*biographical sketch*) de una persona real o imaginada. Describa cuáles son los rasgos más salientes de su carácter y de su personalidad. Use *reflexivos, recíprocos* y formas de *gustar, faltar* y *quedar.*

_____

_____

_____

_____

_____

_____

_____

_____

_____

C H A P T E R   1 5

The Passive Voice and Impersonal Sentences

I. Lectura

1.1 Comprensión. Después de leer el fragmento de *Facundo* sobre el rastreador, del escritor argentino Domingo Faustino Sarmiento, conteste por escrito las siguientes preguntas. Seleccione una de las dos respuestas, o las dos, si son válidas. Sea breve.

1. ¿Dónde tienen validez las declaraciones del rastreador? ¿En los tribunales superiores o en los menores?

_____

2. ¿Quiénes respetan al rastreador? ¿Los pobres o los ricos?

_____

3. ¿Qué se hace cuando se ha cometido un robo? ¿Buscar al ladrón o una pisada del ladrón?

_____

4. ¿Qué hace el rastreador cuando ve la huella del ladrón? ¿Seguirla o acusar a alguien?

_____

5. ¿Cómo se prueba el delito? ¿Con la confesión del ladrón o con la acusación del rastreador?

_____

6. ¿Es la acusación del rastreador la evidencia del crimen para el juez o para el ladrón?

_____

7. ¿Cuántos años ha sido rastreador Calíbar, cuarenta u ochenta?

_____

8. ¿Es Calíbar humilde u orgulloso?

_____

9. ¿Qué le robaron a Calíbar? ¿Una montura de gala o una artesa?

_____

10. ¿Cuánto tiempo tardó Calíbar en encontrar lo que le habían robado? ¿Dos meses o año y medio?

_____

11. ¿Qué pasó en el año de 1830? ¿Se encontró la montura robada o se escapó un condenado a muerte?

_____

12. ¿Qué hizo el prófugo? ¿Tratar de confundir a Calíbar o entregarse a sus perseguidores?

_____

13. ¿Dónde estaba escondido el delincuente? ¿En una acequia o en una viña?

_____

14. ¿Qué le pasó al infeliz reo? ¿Fue perdonado o fue ejecutado?

_____

II. Vocabulario

2.1 Justicia. En el fragmento sobre el rastreador se usan 25 nombres relacionados con el concepto de justicia. Estos nombres aparecen en orden alfabético a continuación. Use los nombres para completar las oraciones siguientes.

acusación	condenado a muerte	evidencia	oficio	reo
aseveración	delincuente	fe	pesquisa	robo
cadalso	delito	huella	pista	testigo
cárcel	denuncia	juez	prófugo	testimonio
caso	deposición	ladrón	rastro	tribunal

1. La aseveración del _____ llevó al prófugo otra vez a la

_____.

2. El juez no aceptó el _____ del _____ y lo
condenó a 20 años de prisión.

3. El tribunal ordenó una _____ más antes de llevar el

_____ al cadalso.

4. El robo de una camisa en una tienda es un _____ menor para ser

visto en un _____ inferior.

5. El detective le siguió la _____ al _____ desde
que se escapó de la cárcel.

2.2   Frases adverbiales.   La selección sobre el rastreador tiene varias expresiones que describen la *forma* o *modo* en que la acción del verbo ocurre. En las siguientes oraciones, escriba la expresión modal más apropiada a su contexto y luego traduzca la oración al inglés.

con calor	fríamente	sin moverse	sin perder la pista
con la punta del pie	sin inquietud	sin proceder a	sin vacilar

> *Ejemplo:*   El abogado defendió al delincuente *con calor* humano.
> Traducción: ***The lawyer defended the delinquent with human warmth.***

1. El juez habló _____, con voz firme.

Traducción: _____

_____

2. El rastreador siguió caminando _____ del ladrón, hasta que lo encontró.

Traducción: _____

_____

3. En los regímenes dictatoriales, la policía detiene a los ciudadanos y los lleva a la cárcel

_____ verificar ninguna acusación.

Traducción: _____

_____

4. Me dio la noticia de la muerte de su amigo _____,
como era de esperarse de su carácter áspero.

Traducción: _____

_____

5. El prófugo caminaba _____ para que el rastreador no le pudiera seguir la pista.

Traducción: _____

_____

2.3 Adjetivos. En los siguientes párrafos se describe a varias personas, hombres y mujeres. Al terminar, hay una oración para que usted la complete con uno de los adjetivos que se dan en la siguiente lista. Use la forma apropiada del adjetivo: masculina, femenina, singular, plural.

absurdo	encorvado	grave	ofendido
cabizbajo	entusiasmado	joven	reservado
circunspecto	fabuloso	maravilloso	ridículo
comprometido	famoso	misterioso	venerable

Ejemplo: Teresa no habla nunca con nadie. Se guarda todos sus problemas y no dice nada. Es una mujer muy

_____**reservada**_____.

1. Cada vez que tenemos una fiesta en la oficina, el presidente y su señora vienen vestidos demasiado elegantes, tan elegantes que llaman la atención porque se ven

_____.

2. A Pepito le dieron hoy las calificaciones de este período y no deben ser muy buenas

porque camina _____.

3. Algunos escritores jóvenes defienden una causa política o social con gran convicción.

Son escritores _____.

4. Cecilia trabaja 30 horas a la semana, estudia en la universidad, cuida a sus dos hijos y

tiene tiempo para practicar piano. Es _____.

5. Pablo es contador público. Es muy serio; nunca dice chistes, ni siquiera se sonríe con

sus amigos. Es un hombre _____.

6. Alfonso tiene 89 años. Aunque todavía tiene buena memoria, ya camina un poco

_____.

7. Me invitaron a una fiesta en casa de Javier. Van a ir todos sus amigos que son muy

aburridos. En realidad no estoy _____.

8. No les puedo decir nada a mis hermanas, porque en seguida creen que las he insultado

o algo por el estilo. Siempre están _____.

2.4   Verbos.   Indique el verbo que se define.   Escójalo entre los cuatro que se dan.

1. Dar a conocer; hacer público.

❑ prestar   ❑ anunciar   ❑ celebrar   ❑ vigilar

2. Escribir su propio nombre en una carta o documento.

❑ asignar   ❑ castigar   ❑ firmar   ❑ guardar

3. Volver al punto de partida.

❑ volverse   ❑ devolver   ❑ irse   ❑ regresar

4. Arreglar un objeto que estaba descompuesto.

❑ reparar   ❑ rehacer   ❑ redimir   ❑ restaurar

5. Tomar una cosa que no le pertenece.

❑ robar   ❑ golpear   ❑ escapar   ❑ investigar

6. Representar falsamente una acción o un evento.

❑ borrar   ❑ esconder   ❑ detener   ❑ engañar

7. Rescatar a una persona u objeto de un daño o mal.

❑ salvar ❑ ahorrar ❑ montar ❑ perder

8. Detener el movimiento de algo o alguien.

❑ proseguir ❑ seguir ❑ quedarse ❑ parar

9. Quedarse en un hotel u otra vivienda temporalmente.

❑ vivir ❑ hospedarse ❑ habitar ❑ reservar

10. Obstruir el paso libre por una vía.

❑ pararse ❑ detenerse ❑ internarse ❑ interrumpir

III. Gramática

3.1 Voz pasiva. Responda libremente a estas preguntas, pero use la voz pasiva en su respuesta.

> *Ejemplo:* ¿Quién arregló el estéreo?
> Posibilidades: Todavía no ha sido arreglado por nadie.
> Fue arreglado por José.

1. ¿Quién adornará el árbol de Navidad?

_____

2. ¿Quiénes trajeron estos discos?

_____

3. ¿Quién ha pintado las paredes?

_____

4. ¿Quiénes envolverán los regalos?

_____

5. ¿Quién había pagado por la comida?

_____

6. ¿Quiénes anuncian la fiesta?

_____

3.2 Cambio de voz.   Cambie estas oraciones activas a primeras de pasivas.

    Ejemplo: El municipio repara los puentes.
        Los puentes son reparados por el municipio.

1. Los guardias de la frontera habían detenido el autobús.

_____

2. El jurado ha escogido a los tres pintores más jóvenes.

_____

3. Casi todos devolvieron los libros sin haberlos leído.

_____

4. Mi papá cortaba los árboles enfermos.

_____

5. El doctor Cañizares examinará a mis hermanos.

_____

6. La escuela de medicina me rechaza todos los años.

_____

7. La señora me había pedido la llave del apartamento.

_____

8. Yo la he observado ya.

_____

3.3 Preguntas en voz activa. Responda a las siguientes preguntas repitiendo lo que en ella se dice pero con una construcción activa y en forma de pregunta, como si usted no creyera lo que le dicen.

> *Ejemplo:* El pueblo fue arrasado (*devastated*) por la avalancha.
> **¿Dices que la avalancha arrasó al pueblo?**

1. Los alumnos de derecho fueron examinados por jueces del Tribunal Provincial.

_____

2. El valor de la moneda es mantenido por el Banco del Estado.

_____

3. El salón de operaciones ha sido preparado por el nuevo enfermero.

_____

4. Los candidatos serán elegidos por el General Castro.

_____

5. Yo había sido escogido para ese cargo por los propios asociados.

_____

6. Éramos muy bien considerados por el jefe de la Sección de Narcóticos.

_____

3.4 Oraciones segundas de pasiva. Destaque lo que ocurre en estas oraciones activas con sujeto expreso convirtiéndolas en oraciones segundas de pasiva (sin agente).

> *Ejemplo:* Los huelguistas (*strikers*) cerraron la fábrica.
> *La fábrica fue cerrada.*

1. La policía disolvió la manifestación al pasar por el Ministerio de Defensa.

_____

2. El Rector Magnífico de la Universidad Nacional entregará los diplomas en el acto de graduación de este año.

_____

3. El equipo del Club San Carlos derrotó al Casino Nacional en baloncesto.

_____

4. La policía ha detenido a la actriz Consuelo Villahermosa por contrabando de pieles.

_____

5. El laureado escritor Gonzalo González publicará una nueva novela en Perú.

_____

6. Los senadores de la República honraron a los héroes nacionales con una ceremonia solemne.

_____

3.5 Construcción impersonal.   Vuelva a escribir estas oraciones en segunda de pasiva (impersonales) con una construcción impersonal con verbo en tercera persona plural.

> _Ejemplo:_   Esos edificios serán clausurados (_condemned_).
> **Clausurarán esos edificios.**

1. La casa de la esquina fue vendida ayer.

_____

2. El despacho de los abogados había sido restaurada.

_____

3. El local de la Asociación de Propietarios ha sido demolido (*demolished*)

_____

4. Las iglesias del barrio eran veneradas como santuarios.

_____

5. Los consultorios médicos son inspeccionados regularmente.

_____

6. El Teatro Martí de La Habana será declarado monumento nacional.

_____

3.6 Voz pasiva con *se*.   Vuelva a escribir estas oraciones con una construcción pasiva impersonal (con *se*).

> *Ejemplos:* Yo no sé nada de esos casos.
> **No se sabe nada de esos casos.**
>
> ¿Tú conoces las causas de los huracanes?
> **¿Se conocen las causas de los huracanes?**

1. Ramón López anunció los resultados de las carreras de caballos.

_____

2. Los dueños de esos condominios no quieren vecinos con perros.

_____

3. Dijeron que mañana no hay clases en esa escuela.

_____

4. El parque será iluminado el 4 de julio.

_____

5. Fumaban mucho en esa oficina.

_____

6. El capitán alabó (praised) la organización del regimiento.

_____

7. El presidente ya había recibido los mensajes del campo de batalla.

_____

8. No tengo paciencia.

_____

3.7 *Se* con *a* personal.   Vuelva a escribir estas oraciones con una construcción impersonal (con *se*). Observe que todas ellas tienen un objeto directo *personal* o un sujeto
pasivo también *personal*, lo cual implica el uso de la *a* personal en la oración que usted
construya.

> *Ejemplos:* El juez condenó al ladrón.
> **Se condenó al ladrón.**
>
> El dramaturgo fue criticado.
> **Se criticó al dramaturgo.**

1. El mal padre castigaba injustamente a los niños.

_____

2. La Editorial Libertad premió a los escritores nuevos.

_____

3. El famoso asaltante de bancos fue detenido por los policías.

_____

4. Citaban constantemente al poeta encarcelado por el dictador.

_____

5. La Seguridad del Estado vigilaba al espía.

_____

3.8 Transformación. Exprese estas oraciones activas personales en cada una de las formas impersonales que se indican.

1. Oración activa personal: El comerciante engañó a los consumidores.

(a) Oración segunda de pasiva (con *ser*):

_____

(b) Oración impersonal (con *se*):

_____

(c) Oración activa impersonal (con *ellos*)

_____

2. Oración activa personal: Los muchachos comen mucho en la cafetería de la residencia.

(a) Oración de sujeto indefinido *uno*:

_____

(b) Oración impersonal (con *se*):

_____

(c) Oración activa impersonal (con *ellos*):

_____

3.9 Respuestas enfáticas. Conteste estas preguntas afirmativamente con oraciones impersonales (con *se*), poniendo énfasis en la respuesta con la forma preposicional del pronombre que le corresponda (*a mí, a ti, a usted,*...).

> *Ejemplo:* ¿A quién se le enseñaron los documentos? ¿A ti?
> **Sí, se me enseñaron a mí.**

1. ¿A quién se le cayeron las tazas? ¿A usted?

_____

2. ¿A quién se le perdió el dinero? ¿A ustedes?

_____

3. ¿A quién se le rompió el pantalón? ¿A mí?

_____

4. ¿A quién se le olvidó tu cumpleaños? ¿A tu madre?

_____

5. ¿A quién se le trajeron los regalos? ¿A nosotras?

_____

6. ¿A quién se le dieron las noticias? ¿A tus primas?

_____

7. ¿A quién se le enseñaron las fotos? ¿A ti?

_____

8. ¿A quién se le explicó la situación? ¿A ustedes?

_____

3.10 Composición. Prepare un informe objetivo de algo que ocurrió de verdad. Limítese a los hechos y use pocos sujetos, es decir, use distintos tipos de oraciones impersonales.

_____

_____

_____

_____

_____

_____

_____

_____

_____

_____

_____

_____

_____

_____

C H A P T E R   1 6

Prepositions

I. Lectura

1.1 Comprensión. Después de leer la selección y los versos de José Martí, encierre en un círculo la letra que corresponda a la mejor respuesta a las siguientes preguntas.

1. ¿Dónde nació y murió José Martí?

    a. Nació en La Habana, Cuba, y murió en Dos Ríos, también en Cuba.

    b. Era hijo de españoles y nació y vivió gran parte de su vida en España.

    c. Nació en la provincia de Oriente y murió en La Habana, ambos lugares de la Isla de Cuba.

    d. Murió luchando por la libertad de su patria.

2. ¿Por qué es conocido José Martí?

    a. Porque escribió en muchos periódicos de la América.

    b. Porque murió en una batalla en Dos Ríos.

    c. Porque era un buen político.

    d. Porque fue poeta, periodista y revolucionario.

3. ¿Por qué es famoso como poeta?

    a. Porque escribió unos versos sencillos muy populares.

    b. Porque fue uno de los poetas iniciadores del modernismo.

    c. Porque amó mucho a su patria y escribió muchos poemas dedicados a ella.

    d. Porque su poesía está llena de alusiones a su hijo y a su patria.

4. ¿A quién se refiere Martí en el poema «Sueño despierto»?

    a. Se refiere a su patria.

    b. Se refiere a fuertes pasiones.

    c. Se refiere a un niño.

    d. Se refiere a recuerdos felices de su infancia.

5. ¿A qué lugar se refiere el poeta cuando dice que él es «de donde crece la palma»?

    a. Probablemente se refiere a una geografía íntima del poeta.

    b. Probablemente se refiere a una idea abstracta del lugar adonde va el poeta cuando se siente inspirado.

    c. Probablemente se refiere a Cuba, una isla tropical donde crece la palma.

    d. Probablemente es el lugar donde quiere morir.

II. *Vocabulario*

2.1   Completar.   Complete cada oración con una de las palabras o frases que se dan al final.

    Ejemplo: Yo siempre veo _____**gente sumisa**_____.
                   (flotando / precursor / sueños revueltos / gente sumisa)

1. A la tarde siguiente, el hombre pidió al empleado _____.
   (cárceles limpias / espumas / muestras del trabajo / cuellos)

2. De día y de noche, ofrecemos en esta sala _____.
   (montes de aromas / versos libres / películas europeas / cajones)

3. Allí luchan por lograr _____.
   (libertades políticas / periódicos nuevos / arenas del desierto / ríos revueltos)

4. De niña la habían invitado a _____.
   (colaborar en el gobierno / morirse de hambre / hablar en la escuela / jugar con los vecinos)

5. Mi mamá está muy orgullosa de _____.
   (las palmas / el lugar caliente / mí / la prosa)

6. Cuando como comidas picantes con mucha pimienta sueño con _____.
   (que me llevan al hospital / cuellos / agua / un puñal al costado)

2.2   Respuestas incompletas.   Complete las siguientes respuestas con una de las cuatro palabras o frases que se dan al final.

> *Ejemplo:*   ¿Cómo te llamas?
>
> _____ **Me** _____ llamo Enrique Pérez Zamora.
> (te / le / me / se)

1. ¿De dónde eres?

   Soy _____ Uruguay. (desde / hasta / de / en)

2. ¿Por qué está tomando un calmante el señor García?

   Porque está muy _____. (caliente / sumiso / agitado / despierto)

3. ¿Qué les pidió a los ciudadanos el Señor Presidente?

   Les pidió que _____ a la lucha contra el tráfico de drogas.
   (se ofrecieran / se unieran / liberaran / siguieran)

4. ¿Cómo te gusta el chocolate?

Prepáramelo _____.
(a la modernista / a la española / a los cubanos / pujante)

5. ¿Estudiaste anoche en la biblioteca?

Sí, estudié _____.
(hasta allí / hasta ayer / hasta que empecé a soñar / hasta que empecé a tener sueño)

6. ¿Adónde vas el mes próximo?

Me iré _____.
(para el lunes / para el mes siguiente / para mi casa / para dormir)

III. Gramática

3.1 *Al + infinitivo.* Conteste libremente estas preguntas, pero empiece cada respuesta con una expresión del tipo *al + infinitivo*.

> *Ejemplo:* ¿Qué hiciste cuando viste a la doctora?
> Posibilidades: **Al verla, la saludé, como siempre.**
> **Al verla, no hice nada: me quedé frío.**

1. ¿Dónde se sentaron ustedes cuando entraron?

_____

2. ¿Por dónde salió Ricardo cuando el senador empezó a hablar?

_____

3. ¿A quién vio usted cuando llegó a la oficina?

_____

4. ¿Qué pasó cuando el coche empezó a andar?

_____

5. ¿Por qué no te quedaste cuando volvió Pedrito?

_____

6. ¿Qué te dieron en el banco cuando pagaste las cuentas?

_____

3.2 Llegar a... En las siguientes preguntas se quiere saber si una cierta persona va a estar en un lugar determinado mañana. Conteste afirmativa o negativamente usando el verbo *llegar* con la preposición *a*

> *Ejemplo:* ¿Usted va a estar en Veracruz mañana?
> Posibilidades: **Sí, llegaré a Veracruz mañana a las once.**
> **No, no llegaré a Veracruz hasta el martes.**

1. ¿El nuevo gerente estará mañana en la fábrica?

_____

2. ¿Tú vas a estar mañana en Quito?

_____

3. ¿Ustedes van a estar en la oficina mañana por la mañana?

_____

4. ¿Nosotros vamos a estar en Buenos Aires mañana por la noche?

_____

5. ¿Ella va a estar en el hospital mañana por la tarde?

_____

6. ¿Las abogadas van a estar en la convención mañana?

_____

3.3 **¿A qué hora?** Conteste las siguientes preguntas afirmativa o negativamente indicando la hora exacta en la que usted (u otra persona) hizo, hace o hará lo que se le pregunta. No se repita: ponga horas diferentes.

> *Ejemplo:* ¿Vienes todos los días por la mañana?
> Posibilidades: **Sí, vengo siempre a las ocho y cuarto.**
> **No, no vengo por las mañanas; vengo a**
> **las tres y veinte de la tarde.**

1. ¿Vinieron tus primos ayer por la noche?

   _____

2. ¿Saldrán ustedes esta tarde?

   _____

3. ¿Terminaste tu trabajo ayer?

   _____

4. ¿Empezarán tus vacaciones a mediados de la semana?

   _____

5. ¿Apagaste el televisor anoche?

   _____

6. ¿Los muchachos vieron a sus amigas ayer?

   _____

3.4 **Lugares.** Termine estos enunciados indicando el lugar lógico en que la acción expresada debe terminar. Introduzca el lugar con una de estas preposiciones: *a, de, desde, en, hasta, para* o *por.*

> *Ejemplo:* Cuando salgo del trabajo, voy a buscar a mi hijo y lo llevo...
> Posibilidades: **...a casa.**
> **...hasta la clase de violín.**
> **...por el parque, para que corra un poco.**

Nombre _____ Fecha _____ Clase _____

1. Si quieres comer un buen bisté, lo puedes comer _____

_____

2. Para estar en forma, hay que correr cinco millas diariamente _____

_____

3. Hoy hace cuatro años que conocí a Laura _____

_____

4. Si quieres conseguir ropa barata, buena y bonita, vete _____

_____

5. No, la pista (*track*) no tiene cinco millas, pero hay cinco millas _____

_____

6. Me gusta caminar, pero cuando estoy de vacaciones prefiero quedarme _____

_____

3.5 La preposición *a*. Escriba la preposición *a* en las oraciones siguientes, si es necesario. No se indica el lugar donde debe ir la preposición, para que lo busque usted. Escriba solamente las oraciones a las cuales usted añadió la preposición *a*. Si no hay cambio, escriba **No hay cambio** en la línea.

   Ejemplos: Veces llevo mi abuela médico.
   A veces llevo mi abuela al médico.

   Presentaré mis pinturas en la galería Goya.

   _____ **No hay cambio.** _____

1. Siempre acompaño mis hermanos cuando van al cine.

_____

2. Iré España mediados de mayo, no fines de junio.

_____

3. Nos conocimos en la fiesta de Rodolfo Arrieta.

_____

4. El año siguiente, teníamos clases las dos de la tarde.

_____

5. El ver Tomás tratando de cargar las cajas, pensé que necesitaba alguien que fuera más fuerte.

_____

6. Hay cuatro médicos en el salón de operaciones desde las dos.

_____

3.6 **Por la mañana, tarde, ...**   Indique la parte del día en que usted hace estas actividades: _madrugada, mañana, tarde_ o _noche._

> _Ejemplo:_   pasear: **Paseo por la mañana.**

1. estudiar: _____

2. bañarse: _____

3. descansar: _____

4. dormir: _____

5. leer: _____

6. ver televisión: _____

7. hablar con sus amigo(a): _____

8. tomar té _____

3.7 Expresiones con *por*. Complete estos párrafos breves escribiendo en los espacios en blanco, una de estas tres expresiones de enlace: *por fin*, *por ejemplo*, o *por lo general*.

1. _____ a mí me gustaba nadar durante el verano. Ese verano no

pude nadar por el frío. _____, el 15 de agosto la temperatura subió

bastante y pudimos pasar unos días nadando en el lago.

2. España sufrió muchas invasiones desde la antigüedad. _____, en el

año 200 a. de C., los romanos invadieron la península ibérica, habitada entonces por

pueblos iberos y celtas. La lucha entre romanos e iberos duró más de 200 años.

_____, vencieron los romanos.

3. Cuando estoy muy cansado, _____, a eso de las nueve de la noche, me

siento frente al televisor. Veo algunos programas ligeros como, _____,

«Cabaret de las diez» y «La novela de misterio» hasta que, _____,

me quedo dormido.

3.8 *Por + infinitivo*. Su amigo le dice que no ha hecho una actividad o tarea determinada. Usted no puede creerlo y expresa su sorpresa con una exclamación-pregunta y la expresión *por + infinitivo*.

> **Ejemplo:** No terminé la carta.
> **Posibilidades:** **¡No puedo creerlo! Entonces, ¿la carta está por terminar?**
> **¡Qué barbaridad! ¿Esa carta está por terminar todavía?**

1. No preparé la cena.

2. No limpié ni arreglé el comedor.

_____

3. No solicité el pasaporte.

_____

4. No compré los pasajes.

_____

5. No hice las reservaciones.

_____

6. No saqué las fotos.

_____

3.9   Medios de transporte.   Conteste la pregunta sobre el medio de transporte usado por usted para ir a cierto lugar.   Use la sugerencia dada en cada pregunta.

> _Ejemplo:_   ¿Cómo bajaste al valle? (burro)
> **Bajé en burro.**

1. ¿Cómo vas a tu trabajo? (bicicleta)

_____

2. ¿Cómo saliste de la isla? (barco)

_____

3. ¿Cómo viajabas en Buenos Aires? (taxi)

_____

4. ¿Cómo llegaste a Sevilla? (autobús)

_____

5. ¿Cómo vino usted hasta aquí? (avión)

_____

6. ¿Cómo subiste a la montaña? (mula)

_____

3.10 *Por* y *para.* Llene los espacios en blanco de estas oraciones con la preposición *por* o la preposición *para.* Indique brevemente en inglés el significado de la <u>preposición y su objeto.</u> Si se pueden usar ambas preposiciones, úselas, como en el ejemplo.

> *Ejemplo:* Traje los discos _____**por/para**_____ ti.
> I brought the records *because of (por)* you / *for (para)* you.

1. Es un hombre muy pobre; sólo gana un peso _____ hora.

_____

2. Ese restaurante es famoso _____ sus platos de mariscos.

_____

3. ¿_____ dónde vas? ¿_____ La Habana? Creo

que no hay vuelos _____ Cuba ahora.

_____

_____

4. Traje el pastel _____ que lo probaras y tengo curiosidad

_____ saber si te gustó.

_____

_____

5. Estela se esfuerza _____ sobresalir en la clase de química.

_____

6. Hoy cocino yo _____ ti. ¡Verás qué buen cocinero soy!

_____

7. _____ lo mucho que ha viajado Vicente, no tiene tanta cultura.

_____

8. Hoy no pienso trabajar; que Samuel trabaje _____ mí.

_____

9. ¿Tienes tiempo _____ explicarme esto?

_____

10. ¿_____ dónde va ese avión? ¿Es verdad que atraviesa la cordillera?

_____

3.11 Preposiciones compuestas.   Complete las siguientes descripciones o narraciones con una de las preposiciones compuestas que se dan.

a cargo de	al lado de	debido a	en vez de
a fines de	debajo de	detrás de	respecto a

1. Ahora que mi hermano está _____ preparar la cena

_____ el almuerzo, nadie quiere cenar en casa porque mi

hermano es un cocinero terrible.

2. Yo siempre me siento _____ la primera estudiante porque nunca

hay ningún asiento vacío _____ ella.

3. Con _____ la deuda que tengo contigo, quiero decirte que puedo

pagártela _____ mes.

4. Pon esos papeles _____ los otros _____ encima.

3.12 Más preposiciones compuestas. Seleccione la preposición compuesta apropiada para completar estas oraciones.

> *Ejemplo:* Esa señora está _____ **a cargo del** _____ departamento de
> impuestos municipales. (a fin del / a cargo del / a fuerza del)

1. Voy a ponerme este abrigo _____ de pieles.
   (encima del / delante del / en vez del)

2. El avión volaba _____ aeropuerto porque había mucho tráfico
   aéreo. (a fin del / a pesar del / alrededor del)

3. _____ un mes saldré para Lituania. (Dentro de / A fin de / A partir de)

4. Ese muchacho saca muy buenas notas _____ muchas horas de
   estudio. (a favor de / a fuerza de / detrás de)

5. Tomaré chocolate _____ café. (a falta de / a causa del / dentro del)

6. _____ lo que todos pensaban, el presidente fue reelegido.
   (Contrario a / A propósito de / En cuanto a)

3.13 Preposiciones simples. Seleccione la preposición que corresponda a cada espacio en blanco, dentro de las tres que se dan. Si no hace falta ninguna preposición, ponga una cruz (**X**).

> *Ejemplo:* Por fin salimos _____ **de** _____ (a / de / con) la estación con
> veinte minutos de retraso.

1. Nunca dudes _____ (sin / de / a) mí si quieres contar _____
   (de / sin / con) mi apoyo.

2. ¿Quieres mirar _____ (a / en / de) los planos de la casa para que te

   asombres _____ (al / del / por el) tamaño de las habitaciones?

3. Me felicitaron _____ (para / del / por) el puesto que conseguí, pero se

   rieron _____ (de / a / por) mí, _____ (por / para / de) lo que dije.

211

4. ¿Es verdad que siempre sueñas _____ (de / con / por) ella y que te quieres

casar _____ (con / a / de) ella?

5. ¡Vamos _____ (a / de / para) disfrutar _____ (de / por / para)

las vacaciones y hacernos _____ (del / para el / a la) mar!

6. Esta cocina huele _____ (de / en / a) aceite de oliva.

7. ¡No abuses _____ (a / por / de) tu hermanito!

8. ¿Cuándo vas _____ (a / de / en) solicitar _____ (a / en / de) el
puesto?

9. El automóvil cayó _____ (al / del / para el) río.

10. Siempre estoy pensando _____ (en / de / para) ti.

3.14 Composición. Escriba el argumento de una película que usted haya visto
recientemente. Subraye todas las preposiciones simples y compuestas que haya usado.
Si no tiene ningún *por*, *para* o *preposición compuesta*, añada un ejemplo de cada una,
por lo menos.

_____

_____

_____

_____

_____

_____

_____

_____

C H A P T E R   1 7

Infinitives and the Present Participle

I. Lectura

1.1 Comprensión. Después de leer la selección «La aventura de los molinos» de *Don Quijote de la Mancha*, por Miguel de Cervantes y Saavedra, complete el siguiente resumen con las palabras o frases apropiadas.

NOMBRES: aspas / brazos largos / campo / episodio / escudero / gigantes molinos de viento / piedra / voces

ADJETIVOS: imaginado / loco

VERBOS: cree / daba / hacer andar / hacerlo razonar / llegan / parecen

En este famoso _____, Don Quijote y Sancho Panza, su

_____ y sirviente, _____ a un _____

donde descubren unos treinta o cuarenta _____.

Don Quijote _____ que los molinos son _____

de _____ . Sancho trata de _____ y le dice que

son molinos de viento, y lo que _____ brazos son _____

que el viento mueve para _____ la _____ del

molino.

A pesar de las _____ que _____ Sancho, el

_____ caballero se lanza contra los _____

gigantes para acometerlos.

II. *Vocabulario*

2.1 Completar.   Complete cada oración con una de las palabras o frases que se dan al final.

> *Ejemplo:* José tuvo una _____**aventura**_____ un poco cómica cuando fue
> ayer a la feria del pueblo. (ventura / aventura / suerte / novia)

1. Los hermanos González no se llevan bien. Siempre que los veo están teniendo una

   _____ de palabras o de golpes. (simiente / batalla / ventura / espuela)

2. Cuando Vicente habla o discute grita como un _____ .
   (desaforado / vil / idealista / volteado)

3. Susana puso un negocio de telas en el centro de la ciudad y en cinco años logró

   _____ . (guiarse / acometer / enriquecerse / doblar)

4. Pardo toca el violín _____ yo pensaba.
   (aunque no / antes de / mejor de lo que / en vez de lo)

5. Ella no quiere casarse otra vez porque _____ de verse obligada a
   divorciarse. Dice que su novio es un poco machista. (tiene miedo / piensa / rechaza /
   acaba)

6. Roberto estaba parado a la entrada de la casa y nadie podía pasar. Le dije:

_____. (Dóblate / Ponte ahí / Quítate de ahí /

Vuélvete contra la pared)

7. Para no querer volar en un avión viejo hoy en día no hay que _____
sino prudente. (estar fiero / ser vil / estar desaforado / ser cobarde)

8. Para poner la pelota en ese estante tan alto hay que ser un _____.
(caballero / gigante / caballo / despojo)

2.2 Selección.   Escoja la respuesta mas lógica a cada pregunta entre las dos que se dan y
encierre la letra que le corresponda en un círculo..

> *Ejemplo:*   ¿Cómo te fue en la fiesta de Julián?
>   a. Me fui a la fiesta a eso de las diez.
>   (b.) Pasé un rato muy agradable.

1. ¿Qué le dijiste a Ramiro?

  a. Le mandé limpiar el coche.

  b. Le hice un favor muy grande.

2. ¿Por qué no estudias chino?

  a. Porque es posible estudiarlo.

  b. Porque es dificil de pronunciar.

3. ¿Comiste ese plato exótico de carne y huevos?

  a. No, no lo comí porque me encanta la carne.

  b. No, no me lo comí porque me dio asco (*nausea*).

4. ¿Qué estaba haciendo Daniel?

  a. No sé, pero lo oí cantar en inglés.

  b. No sé, pero lo vi escribiendo una carta en la computadora.

5. ¿Por qué tuvieron que llevarse Horacio al hospital?

   a. Porque se tomó las medicinas sin atender a las instrucciones del médico y le dio un ataque al corazón.

   b. Porque se tomó las medicinas guiándose por las instrucciones del médico y del farmacéutico.

6. ¿Cuánto tiempo llevas en ese trabajo?

   a. Lo llevo una vez nada más.

   b. Llevo un mes nada más.

III. *Gramática*

3.1   Completar con infinitivos.   En los siguientes enunciados se expresan opiniones y recomendaciones. Complételos con el infinitivo que corresponda.

   Ejemplo: Es malo _____**comer**_____ con mucha grasa.

1. A Ricardo le es imposible _____ sin luz. Dice que sin luz da vueltas y vueltas en la cama.

2. Es difícil _____ esos jeroglíficos: escribe más claro.

3. Es absurdo _____ esas mentiras que dicen los periódicos.

4. Era fácil _____ lo barato, porque nadie tenía dinero.

5. Era idealista _____ a los pobres sin casa.

6. Fue bueno _____ lo que le pasó a Ismael.

3.2   La preposición *de*.   Los siguientes enunciados pueden llevar la preposición *de* o no en el espacio en blanco. Escríbala cuando sea necesario y ponga una cruz cuando no lo sea.

Ejemplos: Es malo ____de____ comer ese pescado, porque tiene muchas espinas.

Es malo ____X____ comer ese pescado, porque tiene muchas impurezas

1. El griego es difícil _____ pronunciar.

2. Es difícil _____ pronunciar el griego sin practicar.

3. Es malo _____ dormir menos de ocho horas.

4. Ese problema es imposible _____ resolver.

5. Es fácil _____ preparar ese plato japonés.

6. Esos muchachos son difíciles _____ complacer.

7. Es difícil _____ complacer a esos muchachos.

8. Era absurdo _____ llevar esa ropa a la fiesta de Rosita.

3.3 Completar con preposiciones. Complete estas oraciones con la preposición adecuada, cuando sea necesario. Si no hace falta una preposición ponga una cruz en el espacio en blanco.

Ejemplos: El abogado vino ____a____ ver al acusado por la policía.

Las enfermeras quieren ____X____ organizar una huelga.

1. Me voy _____ dedicar _____ coleccionar mariposas raras.

2. Ese plato consiste _____ arroz, pollo y sazón.

3. El juez empezó _____ advertirles a los abogados que no iba _____ tolerar interrupciones innecesarias.

4. Francisco suele _____ salir todos los sábados y ahora insiste _____ salir los viernes también.

5. Por favor, traten _____ comprender lo que les digo.

6. La familia se sentó _____ comer a las once de la mañana, porque pensaban

_____ salir de viaje.

7. Espero _____ volver el año próximo, si empiezo _____ trabajar
en el hospital.

8. Volvieron _____ decirle a Miguel que se abstuviera _____
propagar esas falsedades.

9. Anoche tardé _____ dormirme y ahora estoy luchando _____
mantenerme despierto.

10. Me niego _____ pedirle que deje _____ venir _____
vernos.

3.4   *Oír o ver.*Conteste afirmativa o negativamente estas preguntas usando un verbo de
percepción: *oír* o *ver*.

> *Ejemplo:*   ¿Entró Carlos?
> Posibilidades: **Sí, lo oí entrar.**
> **No, no lo vi entrar.**

1. ¿Ya salió el avión?

_____

2. ¿Lavaron el coche?

_____

3. ¿Dijo algo el abuelo?

_____

4. ¿Estudiaron mucho Pablo y Virginia?

_____

5. ¿Hablaron mucho Romeo y Julieta?

_____

6. ¿Llegó Bernardo?

_____

3.5 *Mandar* y *hacer.* Su amigo le pregunta si debe hacer algo. Contéstele negativamente e indíquele que lo *mande* o lo *haga* hacer. Use como sujeto de la oración la sugerencia dada.

> *Ejemplo:* ¿Recojo el paquete?
> Posibilidades: **No, mándalo recoger.**
> **No, hazlo recoger.**

1. ¿Lavo las camisas? (usted)

_____

2. ¿Preparamos la comida? (tú)

_____

3. ¿Traemos las cervezas? (ustedes)

_____

4. ¿Hago las cartas? (tú)

_____

5. ¿Limpio las habitaciones? (usted)

_____

6. ¿Compramos los helados? (ustedes)

_____

3.6   Frases preposicionales.   Complete las oraciones siguientes con la frase preposicional apropiada.   No use la misma frase dos veces.

a favor de	además de	debido a	en lugar de
a fin de	al	después de	respecto a
a fuerza de	antes de	en cuanto a	tocante a
a pesar de	de		

> *Ejemplo:*   _____**A fin de**_____ poder estar en el teatro temprano,
>
> saldremos _____**antes de**_____ que abran las puertas.

1. Miguel me dio las gracias _____ pagarme.

2. No sé qué hacer _____ renunciar o no a ese puesto.

3. Puedes quitarte las botas _____ entrar en la sala.

4. ¿Por qué no nadamos _____ correr?

5. Norma no quiere gastar nada _____ ser bastante rica.

6. Julio no puede venir hoy _____ estar enfermo.

3.7   Infinitivos en el sujeto.   En estas oraciones, sustituya todo el sujeto, o parte de él, por los infinitivos equivalentes en significado. Haga otros cambios si son necesarios.

> *Ejemplo:*   La lectura de buenos libros es muy valiosa para educarse.
> **Leer buenos libros es muy valioso para educarse.**

1. El trabajo duro no mata a nadie.

_____

2. La enseñanza de las matemáticas no es tan difícil.

_____

3. La limpieza de la casa me fastidia mucho, pero....

_____

4. La creencia en esas tonterías no te beneficia nada.

_____

5. No me gusta el baile.

_____

6. La vida es una aventura fascinante.

_____

3.8 Gerundios. Combine estos pares de oraciones de manera que la primera oración se transforme en una expresión con <u>gerundio</u>.

    Ejemplo: (a) Oí las noticias (b) Me fui.
                Oyendo las noticias, **me fui.**

1. (a) Pudo hacer el trabajo. (b) No lo hizo.

_____

2. (a) Dijo lo que tenía que decir. (b) Se sentó.

_____

3. (a) Terminé la carta. (b) Me acosté.

_____

4. (a) Apagamos las luces. (b) Salimos a la calle.

_____

5. (a) Cerramos las ventanas. (b) Empezó a llover.

_____

6. (a) El tren atravesaba el túnel. (b) Ocurrió el accidente.

_____

3.9   Gerundio en oraciones condicionales.   Cambie estas oraciones condicionales con *si* por su equivalente con *gerundio*.

> *Ejemplo:*   <u>Si</u> tomas la medicina, te sentirás mejor.
> **<u>Tomando</u> la medicina, te sentirás mejor.**

1. Si llevo el dinero, podré pagar hoy mismo la matrícula.

_____

2. Si tenemos suerte, llegamos antes del oscurecer.

_____

3. Puedes ahorrar en transporte, si vives más cerca de la universidad.

_____

4. Te puedes hacer rico o pobre, si sabes jugar a la bolsa de valores.

_____

5. Si te pararas aquí, verías mejor todo lo que pasa en la calle.

_____

6. Si me lo dijeran ellos, tendría que creerlo.

_____

3.10 *Andar + gerundio.*   Un amigo le pregunta por alguien que usted conoce. Usted no está muy seguro y le contesta confirmando la pregunta, usando el verbo *andar + gerundio*.

> *Ejemplo:*   ¿Qué sabes de Pedro? ¿Viaja por Europa?
> **Sí, creo que *anda viajando* por Europa.**

1. ¿Has oído de Luisa Vázquez? ¿Trabaja en Madrid?

_____

2. ¿Y tus primos? ¿Estudian en Toledo?

_____

3. No he visto a Amalia María hoy. ¿Qué hace? ¿Pinta?

_____

4. ¿Dónde están los muchachos? ¿Practican en el estadio?

_____

5. ¿Qué me dices de Clarisa? ¿Vende casas en su pueblo?

_____

6. ¿Adónde fueron los muchachos? ¿A buscar discos de rock?

_____

3.11 *Seguir + gerundio.* Conteste las preguntas siguientes usando una forma de *seguir + gerundio* para indicar que la persona de quien se habla continúa o continuaba haciendo algo.

> *Ejemplo:* ¿Le pediste a Luisa que no hablara? ¿Qué hizo?
> Posibilidades: **A pesar de que se lo pedí, siguió hablando.**
> **No me hizo caso y siguió hablando.**

1. Le dije a Begoña que no cambiara los muebles de su habitación. ¿Qué hace?

_____

2. ¿No le prohibiste a Manolo que fumara? ¿Qué hizo?

_____

3. ¿Qué hará usted cuando llegue a Bogotá? ¿Hacer gestiones para conseguir permisos de importación?

_____

4. Vi al señor Ferreiro trabajando en el jardín. ¿Qué hace ahora?

_____

5. Me enteré que le dijiste a Alberto que perdía mucho tiempo copiando lo que estaba en el libro. ¿Qué hizo?

_____

6. ¿Qué hizo Tomás? ¿Correr?

_____

3.12 Composición.   Escriba una aventura real o imaginaria en la que usted o un amigo participó. Subraye todas las frases verbales que use y use algunas con las que usted no esté muy familiarizado. Escriba cien (100) palabras por lo menos.

_____

_____

_____

_____

_____

_____

_____

_____

C H A P T E R   1 8

De esto y de aquello

I. Lectura

1.1 Comprensión. Después de leer la selección «La regeneración del calzado», del escritor español Pío Baroja, conteste las preguntas que siguen, encerrando en un círculo la letra que corresponda a la mejor respuesta. (Nota: La descripción de Madrid que se da en esta selección corresponde al Madrid de los años primeros del siglo XX. Hoy en día, la capital de España es una de las ciudades europeas más hermosas y refinadas.)

1. ¿Qué sorprende al madrileño que visita los barrios próximos al río Manzanares?

   a. La vida refinada y culta.

   b. Los suburbios de sospechoso aspecto.

   c. La miseria, la sordidez, la tristeza y la incultura.

   d. Las casas de sospechoso aspecto.

2. ¿Cómo comprobó Manuel que había habido una pelea en el comedor de la casa de huéspedes?

   a. Porque Petra se lo dijo cuando lo despertó y le mandó vestirse.

   b. Lo comprobó al notar los chichones que tenía en la frente.

   c. Porque su madre se lo dijo en un tono muy serio.

   d. Porque su madre persistía en llevarlo a buscar trabajo en la zapatería.

3. ¿Qué hicieron Petra y Manuel después de que éste terminó de vestirse?

   a.   Cruzaron la Plaza de Oriente y siguieron por el Viaducto.

   b.   Tomaron un café con leche en una buñolería.

   c.   Compraron leche y tomaron café en un establecimiento.

   d.   Fueron al cementerio de San Isidro.

4. ¿Dónde se detuvieron después de haber caminado varias cuadras y haber subido por la escalinata de la calle Aguila?

   a.   En una casa que estaba en la esquina de Aguila y el Campillo de Gil Imón.

   b.   En una zapatería que hacía esquina a la calle Aguila.

   c.   Se detuvieron en una taberna lejos de la zapatería de su pariente.

   d.   Entraron a tomar otro café con leche en la taberna del pariente.

5. ¿Cómo era la casa donde estaba la zapatería del pariente de Petra?

   a.   Era una casa pequeña, cerrada, cerca de un almacén.

   b.   Era una casa grande, de buen aspecto y en buenas condiciones.

   c.   Era una casa grande, de buen aspecto y muy bien cuidada.

   d.   Era una casa grande, de buen aspecto pero en malas condiciones.

II. Vocabulario

2.1   Completar.   Complete estas oraciones con una de las palabras o frases que se dan al final.

1. En esos barrios hay mucha _____ porque el desempleo es muy alto y el gobierno municipal no tiene buenos servicios públicos. (tristeza / sordidez / miseria / sombra)

2. Como las calles no están pavimentadas, hay mucho _____ cuando no llueve. (lodo / polvo / tráfico / lío)

3. Muchas personas que trabajan en el _____ de las ciudades no quieren vivir en el mismo lugar, porque dicen que las escuelas no son muy buenas para sus hijos y, además hay mucho crimen. (edificio / barrio / centro / refugio)

4. Estas personas prefieren vivir en _____ porque allí hay más tranquilidad y protección. (suburbios / el centro / el campo / plazas)

5. En algunas áreas metropolitanas, _____ entre los suburbios y el centro es sorprendente: los suburbios tienen más recursos económicos, mejores servicios y escuelas que la ciudad a la cual rodean. (la sordidez / la tristeza / el aspecto / el contraste)

2.2 Definiciones.   A continuación se describen varios lugares. Escriba el nombre del lugar que se describe. Tómelo de la lista que aparece a continuación.

almacén / buñolería / casa de huéspedes / cementerio / comedor / corte / taberna / zapatería

1. Ciudad donde reside el monarca de un reino:

_____

2. Establecimiento comercial dedicado a la venta y reparación de calzado.

_____

3. Lugar o edificio destinado a guardar cosas, generalmente mercancías; tienda que vende ropa y otros artículos para la casa.

_____

4. Pequeño hotel que acepta residentes por un corto tiempo o por mucho tiempo.

_____

5. Lugar destinado a enterrar a los muertos.

_____

6. Establecimiento dedicado a la venta de pan, dulces, café con leche, refrescos.

_____

7. Establecimiento dedicado a la venta de vinos y otras bebidas alcohólicas.

_____

8. Parte de la casa o de un hotel donde se sirven las comidas.

_____

2.3 Adjetivos. Complete cada oración con el adjetivo apropiado.

1. Yo no podía creer lo que mis ojos veían: estaba _____.
(carcomido / sorprendido / misterioso / miserable)

2. Yo no me sentía _____ a pasarme tres meses de las vacaciones que

tanto había esperado en aquel lugar _____ y _____.

(chabacano / misterioso / amarillento / resignado / fantasmagórico)

3. Cada vez que miraba el techo de mi cuarto y lo veía _____
pensaba que tenía que buscar a alguien que lo reparara. (chabacano / carcomido /
sospechoso / sujeto)

4. No me gusta el trabajo tan descuidado que hace ese señor: es muy

_____. (chabacano / carcomido / desconchado / derrumbado)

5. Hicimos un viaje muy _____; sólo duró dos días.
(largo / ancho / grande / corto)

6. Hugo es muy agresivo; usa palabras _____ para dirigirse
a los pocos amigos que le quedan. (hipócritas / hirientes / inteligentes / mentirosas)

2.4 Verbos. Complete cada oración con una de las formas verbales que se dan entre
paréntesis.

1. Estoy _____ las instrucciones que dan en el libro y todavía no
puedo entender. (hallando / siguiendo / suprimiendo / recordando)

2. El hospital universitario _____ al final de la calle M.
(se extiende / se halla / se comprueba / se dice)

3. El zapatero era muy testarudo (stubborn) y _____ en
arreglarme el zapato como él quería y no como yo le mandaba. (persistía / quería /
esperaba / aseguraba)

4. Manolo dijo su nombre y dirección; después _____ los números de los teléfonos en los que podía dejársele recados. (llevó / añadió / sucedió / hirió)

5. El profesor no me preguntó nada, a pesar de que _____ la mano varias veces durante la clase. (supe / hice / levanté / enseñé)

2.5 Palabras de uso difícil. Complete cada oración escribiendo en cada espacio una de las siguientes palabras.

deseo / gustaría / mismo / mucho / muy / ojalá / quisiera

1. Alberto _____ tener el _____ médico que Hilario.

2. _____ que el teatro no esté _____ lejos.

3. Te _____ mucha suerte en tu nuevo trabajo, pero me

_____ que te quedaras con nosotros.

4. Aquí hace _____ frío; me _____ vivir en un clima más caliente.

III. *Gramática*

3.1 Completar. Llene cada espacio en blanco con una estas conjunciones: *y, e, o, u.*

Ejemplo: Vimos a Carlos _____**y**_____ Oscar cuando bailaban con

Marta _____**e**_____ Irene.

1. Vicente volverá hoy por la tarde _____ hoy por la noche.

2. ¿Quieres estudiar medicina _____ ingeniería a la vez?

3. Compré tres _____ cuatro libras de papas.

4. —¿Qué pantalón quieres? ¿Éste _____ aquél?

—Dame uno _____ otro; me da igual.

5. Adela se sentó _____ hizo lo que tenía que hacer.

6. Esa pieza para el motor debe de valer setenta _____ ochenta dólares.

3.2 El *sí* enfático.   Conteste libremente las preguntas o comentarios siguientes con un *sí* enfático.

> *Ejemplo:*   Tú nunca devuelves los libros que te prestan.
> Posibilidades: **¡Eso no es cierto! ¡Yo sí devuelvo los**
> **libros que me prestan!**
> **No digas eso porque yo sí los devuelvo.**

1. No hiciste la comida ayer, ¿verdad?

_____

2. ¿No le diste las noticias a Javier?

_____

3. Me dijeron que no compraste los libros que tenías que comprar.

_____

4. Dicen que no sabían nada de tu enfermedad.

_____

5. ¿No volverás a ver a Pablo?

_____

6. Me dijo Julián que Elena no tiene mucho dinero.

_____

3.3 Respuestas con *ya*. Responda a las recomendaciones o sugerencias que le hace su amigo, diciéndole que no se preocupe, pues ya se hizo lo que él recomienda.

> *Ejemplo:* Debes pagar hoy la matrícula del automóvil.
> Posibilidades: **No te preocupes; ya la pagué.**
> **Ya está pagada desde el lunes. No hay problema.**

1. Tienes que devolver los libros a la biblioteca.

_____

2. Dile a Rosa que tiene que ir al banco esta tarde porque mañana no abren

_____

3. Dale las vitaminas a Amalia.

_____

4. ¿Cuándo vas a llevar el perro al veterinario?

_____

5. Anota estas direcciones antes de que se te olviden.

_____

6. Todavía no me diste las fotos.

_____

3.4 Más respuestas con *ya*. Conteste afirmativamente las siguientes preguntas, indicando además que lo que se pregunta puede hacerse ahora. Use imperativos o *poder + infinitivo* o *deber + infinitivo*.

> *Ejemplo:* ¿Entramos en el teatro?
> Posibilidades: **Sí, entren ya.**
> **Sí, ya deben entrar.**

231

1. ¿Pongo la mesa?

_____

2. ¿Llamo a Guillermo?

_____

3. ¿Pido la pizza?

_____

4. ¿Sirvo la comida?

_____

5. ¿Traigo las cervezas?

_____

6. ¿Cierro la puerta?

_____

3.5 ¿Qué tiempo hace?   Diga qué tiempo hace después de leer los siguientes partes del tiempo (*weather reports*). Use una o más expresiones de las que se dan.

está despejado	hace buen tiempo	hace frío	hace sol
está nublado	hace calor	hace mal tiempo	hace viento
hace fresco	hace mucho frío		

1. Cielo despejado. Temperatura mínima, 25 grados (Celsius); máxima, 32 grados (Celsius). Precipitación: 0% de probabilidad. Barómetro: alto.

_____

2. Cielo nublado. Temperatura mínima, 20 grados bajo cero (Celsius); máxima, 5 grados bajo cero (Celsius). Precipitación: 80% de probabilidad en forma de nieve. Viento: de 10 a 15 kilómetros por hora, con ráfagas (*gusts*) de 60 kilómetros por hora. Barómetro: bajo.

_____

3. Cielo parcialmente nublado. Temperatura mínima, 5 grados (Celsius); máxima, 10 grados (Celsius). Precipitación: 5% de probabilidad. Vientos moderados de 5 a 10 kilómetros por hora. Barómetro: bajando.

_____

4. Cielo despejado. Temperatura mínima, 30 grados (Celsius); máxima, 35 grados (Celsius). Precipitación: 9% de probabilidad. Humedad: 80%. Vientos de 0 a 5 kilómetros por hora. Barómetro: estable.

_____

5. Cielo despejado. Temperatura mínima, 15 grados (Celsius); máxima, 35 grados (Celsius). Precipitación: 0% de probabilidad. Humedad: 40%. Vientos de 0 a 5 kilómetros. Barómetro: estable.

_____

3.6   Formas de *haber*.   Complete estas oraciones con la forma apropiada del auxiliar *haber*.

> *Ejemplo:* Nosotros no ____**hemos**____ visto todavía a Teresa y por eso vamos a su casa ahora.

1. Ellas _____ ido al teatro y no pudimos hablar.

2. Panchita y Andrea _____ llamado a Luisa, antes de que llegues.

3. Yo no le _____ dicho nada a ese señor, así que no se puede ofender.

4. ¿Por qué _____ entrado tú en la casa antes de que llegaran los invitados a la boda?

233

5. No sabemos dónde se _____ marchado los estudiantes; aquí no están.

6. Aunque Carlos _____ pagado la cuenta a tiempo, le _____ mandado el recordatorio.

7. Estela _____ venido conmigo de compras, pero no tenía tiempo.

8. Cuando ustedes _____ visto la película, pueden empezar a preparar el informe.

3.7   Otros usos de *haber*.   Sustituya el verbo de estas oraciones por una forma de *haber* para indicar la misma idea, más o menos. Haga otros cambios menores que sean necesarios.

   Ejemplo: Aquí <u>está el</u> restaurante cubano.
   Aquí <u>hay un</u> restaurante cubano.

1. Anoche tuvieron dos reuniones en su despacho.

_____

2. El viernes tendremos una fiesta en mi casa.

_____

3. En esa escuela iban a una excursión todos los años.

_____

4. Aquí están los cuatro trabajadores.

_____

5. Prepararán varios programas de televisión sobre el S.I.D.A. (Síndrome de inmunidad deficiente adquirida).

_____

Nombre _____ Fecha _____ Clase _____

3.8 *Tener que* + infinitivo. Aconseje a su amigo de acuerdo con cada situación. Use una expresión con *tener* + *que* + *infinitivo*.

> *Ejemplo:* Estoy enfermo. Me duele mucho la cabeza. ¿Qué hago?
> Posibilidades: **Tienes que ir al médico.**
> **Tienes que acostarte.**

1. Mañana se casa mi antigua novia. Quiere que vaya a la boda. ¿Qué hago?

_____

2. Debo trabajar esta noche. Estoy muy cansado. Tengo mucho sueño.

_____

3. Comí muchos tamales y enchiladas. Me siento mal. ¿Qué puedo hacer?

_____

4. La semana que viene tengo un examen de astrofísica y no sé nada.

_____

5. Estos zapatos están muy viejos. No tengo otros. ¿Qué hago?

_____

6. No tengo dinero para pagar la matrícula universitaria; sólo me quedan 200 acciones de la compañía ElectroLuz. ¿Qué hago?

_____

3.9 **Expresiones con *tener*.** Complete estas oraciones con un nombre apropiado.

> *Ejemplo:* Estoy muy cansado y tengo _____**sueño**_____. Voy a acostarme.

1. Está nevando. Me voy a poner un abrigo porque tengo _____.

2. Me tomé cuatro vasos de limonada porque tenía _____.

3. Por favor, dénos las entradas; tenemos _____ de ver el programa.

4. Hacía diez horas que no comían y tenían _____.

5. Tú siempre crees que tienes _____, pero por lo general estás equivocado.

6. ¿Por qué tiemblan? ¿Tienen _____ o _____?

3.10 Composición.   Escriba un ensayo comentando una de las últimas noticias que usted haya leído, escuchado o visto. Use un ejemplo, por lo menos, de cada uno de los tópicos estudiados en el capítulo 18. Escriba 100 palabras, por lo menos.

_____

_____

_____

_____

_____

_____

_____

_____

_____

Manual de laboratorio

C H A P T E R   1

Demonstratives

Comprensión oral

Ejercicio 1: Dictado. Complete las oraciones que se dan con las palabras que usted oirá en el dictado.

La _____ local admiraba a la señá Frasquita por su

_____ belleza, pero _____

daba a conocer el verdadero _____ de la atención

_____ . No _____ de

que Frasquita _____ esa admiración: alta _____ ,

pero _____ como una _____ .

Ejercicio 2. Usted oirá una oración incompleta dos veces. Durante la pausa seleccione la palabra o palabras que mejor completen la oración.

  Ejemplo: Si me prestas _____ dinero que te pido, te lo
        devolveré mañana.
        ❏ este ☒ ese ❏ aquel

1. ❏ Esas   ❏ Las que   ❏ Estas

2. ❏ realmente   ❏ de veras   ❏ de acuerdo

3. ❏ en realidad   ❏ de acuerdo   ❏ sí

4. ❏ la televisión   ❏ las almohadas   ❏ la música

5. ❏ éste   ❏ ésta   ❏ aquélla   ❏ aquél   ❏ ésa

Ejercicio 3.   Usted oirá una oración con un adjetivo o pronombre demostrativo una sola vez a velocidad normal. Escriba la forma del demostrativo que usted oyó. Al final del ejercicio usted oirá las respuestas correctas para que evalúe su discriminación auditiva.

Ejemplo: No quiero ver esa película.

1. _____   3. _____   5. _____

2. _____   4. _____

Ejercicio 4.   Usted oirá una pregunta. Escoja el demostrativo que falta entre las formas que se le dan. Ponga una cruz en la forma escogida por usted.

Ejemplo: ¿De quién es ese coche?
❏ Este   ☒ Ese   ❏ Aquel coche es de Ramón.

1. Sí, los puse en   ❏ esta   ❏ esa   ❏ aquella mesa.

2. Sí, quiero   ❏ estas   ❏ esas   ❏ aquellas fotos.

3. Sí, pienso en   ❏ estos   ❏ esos   ❏ aquellos ejercicios que estoy leyendo

4. Los leí   ❏ esta   ❏ esa   ❏ aquella semana pasada.

5. La compré en   ❏ esta   ❏ esa   ❏ aquella pizzería del centro donde estuvimos el domingo pasado.

Ejercicio 5. Los siguientes pares de oraciones están relacionados. La primera oración termina con dos nombres. La segunda oración se refiere a uno de los dos nombres, pero le falta el pronombre demostrativo correspondiente. Selecciónelo entre los dos que se dan.

> *Ejemplo:* Ayer vi a Laura y a Luis _____ me dijo que se sentía enferma.
> ☒ aquélla ☐ éste

1. ☐ éstas   ☐ aquéllas

2. ☐ éste   ☐ aquél

3. ☐ éste   ☐ aquél

4. ☐ éste   ☐ aquél

5. ☐ éste   ☐ aquélla

Ejercicio 6. Usted va a oír una afirmación general. Las tres reacciones que aparecen a continuación están gramaticalmente correctas, pero sólo una está relacionada lógicamente en significado con lo que usted oyó. Márquela con una cruz.

> *Ejemplo:* Es imposible creer esas tonterías.
> ☐ Aquéllas son posibles.
> ☒ Sin embargo, tú las crees algunas veces.
> ☐ Estas tonterías son posibles.

1. ☐ Humberto nunca dice nada.

   ☐ Esos no me gustan.

   ☐ Ni ésas ni otras.

2. ☐ ¿Por qué dices eso?

   ☐ En verano hace mucho calor.

   ☐ Ella es muy feliz también.

3. ❏ Ese autobús sale ahora mismo.

   ❏ ¿Ése o éste?

   ❏ Ésta es la mejor línea de autobuses.

4. ❏ Ya vendí aquella mesa.

   ❏ ¿Quieres esa mesa o aquélla?

   ❏ ¿Los que tengo en la mano o ésos?

5. ❏ ¿Por qué no hablas más alto ahora?

   ❏ ¡Ay, por Dios! ¡Qué temperamento!

   ❏ Es muy importante hablar.

Ejercicio 7. Usted va a oír una conversación entre dos personas. Al final de la conversación responda a la pregunta que se le hace escogiendo una de las cuatro respuestas.

> *Ejemplo:*   **PABLO:** ¿De quién es este bolígrafo, Virginia?
>   **VIRGINIA:** ¿Cuál? ¿Éste o ése?
>   **PABLO:** Este que tengo en la mano.
>   **VIRGINIA:** No sé, Pablo.
>   **PABLO:** Debe ser de Samuel; siempre pierde sus bolígrafos.
>
> Pregunta: ¿Quién tiene el bolígrafo?
>
> ❏ Luis tiene muchos bolígrafos.
> ❏ Lo tiene Luis.
> ☒ Lo tiene Pablo.
> ❏ Debe ser de Virginia.

1. Rafael y Teresa:

   ❏ Tiene que ir al cine con Rafael.

   ❏ Tiene que ir a una clase de geología.

   ❏ Tiene que terminar una tarea de geología.

   ❏ No tiene que hacer nada, pero no quiere salir.

2. En la aduana:

❑ Sólo tiene una.

❑ Tiene dos, por lo menos.

❑ Perdió las llaves y no puede abrir la maleta.

❑ Tiene muchas maletas.

Ejercicio 8. Usted va a oír una noticia radial. Quizás usted no pueda entender todas las palabras, pero le será posible entender el significado general de la noticia. Después de escucharla por segunda vez, marque con **X** las oraciones que describan lo que usted oyó. Deje sin marcar las oraciones que no se refieran a la noticia o que den una información errónea.

1. _____ El asalto al hotel ocurrió el 1 de agosto.

2. _____ El hotel fue asaltado por un grupo de bandidos.

3. _____ Se dispararon muchos tiros durante el asalto.

4. _____ Los asaltantes secuestraron a un empleado del hotel.

5. _____ Los asaltantes lograron llevarse la recaudación del día.

6. _____ La policía vino porque un empleado llamó por teléfono.

7. _____ Los asaltantes lograron escaparse.

8. _____ El asalto terminó sin dispararse un solo tiro.

Expresión oral

Ejercicio 1. Repita las seis oraciones sustituyendo las expresiones de lugar por un adjetivo demostrativo.

> *Ejemplo:* Tome el vaso que está aquí.
> **Tome este vaso.**

Ejercicio 2. Usted oirá seis oraciones en tiempo presente y con el demostrativo **este**. Durante la pausa, cambie cada oración al pretérito y el demostrativo a **ese**.

> *Ejemplo:* Lucía escribe los ejercicios esta noche.
> **Lucía escribió los ejercicios esa noche.**

Ejercicio 3. Usted oirá seis oraciones en el pretérito con el demostrativo **ese**. Durante la pausa cambie cada oración al pluscuamperfecto y el demostrativo a **aquel**.

> *Ejemplo:* El ejército se retiró a sus cuarteles esa noche.
> **El ejército se había retirado a sus cuarteles aquella noche.**

Ejercicio 4. Conteste negativamente las seis preguntas que se le hacen con un simple *no*. Después añada una frase con *pero* indicando lo que pasó realmente. Use una forma del pronombre demostrativo *éste* en su respuesta.

> *Ejemplo:* ¿Compraste esas botas?
> **No, pero compré éstas.**

Ejercicio 5. Conteste estas seis preguntas afirmativamente, cambiando el demostrativo este por **ése**.

> *Ejemplo:* ¿Quieres esta taza?
> **¿Ésa? Sí, la quiero.**

Ejercicio 6. Conteste estas seis preguntas con una forma del pronombre demostrativo **ése**.

> *Ejemplo:* ¿Qué suéter vas a llevar?
> **Llevaré ése.**

Ejercicio 7. Conteste las seis preguntas siguientes usando **eso y aquello**.

> *Ejemplo:* ¿Vas a comprar esto?
> **Eso no. Voy a comprar aquello.**

Ejercicio 8. Conteste las siguientes preguntas usando el artículo como demostrativo.

> *Ejemplo:* Aquí tiene los papeles. ¿Los va a guardar?
> **No, voy a guardar los que están en la mesa.**

Ejercicio 9. Usted oirá una pregunta donde se le ofrecen dos alternativas. Conteste escogiendo siempre la primera alternativa y usando el pronombre demostrativo apropiado.

> *Ejemplo:* ¿Quieres esta camisa o aquélla?
> **Quiero ésa.**

Ejercicio 10. Reaccione libremente juzgando lo que hizo su amigo. Use un demostrativo en la reacción suya y escoja cualquier adjetivo que usted crea apropiado. Se da un ejemplo como posibilidad.

> *Ejemplo*: Leí las historias de esa autora.
> **Esas historias son muy románticas/aburridas.**

C H A P T E R 2

The Uses of Tenses in General

Comprensión oral

Ejercicio 1: Dictado. Copie exactamente lo que usted oiga. Cada oración será leída dos veces.

———————————————————————————

———————————————————————————

———————————————————————————

———————————————————————————

———————————————————————————

Ejercicio 2: Vocabulario. Usted oirá una oración incompleta. Durante la pausa seleccione la palabra que mejor complete la oración dentro de las tres que se dan.

Ejemplo: Carlos estaba tan elegantemente vestido que no lo...
❏ vi ☒ reconocí ❏ encontré

1. ❏ se levantaba   ❏ se sentaba   ❏ se asomaba

2. ❏ se levanta   ❏ se pone   ❏ se va

3. ❏ por   ❏ desde   ❏ para

4. ❏ desde   ❏ que   ❏ por

5. ❏ viene   ❏ próximo   ❏ siguiente

6. ❏ había estado   ❏ estarás   ❏ estará

7. ❏ vino   ❏ vendrá   ❏ vendría

8. ❏ porque   ❏ aunque   ❏ hasta

9. ❏ se convirtió   ❏ llegó a ser   ❏ se volvió

10. ❏ pero   ❏ sino   ❏ nada más que

Ejercicio 3.   Usted oirá una oración una vez a velocidad normal. Durante la pausa, escoja y marque en el cuaderno la forma verbal que usted oyó.

Ejemplo: Estudio las estadísticas de la población de Venezuela.
  ❏ estuvo   ☒ estudio   ❏ estarías

1. ❏ tomo   ❏ voy   ❏ veo

2. ❏ quiera   ❏ quería   ❏ querrá

3. ❏ vendría   ❏ venía   ❏ estaría

4. ❏ hemos sido   ❏ hemos comido   ❏ hemos conocido

5. ❏ habría saludado   ❏ había hablado   ❏ había saludado

6. ❏ teníamos dicha   ❏ habíamos dicho   ❏ sabíamos

Ejercicio 4. Ahora vamos a ver si usted puede distinguir entre una oración con verbo en el pasado de una oración con verbo en un tiempo hipotético (*conditional*). Usted oirá una oración. Durante la pausa, escriba la forma verbal que usted oyó e indique si está en un tiempo <u>pasado</u> o <u>hipotético</u>.

> *Ejemplo:* Me lo había dicho Pablo.
> Forma: <u>había dicho</u>   tiempo: <u>pasado</u>.

1. Forma:_____   Tiempo: _____

2. Forma:_____   Tiempo: _____

3. Forma:_____   Tiempo: _____

4. Forma:_____   Tiempo: _____

5. Forma:_____   Tiempo: _____

6. Forma:_____   Tiempo: _____

Ejercicio 5. Alguien le pregunta si usted va a hacer una tarea determinada. Después oirá dos respuestas, *a* y *b*. Escoja la respuesta que diga que usted acaba de hacer lo que se le pregunta.

> *Ejemplo:* ¿Vas a comer ahora?
> (a) ❑ No, comí anoche.
> (b) ☒ No, he comido hace media hora.

1. (a) ❑   (b) ❑   4. (a) ❑   (b) ❑

2. (a) ❑   (b) ❑   5. (a) ❑   (b) ❑

3. (a) ❑   (b) ❑   6. (a) ❑   (b) ❑

Ejercicio 6. Usted va a oír una pregunta seguida de dos respuestas, *a* y *b*. Una de las respuestas expresa seguridad en lo que afirma o niega. La otra expresa probabilidad, incertidumbre o conjetura. Usted debe marcar lo que expresa cada respuesta.

> *Ejemplo:* ¿Quién llamó anoche? (a) Llamó Ricardo. (b) Llamaría Ricardo.
> SEGURIDAD   (a)   PROBABILIDAD   (b)

Seguridad	Probabilidad	Seguridad	Probabilidad
1. _____	_____	4. _____	_____
2. _____	_____	5. _____	_____
3. _____	_____	6. _____	_____

Ejercicio 7.   Usted va a oír un párrafo breve que termina en su cuaderno con dos oraciones.   Una de estas oraciones completa el sentido del párrafo.   La otra no lo completa, aunque es una oración gramaticalmente correcta.   Marque la terminación correcta, (a) o (b).

> *Ejemplo:*   Mi hermano quiere estudiar medicina.   Él es muy bueno en física, química y matemáticas.   Además tiene un gran sentido de su responsabilidad social.
>
> (a)   ☒   Creo que llegará a ser médico algún día.
> (b)   ☐   Sería bueno que quisiera estudiar medicina.

1. (a) ☐   Se divierte mucho porque sale con sus amigos.
  (b) ☐   Con su talento y el esfuerzo que pone, se hará un buen músico.

2. (a) ☐   Será que los programas de la televisión son muy aburridos.
  (b) ☐   Es que me gustará mucho la televisión.

3. (a) ☐   ... que será un ratón.
  (b) ☐   ... que sería un ladrón.

Ejercicio 8.   Usted oirá una noticia radiofónica sobre un terremoto.   Quizás usted no entienda todas las palabras, pero podrá entender las ideas principales.   Después de escuchar la noticia por segunda vez, marque los enunciados (*statements*) correctos que sobre ella aparecen en la página.   Deje en blanco los enunciados incorrectos o aquellos que den información no mencionada en la noticia.

1. ☐   Tegucigalpa es la capital de Honduras.

2. ☐   Hubo un huracán en la ciudad.

3. ☐   Había habido ligeros temblores desde hacía cinco días.

4. ❑ El terremoto empezó cerca de las nueve de la noche.

5. ❑ Cuando empezó el terremoto no había nadie en las plazas.

6. ❑ Los edificios más altos oscilaron.

7. ❑ No había electricidad en la ciudad.

8. ❑ Las casas de la ciudad pudieron resistir los temblores.

9. ❑ Muchas familias se han quedado sin casa donde vivir.

10. ❑ No se ha organizado la ayuda a las víctimas del terremoto.

Expresión oral

Ejercicio 1. Alguien le pregunta por qué usted, u otra persona, está haciendo algo. Usted le contesta usando el presente simple y la razón dada en la pregunta, como en el ejemplo.

> *Ejemplo:* ¿Por qué están trabajando ahora tus hermanos? ¿Necesitan el dinero?
> **Sí, trabajan porque necesitan el dinero.**

Ejercicio 2. Conteste las siguientes preguntas usando la unidad de tiempo, o la fecha o el día dados.

> *Ejemplo 1:* ¿Desde cuándo vives en el centro? (20 de mayo)
> **Vivo en el centro desde el 20 de mayo.**

> *Ejemplo 2:* ¿Desde cuándo vives en el centro? (cuatro meses)
> **Vivo en el centro desde hace cuatro meses.**
> **Hace cuatro meses que vivo en el centro.**

Ejercicio 3. Conteste estas seis preguntas con una expresión de probabilidad o incertidumbre, porque usted no está seguro de la respuesta.

> *Ejemplo 1:* ¿Quién habla tan alto? ¿Es Miguel?
> **No sé. Será Miguel.**

> *Ejemplo 2:* ¿Dónde estaba Pedro? ¿Estaba en la biblioteca?
> **No sé. Estaría en la biblioteca.**

Ejercicio 4.   Reaccione a lo que se le dice sobre Elena, indicando que usted también haría lo mismo pero no puede.

> *Ejemplo:*   Elena estudiará esta noche.
> **Yo también estudiaría, pero esta noche no puedo.**

Ejercicio 5.   Conteste las seis preguntas diciendo que usted dijo que haría lo que se le pregunta y lo hará.   Use pronombres para los objetos directo e indirecto.

> *Ejemplo:*   ¿Vas a hablarle al jefe?
> **Dije que le hablaría y le hablaré.**

Ejercicio 6.   Conteste afirmativamente las seis preguntas que se le hacen, usando una expresión de cortesía con **quisiera.**   Use pronombres para los objetos directo e indirecto, como en el ejemplo.

> *Ejemplo:*   ¿Te traigo el café?
> **Sí, ¿quisieras traérmelo?**

Ejercicio 7.   Conteste las seis preguntas que se le hacen indicando que ya usted ha hecho lo que se le pregunta.   Use pronombres para los objetos directo e indirecto, como en los ejemplos.

> *Ejemplo 1:* ¿Vas a probar la sopa?
> **Ya la he probado.**

> *Ejemplo 2:* ¿Vas a traerme los libros?
> **Ya te los he traído.**

Ejercicio 8.   Conteste estas seis preguntas enfáticamente indicando que usted nunca ha hecho lo que se le pregunta.   <u>No</u> use pronombres en el objeto directo para expresar el énfasis de la respuesta.

> *Ejemplo:*   ¿Cuándo le dieron ustedes dinero a Tomás?
> **Nunca le hemos dado dinero a Tomás.**

Ejercicio 9.   Conteste estas seis preguntas negativamente diciendo que usted, u otra persona, ya había hecho lo que se le pregunta.

> *Ejemplo:*   ¿Visitó su hermano a Rosaura?
> **No, es que ya la había visitado.**

Ejercicio 10. Conteste estas seis preguntas negativamente y explique que usted, u otra persona, habrá hecho lo que se le pregunta antes del tiempo indicado.

> *Ejemplo:* Usted va a terminar hoy a las doce, ¿verdad?
> **No, habré terminado antes de las doce.**

Ejercicio 11. Conteste negativamente estas seis preguntas y explique que usted habría hecho lo que se le pregunta, pero no pudo por la razón dada, como en el ejemplo.

> *Ejemplo:* ¿Te dejaron comprar algo?
> **No, yo habría comprado algo, pero no me dejaron.**

C H A P T E R   3

Interrogatives

Conprensión oral

Ejercicio 1: Dictado. Complete las palabras que le faltan a la entrevista que usted oirá en su totalidad.

Entrevista con un ⎯⎯⎯⎯⎯⎯⎯⎯⎯⎯:

(E) ¿⎯⎯⎯⎯⎯⎯⎯⎯ ⎯⎯⎯⎯⎯⎯⎯⎯⎯⎯ ⎯⎯⎯⎯⎯⎯⎯⎯⎯ usted?

(I) ⎯⎯⎯⎯⎯⎯⎯⎯⎯ ⎯⎯⎯⎯⎯⎯⎯⎯⎯ Evaristo Vega.

(E) ¿⎯⎯⎯⎯⎯⎯⎯⎯ ⎯⎯⎯⎯⎯⎯⎯⎯ es usted?

(I) ⎯⎯⎯⎯⎯⎯⎯⎯ de Cochabamba, ⎯⎯⎯⎯⎯⎯⎯⎯⎯ de

⎯⎯⎯⎯⎯⎯⎯⎯⎯, ⎯⎯⎯⎯⎯⎯⎯⎯⎯.

(E) ¿⎯⎯⎯⎯⎯⎯⎯⎯⎯ usted en Bolivia?

(I) Vivía en La Paz, ⎯⎯⎯⎯⎯⎯ ⎯⎯⎯⎯⎯⎯⎯⎯⎯ ⎯⎯⎯⎯⎯⎯⎯⎯⎯

⎯⎯⎯⎯⎯⎯⎯⎯⎯ de Bolivia.

(E) ¿_____ es su _____?

(I) Soy maestro, pero _____ en _____

_____ _____ _____

_____ que está en La Paz.

(E) ¿_____ _____ _____usted a

_____ _____?

(I) _____ _____ _____con una

americana y _____ _____ _____ aquí.

Ejercicio 2.   Usted va a oír dos oraciones, *a* y *b*. Las oraciones pueden tener el mismo significado o tener diferentes significados. Marque en su cuaderno la palabra **iguales** o la palabra **diferentes**, según sean iguales o diferentes los significados.

Ejemplo: Usted oye:
(a) Compré un boleto de ida y vuelta para visitar a Mercedes.
(b) Voy a visitar a Mercedes porque ya tengo pasaje para ir y venir.
☒ Iguales   ❑ Diferentes

1. ❑ Iguales   ❑ Diferentes

2. ❑ Iguales   ❑ Diferentes

3. ❑ Iguales   ❑ Diferentes

4. ❑ Iguales   ❑ Diferentes

5. ❑ Iguales   ❑ Diferentes

6. ❑ Iguales   ❑ Diferentes

7. ❑ Iguales   ❑ Diferentes

Nombre _____ Fecha _____ Clase _____

8. ❑ Iguales   ❑ Diferentes

9. ❑ Iguales   ❑ Diferentes

10. ❑ Iguales   ❑ Diferentes

Ejercicio 3.   Usted oirá una pregunta dos veces. Marque la respuesta que mejor responda a la pregunta formulada.

Ejemplo: ¿Quién fumó aquí?
    ❑ Un cigarrillo.
    ☒ Tú.
    ❑ Esa pipa.

1. ❑ El capital es éste.
   ❑ No está en la capital.
   ❑ No sé.

2. ❑ No, no hay ningún restaurante aquí.
   ❑ En el centro.
   ❑ Sí, vamos al mejicano.

3. ❑ Porque soy muy liberal.
   ❑ Porque soy radical.
   ❑ Porque no me gusta ofender a nadie.

4. ❑ ¡Nunca!
   ❑ Es que yo soy muy radical.
   ❑ Mañana por la noche voy a ver esa película.

5. ❑ Es una composición poética.
   ❑ Es muy bonito.
   ❑ Es el que leímos en clase ayer.

6. ❑ Con una mesa y una silla.
   ❑ Con mucha elocuencia.
   ❑ Con cuchara y tenedor.

7. ❑ Sí, tenía solamente ocho.
   ❑ No, no había nadie allí a las ocho.
   ❑ El invitado que trajo la botella.

8. ❑ Para mi padre.
   ❑ Para mañana.
   ❑ Para ganar dinero.

Ejercicio 4.   Usted oirá una respuesta a una pregunta. La pregunta debe empezar con ¿Cuál es... o con ¿Qué es....   Marque la forma correcta de empezar la pregunta.

Ejemplo: La capital de Lituania es Vilna.

   ❑ ¿Qué es...?   ☒ ¿Cuál es...?

1. ❑ ¿Qué es...?   ❑ ¿Cuál es...?

2. ❑ ¿Qué es...?   ❑ ¿Cuál es...?

3. ❑ ¿Qué es...?   ❑ ¿Cuál es...?

4. ❑ ¿Qué es...?   ❑ ¿Cuál es...?

5. ❑ ¿Qué es...?   ❑ ¿Cuál es...?

6. ❑ ¿Qué es...?   ❑ ¿Cuál es...?

Ejercicio 5.   Usted va a oír una oración que es la respuesta a una de las tres preguntas que aparecen en el manual. Seleccione la pregunta a la cual se refiere la respuesta dada.

Ejemplo: No como aquí, en esta cafetería, porque no quiero.

   ❑ ¿Quién no come en la cafetería?
   ☒ ¿Por qué no comes aquí?
   ❑ ¿Cuál es la cafetería?

1. ❑ ¿Dónde viven esos muchachos?
   ❑ ¿Quién vive allí?
   ❑ ¿Adónde van?

2. ❑ ¿Adónde fueron ustedes?
   ❑ ¿Cuál es el visado?
   ❑ ¿Qué consiguieron ustedes?

3. ❑ ¿Qué vas a hacer?
   ❑ ¿Adónde va a ir Bernardo?
   ❑ ¿Con quién vas?

4. ❑ ¿Qué es eso?
   ❑ ¿Qué lamentan?
   ❑ ¿Quién cometió un error?

5. ❑ ¿Te hicieron algo cuando entraste en la oficina?
   ❑ ¿Cuándo te hicieron la oferta?
   ❑ ¿Cómo te lo hicieron?

6. ❑ ¿Qué es semejante a eso?
   ❑ ¿Por qué no se lo preguntas a Sergio?
   ❑ ¿Quién no quiere hablar?

Ejercicio 6. Usted oirá un párrafo corto. Sólo dos de las preguntas que ve se contestan en el párrafo. Encierre las letras que les correspondan en un círculo.

Ejemplo: En 1502, Cristóbal Colón hizo su cuarto viaje. Llegó a lo que hoy es la República de Nicaragua, a un lugar que el descubridor llamó Gracias a Dios. Siguió hacia el sur y el día 16 de septiembre llegó al río San Juan.

   a. ¿Cuándo descubrió Colón Nicaragua?
   b. ¿A qué lugares de Nicaragua llegó Colón?
   c. ¿En qué fecha salió de España?
   d. ¿Qué hizo Colón el 6 de septiembre?

1. a. ¿A qué edad empieza la educación universitaria?
   b. ¿Desde cuándo es gratuita la educación primaria en Uruguay?
   c. ¿Quién era presidente de Uruguay en 1877?
   d. ¿En qué edades es obligatoria la educación?

2. a. ¿En qué canal se transmitió el Campeonato de Fútbol?
   b ¿Qué equipo ganó el Campeonato Mundial?
   c. ¿Cuándo se celebró el Campeonato Mundial?
   d. ¿Cómo se transmitieron los eventos del Campeonato?

3. a. ¿Qué propuso Méjico?
   b ¿Dónde lo propuso?
   c. ¿Quién fue a la UNESCO?
   d. ¿Qué descubrió el gobierno de Méjico?

Expresión oral

Ejercicio 1.   Alguien le dice algo a usted. Pida Ud. más información sobre lo que le dicen, como en el ejemplo.

> *Ejemplo:*   Compré un disco de música cubana.
> **¿Qué disco compraste?**

Ejercicio 2.   Forme una oración exclamativa con el nombre y el adjetivo dados.

> *Ejemplo:*   casa / bonita
> **¡Qué casa tan bonita!**

Ejercicio 3.   Alguien le dice a usted que su amigo Fernando hizo algo con una cantidad indefinida. Usted quiere precisar y le hace una pregunta usando una forma de **cuánto**, como en el ejemplo.

> *Ejemplo:*   Fernando trajo varios libros.
> **¿Cuántos libros trajo?**

Ejercicio 4.   Usted oye en una conversación entre varias personas una afirmación sobre alguien. Usted, que no oyó bien o no entendió bien, quiere saber a quién o a quiénes se refiere y pregunta.

> *Ejemplo:*   Mi compañero de cuarto está enfermo.
> **¿Quién está enfermo?**

Ejercicio 5.   Usted oye una afirmación que su amigo le hace sobre alguien. Usted no puede creer lo que oye y responde con una doble pregunta.

> *Ejemplo:*   El sobrino escuchó a los invitados.
> **¿Cómo? ¿A quiénes escuchó el sobrino?**

Ejercicio 6.   Después de una fiesta hay varios artículos perdidos. Usted fue uno de los invitados y quiere devolvérselos a sus dueños. Haga la pregunta necesaria paara encontrar al dueño.

> *Ejemplo:*   Aquí hay una chaqueta.
> **¿De quién es esta chaqueta?**

Ejercicio 7.   Usted oye que alguien hizo algo. Usted no está seguro de lo que oye y pregunta, como en el ejemplo.

> *Ejemplo:*   Mis padres vendieron la casa.
> **¿Qué vendieron? ¿La casa?**

Ejercicio 8.   Usted oye algo relacionado con cierta cantidad de personas u objetos. Usted pide confirmación de lo que oyó usando el pronombre interrogativo **cuánto** en una pregunta, como en el ejemplo.

> *Ejemplo:*   Vinieron diez jugadores.
> **¿Cuántos vinieron?**

Ejercicio 9.   Alguien le dice que acaba de hacer algo. Usted le pregunta **cuál** de las cosas que hizo le gustó más (o le gusta más).

> *Ejemplo:*   Usted oye: Acabo de leer varios cuentos de misterio.
> **¿Cuál de los cuentos te gustó más?**

Ejercicio 10.   Diga una oración interrogativa empezando con **¿Qué es/son...?** o **¿Cuál(es) es/son...?** y usando las palabras dadas.

> *Ejemplo:*   amor
> **¿Qué es el amor? o ¿Qué es amor?**

Ejercicio 11.   Usted oye una afirmación sobre una persona que conoce. Usted quiere una ratificación de lo que oyó y pregunta usando la misma expresión pero con entonación interrogativa, como en el ejemplo.

> *Ejemplo:*   María fue de tiendas anoche.
> **¿María fue de tiendas anoche?**

Ejercicio 12.   Usted oye varias preguntas que su amigo no entiende bien. Usted se las repite usando una construcción indirecta con *si*.

> *Ejemplo:*   ¿Viene usted esta noche?
> **Quiere saber si usted viene esta noche.**

Ejercicio 13.   Conteste estas preguntas diciendo que usted no sabe lo que se le pregunta.

> *Ejemplo:*   ¿Dónde vive Lola?
> **No sé dónde vive Lola.**

C H A P T E R   4

The Use of Past Tense in Narration

Comprensión oral

Ejercicio 1: Dictado.   Usted va a oír el comienzo de una oración y va a leer dos conclusiones o finales de oraciones. Copie el comienzo al lado de la conclusión apropiada.

> *Ejemplo:* Ayer por la tarde, salí...
>
> _____ un accidente terrible.
>
> _____**Ayer por la tarde, salí**_____ de compras con Julia.

1. _____ yo sabía la verdad.

   _____ debía sacar ese libro de la biblioteca.

2. _____ , siempre sale mal en los exámenes.

   _____ , siempre lee muchos libros.

3. _____ me dolía mucho la espalda.

   _____ hace mucho calor.

4. _____, se baña todos los días.

_____, está muy sucio.

5. _____, era muy inteligente y estudioso.

_____, se sentaba en el patio de su casa y hacía unos gestos raros.

6. _____ mal servicio.

_____ atento servicio que recibían en el restaurante.

Ejercicio 2:   Usted va a oír una breve descripción de una persona, lugar o cosa. Seleccione el adjetivo que mejor corresponda a lo que se describe.

> _Ejemplo:_   Miguel trabaja mucho en la biblioteca y después estudia varias horas en su cuarto.
>
> Miguel es...   ❏ perezoso   ☒ activo   ❏ urgente

1. ❏ ininterrumpido   ❏ tembloroso   ❏ incoherente

2. ❏ perdido   ❏ urgente   ❏ sorprendido

3. ❏ olorosa   ❏ modesta   ❏ pálida

4. ❏ instintivo   ❏ pasmado   ❏ infantil

5. ❏ estremecidas   ❏ ajenas   ❏ valiosas

6. ❏ semiabierta   ❏ peligrosa   ❏ temblorosa

Ejercicio 3.   De las tres frases cortas que se ven aquí, una es la que expresa mejor lo que se dice en la descripción o narración que usted va a oír. Márque esa frase con una cruz (**X**), como en el ejemplo:

> _Ejemplo_: Cuando vemos a una persona conocida por la mañana debemos saludarla con un sincero y entusiasta «¡Buenos días!»
>
> Aquí se habla de...   ❏ tiempo   ☒ saludos   ❏ gestos

Aquí se habla de...

1. ❑ política   ❑ gobiernos radicales   ❑ guerras

2. ❑ fiestas   ❑ olvidarse   ❑ relaciones familiares

3. ❑ cenas   ❑ costumbres   ❑ comer

4. ❑ órdenes   ❑ atravesar una intersección   ❑ disciplina política.

5. ❑ cuestiones económicas   ❑ dinero   ❑ las personas que no gastan ni dan dinero

6. ❑ deportes invernales   ❑ regiones polares   ❑ peligros en la calle.

Ejercicio 4.   Usted va a oír dos oraciones casi idénticas, *a* y *b*. Una de las oraciones está en el presente y la otra en el pretérito. Durante la pausa, determine cuál está en <u>presente</u> y cuál en el <u>pretérito</u>.

   Ejemplo: (a) Miro la televisión.   (b) Miré la televisión

   presente __**a**__   pretérito __**b**__

1. presente _____   pretérito _____

2. presente _____   pretérito _____

3. presente _____   pretérito _____

4. presente _____   pretérito _____

5. presente _____   pretérito _____

6. presente _____   pretérito _____

Ejercicio 5.   Usted va a oír dos oraciones casi idénticas, *a* y *b*. Una oración tiene el verbo en el imperfecto y la otra en el condicional. Durante la pausa, determine cuál es cuál, marcando con una cruz (**X**) el espacio apropiado.

   Ejemplo: (a) Serviría la mesa.   (b) Servía la mesa.

   imperfecto __**b**__   condicional __**a**__

1. imperfecto _____   condicional _____

2. imperfecto _____   condicional _____

3. imperfecto _____   condicional _____

4. imperfecto _____   condicional _____

5. imperfecto _____   condicional _____

6. imperfecto _____   condicional _____

Ejercicio 6.   Usted va a oír una afirmación sobre algo que hizo una persona. Durante la pausa seleccione la razón o motivo de lo que hizo, como en el ejemplo.

>   *Ejemplo:*   Bernardo fue a mi casa porque...
>
>   a. ...estuvo en mi casa ayer.
>   (b.) ...le dije que mi mamá preguntó por él.
>   c. ...tuvo mucha paciencia.

1. a. ...tenía mucho frío.
   b. ...quería quedarse con él.
   c. ...estaba muy ocupado.

2. a. ...tenía mucho sueño.
   b. ...era muy temprano.
   c. ...los niños estaban enfermos.

3. a. ...tenía dolor de cabeza.
   b. ...estaba en su casa.
   c. ...le dijeron que su tía era una mujer muy rica.

4. a. ...hacía mucho calor.
   b. ...ya era de noche.
   c. ...eran las dos de la tarde.

5. a. ...hiciste mucho ruido.
   b. ...leyó muchos libros.
   c. ...tenía mucho sueño.

6. a. ...iba a quitar la nieve del camino.

    b. ...hacía mucho calor.

    c. ...tenía un examen a las tres de la tarde.

Ejercicio 7. Usted oirá una oración con un verbo en el imperfecto de indicativo. Indique el significado general del tiempo y de la oración, que puede ser uno de estos significados: (a) acción durativa (*in progress*); (b) acción repetida; (c) acción descriptiva; (d) expresión de hora o edad. Escuche el ejemplo.

    Ejemplo: Llovía mucho cuando salí.

        acción durativa

	ACCIÓN DURATIVA	ACCIÓN REPETIDA	ACCIÓN DESCRIPTIVA	HORA O EDAD
1.	_____	_____	_____	_____
2.	_____	_____	_____	_____
3.	_____	_____	_____	_____
4.	_____	_____	_____	_____
5.	_____	_____	_____	_____
6.	_____	_____	_____	_____
7.	_____	_____	_____	_____
8.	_____	_____	_____	_____

Ejercicio 8. Usted va a oír una pregunta o una afirmación y leerá dos respuestas a ella. Marque la respuesta correcta.

    Ejemplo: Hubo un golpe de estado en Chile.

        a. No me digas. ¿Cuándo ocurrió?

        b. Sí, es verdad. Ahora tiene que ir al médico.

1. a. Tenía que entrar ahora.

    b. Eran las dos.

2. a. Nadie les ha dicho nunca nada sobre lo que hacen.

    b. No hay muchos viejos.

3. a. A las tres de la tarde le pagué la cuenta.
   b. Estás equivocado. Todos me escuchaban atentamente.

4. a. Sí, ella metió el hilo en el cajón.
   b. No fue por hablar mucho, sino por lo que dijo.

5. a. Pues no lo demostró muy bien.
   b. Sí, él salía mucho y no hacía nada.

6. a. El actor puso varias canciones en el programa.
   b. Fue un borracho que entró de la calle.

Ejercicio 9.   Conteste la pregunta que sigue a cada párrafo.

1. a. Fue a la Unión Soviética.
   b. Dijo que las reformas son buenas para Cuba
   c. Rechazó las ideas para liberalizar el país.

2. a. Ganaron mucho dinero.
   b. Ganaron el campeonato femenino de ajedrez.
   c. No las dejaron jugar con hombres.

3. a. Permitió la autonomía en cuestiones de gobierno local.
   b. Le dio la independencia al país.
   c. Permitió la autonomía en cuestiones diplomáticas.

Ejercicio 10.   Usted va a oír parte de una conferencia de historia. Usted no va a poder entenderla en su totalidad, pero podrá captar el sentido general y las ideas y hechos principales. Después va a leer las notas tomadas por un alumno que también oyó la conferencia. Algunas notas están bien y corresponden a lo dicho en la conferencia. Otras, sin embargo, están incorrectas. Marque solamente las notas correctas. Usted va a escuchar la conferencia dos veces.

1. ❑ Los indios guaraníes fueron traídos a Paraguay en 1609.

2. ❑ El gobernador de Paraguay en 1609 se llamaba Hernandarias.

3. ❑ Hernandarias era español.

4. ❑ El Rey de España pidió a Hernandarias que civilizara a los guaraníes.

5. ❑ Hernandarias pidió al Rey el envío de sacerdotes para civilizar a los guaraníes.

6. ❑ El Rey concedió lo que Hernandarias pedía.

7. ❑ Los jesuitas vinieron a civilizar y a evangelizar a los indios.

8. ❑ Los indios vivían en los pueblos, en reservaciones.

9. ❑ Los indios aprendían religión solamente.

10. ❑ Los guaraníes estudiaban español, religión, agricultura y oficios (*trades*).

Expresión oral

Ejercicio 1. Alguien le pregunta si alguien hace algo todavía. Responda diciendo que solamente hizo eso por un mes.

> *Ejemplo:* ¿Trabaja usted allí todavía?
> **No, solamente trabajé allí por un mes.**

Ejercicio 2. Alguien le dice que siempre hace algo con regularidad. Usted le contesta que ayer no lo hizo.

> *Ejemplo:* Usted oye: Yo siempre miro la televisión por la noche.
> **Pues ayer no la miraste.**

Ejercicio 3. Alguien le pregunta si quiere hacer algo. Conteste que ya usted lo hizo hace cierto tiempo. Use el tiempo que se sugiere.

> *Ejemplo:* ¿Quieres comer? (dos horas)
> **No, gracias, comí hace dos horas.**

Ejercicio 4. Responda afirmativamente a las preguntas que se le hacen, como en el ejemplo.

> *Ejemplo:* ¿Qué hacías cuando dieron la noticia? ¿Dormir?
> **Sí, dormía cuando dieron la noticia.**

Ejercicio 5.   Su amigo le dice que ahora no hace cierta actividad.   Usted le responde diciéndole que antes sí la hacía.

> *Ejemplo:*   Usted oye: Ahora no paseo nunca.
> **Pero antes sí paseabas mucho.**

Ejercicio 6.   Su amigo le dice que hacía una determinada actividad en cierta época de su vida.   Usted le pregunta cuánto tiempo hizo la actividad mencionada.

> *Ejemplo:*   Cuando yo era más joven, estudiaba piano.
> **¿Cuánto tiempo estudiaste piano?**

Ejercicio 7.   Un amigo le pregunta qué hizo usted, u otra persona, cuando ocurrió un evento determinado.   Conteste afirmativamente usando la sugerencia dada en la pregunta, como en el ejemplo.

> *Ejemplo:*   ¿Qué hicieron ustedes cuando entró la señora López?
> ¿Levantarse?
> **Sí, nos levantamos.**

Ejercicio 8.   Un amigo le pregunta qué hizo usted, u otra persona, mientras ocurría otro evento.   Conteste afirmativamente usando la sugerencia dada en la pregunta, como en el ejemplo.

> *Ejemplo:*   ¿Qué hizo Isabel mientras Pedro viajaba? ¿Visitar a sus amigas?
> **Sí, visitó a sus amigas.**

C H A P T E R   5

Adjectives

Comprensión oral

Ejercicio 1. Dictado.   Usted va a oír una pregunta y una respuesta. Después va a oír la pregunta otra vez. Copie solamente la respuesta durante la pausa, como en el ejemplo.

> *Ejemplo:*   ¿Qué hora es? Son las dos.
> **Son las dos.**

1. _____

2. _____

3. _____

4. _____

5. _____

6. _____

Ejercicio 2: Discriminación auditiva.   Usted va a oír una frase breve con el verbo **ser** y un adjetivo. Durante la pausa indique si la frase se refiere a un muchacho, una muchacha o a cualquiera de los dos.

Ejemplo: Es grande.

❑ muchacho   ❑ muchacha   ☒ cualquiera

1. ❑ muchacho   ❑ muchacha   ❑ cualquiera

2. ❑ muchacho   ❑ muchacha   ❑ cualquiera

3. ❑ muchacho   ❑ muchacha   ❑ cualquiera

4. ❑ muchacho   ❑ muchacha   ❑ cualquiera

5. ❑ muchacho   ❑ muchacha   ❑ cualquiera

6. ❑ muchacho   ❑ muchacha   ❑ cualquiera

7. ❑ muchacho   ❑ muchacha   ❑ cualquiera

8. ❑ muchacho   ❑ muchacha   ❑ cualquiera

Ejercicio 3.   Usted va a oír una oración incompleta.   Durante la pausa seleccione la palabra que mejor complete la oración dentro de las cuatro que se dan.

Ejemplo: Usted oye: Antes los mensajes telegráficos iban a través de ....

❑ postes   ❑ leños   ❑ vibraciones   ☒ alambres

1. ❑ rumor   ❑ pánico   ❑ misterio   ❑ negación

2. ❑ metálico   ❑ sagrado   ❑ ancho   ❑ hilo

3. ❑ seco   ❑ intenso   ❑ incomprensible ❑ vertiginoso

4. ❑ inútil   ❑ audaz   ❑ sagrada   ❑ inofensiva

5. ❑ menor   ❑ formidable   ❑ ignorado   ❑ tranquilo

6. ❑ puro   ❑ simple   ❑ enamorado   ❑ plantado

7. ❑ rasco   ❑ arranco   ❑ viajo   ❑ recojo

8. ❑ pura   ❑ paralela   ❑ ancha   ❑ desconocida

Ejercicio 4. Seleccione la palabra o frase que contesta la pregunta dentro de las cuatro que se dan.

> *Ejemplo:* ¿Cómo está tu hermanita después de haber perdido el perro?
>
> ❑ Fina.   ☒ Triste.   ❑ Seca.   ❑ Intensa.

1. ❑ Un desconocido.   ❑ No, son rumores.   ❑ Yo lo anuncio.   ❑ Es audaz.

2. ❑ Es intenso.   ❑ Un holgazán.   ❑ Un hablador.   ❑ Un cuadro.

3. ❑ Confianza.   ❑ Laguna.   ❑ Abstenerme.   ❑ Quejarme.

4. ❑ De prisa.   ❑ A fuerza de ir.   ❑ Latiendo.   ❑ Durmiendo.

5. ❑ Sagrado.   ❑ Vertiginoso.   ❑ Tranquilo.   ❑ Inglés.

6. ❑ Pasar el tiempo.   ❑ Acometer.   ❑ Quemar.   ❑ Ejemplar.

7. ❑ Porque me senté.   ❑ Porque tropecé.   ❑ Porque oí.   ❑ Lo sé.

8. ❑ En el papel.   ❑ En la colgadura.   ❑ En la galería.   ❑ En la fibra.

Ejercicio 5. Por cada descripción que usted oye, verá cuatro adjetivos en su manual. Indique cuál de los adjetivos se refiere a lo que se ha descrito.

> *Ejemplo:* Usted oye. Ramón no habla con nadie. Es muy callado. No participa en ninguna actividad ni se sabe nada de él.
>
> ❑ audaz   ☒ misterioso   ❑ enamorado   ❑ formal

1. ❑ incomprensible   ❑ temible   ❑ tranquilo   ❑ desconocido

2. ❑ estrecha   ❑ prisa   ❑ ancha   ❑ pequeña

3. ❑ tranquila   ❑ desconocida   ❑ seca   ❑ temible

4. ❑ grande   ❑ maduro   ❑ siquiera   ❑ útil

5. ❑ inofensivo   ❑ formal   ❑ elegante   ❑ misterioso

6. ❑ holgazana   ❑ grandota   ❑ preguntona   ❑ tranquila

7. ❑ seco   ❑ formidable   ❑ lleno   ❑ regadío

8. ❑ cobarde   ❑ audaz   ❑ inofensivo   ❑ cortés

Ejercicio 6.   Usted oirá dos oraciones, *a* y *b*. Durante la pausa, indique si las oraciones son **iguales** o **diferentes** en significado, como en el ejemplo.

Ejemplo: (a) Pedro es mayor que su esposa Lucía.
(b) Lucía tiene más edad que Pedro.

❑ iguales   ☒ diferentes

1. ❑ iguales   ❑ diferentes   5. ❑ iguales   ❑ diferentes

2. ❑ iguales   ❑ diferentes   6. ❑ iguales   ❑ diferentes

3. ❑ iguales   ❑ diferentes   7. ❑ iguales   ❑ diferentes

4. ❑ iguales   ❑ diferentes   8. ❑ iguales   ❑ diferentes

Ejericicio 7.   Usted oirá una pregunta seguida de una respuesta. La respuesta puede ser **lógica**, es decir, puede tener sentido y ser apropiada, o puede ser **ilógica**, es decir, puede no estar relacionada con la pregunta y, por lo tanto, no tener sentido.

Ejemplo 1: —¿Qué hiciste para oír la conversación?
—Pegué el oído a la pared.

☒ lógica   ❑ ilógica

Ejemplo 2: —¿Qué te parece ese chico?
—Me parece que tiene forma triangular.

❑ lógica   ☒ ilógica

1. ❑ lógica   ❑ ilógica   5. ❑ lógica   ❑ ilógica

2. ❑ lógica   ❑ ilógica   6. ❑ lógica   ❑ ilógica

3. ❑ lógica   ❑ ilógica   7. ❑ lógica   ❑ ilógica

4. ❑ lógica   ❑ ilógica   8. ❑ lógica   ❑ ilógica

Ejercicio 8. ¿Escucha usted con cuidado?   Ahora usted va a oír una brevísima descripción de un lugar. Quizás usted no entienda todas las palabras, pero podrá, no obstante, comprender el sentido general de lo que oye, y adivinar así el lugar descrito. Selecciónelo entre los cuatro que se dan.

> *Ejemplo:*   Hay muchos estudiantes sentados. El profesor explica y pone ejemplos en la pizarra. Los alumnos toman notas y hacen preguntas.
>
> ☒ aula   ❑ patio   ❑ biblioteca   ❑ prado

1. ❑ selva   ❑ valle   ❑ prado   ❑ montaña

2. ❑ consulta   ❑ despacho   ❑ tienda   ❑ taller

3. ❑ galería   ❑ almacén   ❑ hacienda   ❑ oficina

Ejercicio 9.   Ahora, para terminar este capítulo, usted oirá una noticia que fue de actualidad en su tiempo. Mientras la escucha, escriba los datos que se indican en el manual.

Usted podrá corregir su trabajo cuando oiga la noticia por segunda vez.

Fecha: _____   **Lugar**: _____

¿Quiénes llegaron? _____

¿Qué fue este encuentro?_____

¿Adónde creían haber llegado los expedicionarios? _____.

¿Por qué no se entendieron? _____

¿Cómo se entendieron? _____

¿Qué pudieron comprender los expedicionarios? _____

_____

Expresión oral

Ejercicio 1.   Repita cada oración cambiando la posición del adjetivo: antes del nombre si está después; después, si está antes, como en el ejemplo.

> *Ejemplo:*   Tengo un amigo bueno en la clase
> **Tengo un buen amigo en la clase.**

Ejercicio 2.   Su agente de viajes le pregunta si usted quisiera visitar un determinado lugar. Usted le contesta con otra pregunta como en el ejemplo.

> *Ejemplo:*   ¿Quiere usted visitar una iglesia?
> **¿Hay alguna iglesia interesante aquí?**

Ejercicio 3.   Alguien le pregunta si usted tiene algo. Usted le contesta que no tiene lo que se le pregunta, como en el ejemplo.

> *Ejemplo:*   ¿Tienes una camisa blanca?
> **No, no tengo ninguna camisa blanca.**

Ejercicio 4.   Alguien le dice que una persona tiene cierta cualidad. Después le pregunta si otra persona tiene la misma cualidad. Usted le responde que esa otra persona tiene más de esa cualidad, como en el ejemplo.

> *Ejemplo:*   Rosario es muy audaz. ¿Y Rafael?
> **Rafael es más audaz que ella.**

Ejercicio 5.   Alguien hace una exclamación sobre una ciudad, país, u otro lugar. Usted le responde diciéndole que la ciudad, o lo que sea, posee en grado superlativo la cualidad que se menciona, como en el ejemplo.

> *Ejemplo:*   ¡Que playa tan hermosa es Acapulco!
> **Sí, es la playa más hermosa del mundo.**

Ejercicio 6.   Usted oirá una pregunta sobre si alguien hizo algo. Usted le responde diciendo que hizo más de lo que se dice en la pregunta, como en el ejemplo.

> *Ejemplo:*   ¿Trajiste seis discos?
> **No, traje más de seis discos.**

Ejercicio 7. Alguien le pregunta si usted u otra persona hizo algo en cierta cantidad. Usted le responde que lo hizo exactamente en una cantidad dada, como en el ejemplo.

Ejemplo: ¿El cartero trajo más de ocho cartas?
No, no trajo más que ocho.

Ejercicio 8. Expresión de asentimiento (*assenting, agreement*). Alguien le hace un comentario sobre la cualidad de una persona o cosa. Usted asiente con su interlocutor, usando la expresión **de lo que yo pensaba,** como en el ejemplo.

Ejemplo: José es muy inteligente.
Sí, es más inteligente de lo que yo pensaba.

Ejercicio 9. Usted oirá una pregunta dirigida a usted para averiguar cuánto necesita usted de una cosa. Conteste que usted necesita más de lo que tiene, como en el ejemplo.

Ejemplo: ¿Cuánto dinero necesitas?
Necesito más dinero del que tengo.

Ejercicio 10. Regina y Luisa son iguales. Construya una oración donde haya una comparación de igualdad en los aspectos que se indican, como en los ejemplo.

Ejemplo: Regina y Luisa: correr.
Regina corre tanto como Luisa.

C H A P T E R   6

Ser *and* Estar

Comprensión oral

Ejercicio 1. Dictado.   Copie los siguientes telegramas que le van a dictar. Después escríbalos en oraciones completas, no telegráficas, como en el ejemplo.

Ejemplo: Papá enfermo. Necesario venir enseguida.
Papá enfermo. Necesario venir en seguida.
Papá está enfermo. Es necesario que vengan en seguida.

1. _____

2. _____

3. _____

4. _____

5. _____

Ahora copie los telegramas en oraciones completas, no telegráficas.

1. _____

2. _____

3. _____

4. _____

5. _____

Ejercicio 2. Discriminación auditiva.   Usted va a oír una oración breve con una forma del verbo **ser** o del verbo **estar**. Durante la pausa escriba la forma verbal que usted oyó, como en el ejemplo.

> *Ejemplo:*   Las nuevas casas estaban en esa calle.
> **estaban**

1. _____   5. _____

2. _____   6. _____

3. _____   7. _____

4. _____   8. _____

Ejercicio 3.   Usted va a oír una oración incompleta. Durante la pausa seleccione la forma verbal que mejor complete la oración dentro de las cinco formas de **ser** y **estar** que se dan, como en el ejemplo.

> *Ejemplo:*   Antes los libros ... impresos con máquinas muy complejas.
>
> ❑ son   ❑ estaban   ☒ eran   ❑ estuvieron   ❑ es

1. ❑ estaba   ❑ fuera   ❑ es   ❑ son   ❑ soy

2. ❑ está   ❑ es   ❑ estará   ❑ era   ❑ fue

3. ❑ esté   ❑ sea   ❑ fuera   ❑ estuviera   ❑ sería

4. ❑ esté   ❑ sea   ❑ sean   ❑ estuvieran   ❑ serían

5. ❑ es   ❑ era   ❑ estuviera   ❑ está   ❑ fuera

6. ❑ estuvieras   ❑ seas   ❑ estás   ❑ es   ❑ soy

7. ❑ seas   ❑ eras   ❑ estuvieras   ❑ estás   ❑ estabas

8. ❑ es   ❑ está   ❑ estuvo   ❑ fue   ❑ era

Ejercicio 4. Usted va a oír una oración sobre una persona. Después usted leerá dos oraciones en su manual. Durante la pausa seleccione la oración que explique mejor lo que usted oyó, como en el ejemplo.

> *Ejemplo:* Bernardo vive en Costa Rica hace tres meses.
> a. Bernardo es costarricense.
> **b.** Bernardo está en Costa Rica.

1. a. Alfonso es guatemalteco.
   b. Alfonso vive en Guatemala.

2. a. Está en los Estados Unidos.
   b. Es de Panamá.

3. a. Es ecuatoriano.
   b. Está en Ecuador.

4. a. Son chilenos.
   b. Visitan Chile.

5. a. Está en Valencia.
   b. Es valenciano.

Ejercicio 5. Usted va a oír un enunciado que se debe completar con una de las dos expresiones que se dan.

> *Ejemplo:* Me levanté a las cinco de la mañana. He trabajado toda la mañana y toda la tarde; por eso ahora...
> a. ...es muy tarde.
> **b.** ...estoy muy cansado.

1. a. Es que está nublado y va a llover.
   b. Es que es de noche a esa hora.

2. a.   ...es muy aburrido.

   b.   ...está muy interesante.

3. a.   ...la fiesta estuvo muy animada.

   b.   ...la fiesta estuvo muerta.

4. a.   ...es muy buen trabajador.

   b.   ...es un trabajo seguro.

5. a.   ...estar muy interesado.

   b.   ...ser muy interesado.

Ejercicio 6.   Usted oirá una narración breve dos veces. Después usted leerá en el cuaderno tres oraciones. Marque con una cruz las oraciones que se refieren a la narración que usted oyó. Usted puede marcar una, dos o las tres oraciones.

> *Ejemplo:*   Ayer hablé con Nicolás. Está descontento con su suerte y creo que está hasta un poco deprimido. Se queja del único trabajo que ha podido conseguir después de haber estudiado cinco años. Me dijo que estaba de dependiente en una tienda de ropa para niños porque no había podido conseguir ningún trabajo de ingeniero electricista.
>
> a.   Nicolás está de ingeniero en una tienda.
> b.   Nicolás estudió cinco años.
> c.   Parece que Nicolás está deprimido.

1. a.   El amigo es colombiano, de Medellín.

   b.   Todos sus antepasados inmediatos son de origen colombiano.

   c.   Sólo los padres de sus abuelos vinieron de España.

2. a.   La casa está en una playa.

   b.   El narrador sueña con tener una casa muy grande.

   c.   La casa soñada estará en un lugar alto.

3. a.   El perro es pequeño, cariñoso y aparentemente alegre.

   b.   El perro tiene algo de filósofo preocupado.

   c.   El perro no quiere que el narrador se preocupe.

Ejercicio 7. Ahora, para terminar, usted oirá un mensaje radiofónico, que quizás usted no podrá entender en su totalidad. Sin embargo, en el mensaje hay suficientes palabras y expresiones que usted podrá usar para decidir si los siguientes enunciados son verdaderos o falsos.

1. V F El mensaje es una noticia de actualidad.

2. V F El mensaje es un servicio público.

3. V F El mensaje da a conocer la llegada a la ciudad de la familia Sardiñas.

4. V F Juan Enrique Sardiñas no tiene buena memoria.

5. V F Sardiñas tiene noventa años de edad.

6. V F Sardiñas debe tomar medicina para la presión arterial.

7. V F Juan Enrique es de baja estatura y tiene el pelo negro.

8. V F Juan Enrique tiene la piel oscura por estar expuesto al sol.

9. V F Los familiares de Juan Enrique piden la cooperación de la policía.

10. V F El teléfono de la familia Sardiñas es el 243-0990.

Expresión oral

Ejercicio 1. Alguien le dice un enunciado sobre la profesión de una persona. Después le pregunta sobre la profesión de otra persona. Contéstele que esa otra persona tiene la misma profesión, como en el ejemplo.

> *Ejemplo:* Usted oye: Roberto es abogado. ¿Y Raúl?
> **Raúl es abogado también.**

Ejercicio 2. Alguien le pregunta si un objeto es de cierta persona. Usted le contesta, usando el posesivo apropiado, que sí es de esa persona. Después añade una pregunta para saber dónde estaba el objeto, como en el ejemplo.

> *Ejemplo:* ¿Esta pluma es suya?
> **Sí, es mía. ¿Dónde estaba?**

Ejercicio 3. Su compañero o compañera quiere saber quién es la persona que llama o toca a la puerta. Contéstele que es la persona que se sugiere en la pregunta.

> *Ejemplo:* ¿Quién es? (yo)
> **Soy yo.**

Ejercicio 4. Un amigo o amiga le dice que cierta persona es inteligente, bonita, etc. Usted reafirma la opinión y añade que hoy esa persona tiene esa cualidad en mayor grado, como en el ejemplo.

> *Ejemplo:* Cecilia es bonita.
> **Sí, es bonita y hoy está muy bonita.**

Ejercicio 5. Usted oye una opinión sobre una persona y responde sorprendido diciendo que esa persona no mereció esa buena opinión anoche, como en el ejemplo.

> *Ejemplo:* Ese líder estudiantil es muy elocuente.
> **¿Verdad? Pues anoche no estuvo muy elocuente.**

Ejercicio 6. Su amigo o amiga le pregunta si cierta persona es de una nacionalidad determinada. Usted le contesta afirmativamente, usando el nombre del país, como en el ejemplo.

> *Ejemplo:* ¿Es inglés David?
> **Sí, es de Inglaterra.**

Ejercicio 7. Un amigo o amiga le pregunta si alguien es de cierta profesión. Usted le contesta que no es de esa profesión pero ahora está actuando en esa profesión, como en el ejemplo.

> *Ejemplo:* Olga es maestra, ¿verdad?
> **No es maestra, pero ahora está de maestra.**

Ejercicio 8. Conteste las siguientes preguntas informando que lo que se pregunta **no está** o **no es aquí**, como en los ejemplos.

> *Ejemplo:* Necesito ver al director.
> **El director no está aquí.**
>
> Necesito ir a la fiesta.
> **La fiesta no es aquí.**

Ejercicio 9.   Su amigo le pregunta si alguien hizo una cosa. Usted le contesta
negativamente, pero añade que la está haciendo ahora, como en el ejemplo.

> *Ejemplo:*   ¿Ya lavó el coche Felipe?
> **No, pero lo está lavando ahora.**

Ejercicio 10.   Su amigo o amiga le pregunta si tiene que hacer algo. Usted le contesta
negativamente y añade que ya está hecho, como en el ejemplo.

> *Ejemplo:*   ¿Tengo que pagar esta cuenta?
> **No, ya está pagada.**

C H A P T E R   7

Personal Pronouns

Comprensión oral

Ejercicio 1. Dictado.   Copie exactamente las oraciones que usted va a oír. Son oraciones compuestas de palabras de una sola sílaba, en su mayor parte. No traduzca al inglés.

1. _____

2. _____

3. _____

4. _____

5. _____

6. _____

Ejercicio 2.   Usted va a oír una oración sin sujeto. Durante la pausa, marque en el cuaderno el pronombre sujeto que le corresponde a la oración, como en el ejemplo.

Ejemplo: Soy de Panamá.

☒ yo ❑ tú ❑ él ❑ ella ❑ nosotras ❑ vosotros ❑ ellos ❑ ellas

1. ❑ yo ❑ tú ❑ él ❑ ella ❑ nosotras ❑ vosotros ❑ ellos ❑ ellas

2. ❑ yo ❑ tú ❑ él ❑ ella ❑ nosotras ❑ vosotros ❑ ellos ❑ ellas

3. ❑ yo ❑ tú ❑ él ❑ ella ❑ nosotras ❑ vosotros ❑ ellos ❑ ellas

4. ❑ yo ❑ tú ❑ él ❑ ella ❑ nosotras ❑ vosotros ❑ ellos ❑ ellas

5. ❑ yo ❑ tú ❑ él ❑ ella ❑ nosotras ❑ vosotros ❑ ellos ❑ ellas

6. ❑ yo ❑ tú ❑ él ❑ ella ❑ nosotras ❑ vosotros ❑ ellos ❑ ellas

Ejercicio 3. Discriminación auditiva.   Marque la combinación pronombre-verbo que usted oyó, como en el ejemplo.

Ejemplo: Gloria me busca ahora.

☒ me busca ❑ te busca ❑ le busca ❑ nos busca

1. ❑ lo vio ❑ los vio ❑ nos vio ❑ nos dio

2. ❑ la salvó ❑ la saludó ❑ las saludó ❑ la saludo

3. ❑ os conoce ❑ los conoce ❑ os conocen ❑ los conozco

4. ❑ te protegieron ❑ le protegieron ❑ me protegieron ❑ te protegen

5. ❑ le quieren ❑ te quieren ❑ te quiere ❑ lo quiere

6. ❑ los traicionó ❑ nos traiciona ❑ nos traicionó ❑ los traiciono

Ejercicio 4. Discriminación auditiva.   Usted va a oír una oración breve con dos formas del pronombre personal sujeto o complemento directo o indirecto. Durante la pausa escriba las formas que usted oyó, como en el ejemplo.

Ejemplo: Yo no le dije nada hoy.
yo, le

1. _____   4. _____

2. _____   5. _____

3. _____   6. _____

Ejercicio 5. Usted oirá una afirmación que termina en una frase incompleta con **porque**. Durante la pausa seleccione la mejor terminación entre las dos que se dan, como en el ejemplo.

> *Ejemplo:* No quiero sacar ese libro, porque...
> a. ya la leí. **b.** ya lo leí.

1. a. se la dio a mi hermana.　　　　　b. me lo dio mi tío.

2. a. se lo llevamos.　　　　　　　　　b. les dije que te invitaran.

3. a. te di las horas de salida.　　　　　b. te lo sabes.

4. a. os ayudamos anoche.　　　　　　b. los conocemos.

5. a. se los di a los inspectores.　　　　b. me lo pidió Luis para verlo.

6. a. nos las trajo José.　　　　　　　b. te la enseñó ayer.

Ejercicio 6. Seleccione la mejor respuesta a la pregunta que se le hace.

> *Ejemplo:* ¿Quién va a decirle la noticia? ¿Usted?
> a. Sí, usted va a decírsela.
> **b.** ¿Quién? ¿Yo? Bien, se la diré mañana.

1. a. Las dejaron abiertas esos muchachos.
   b. Yo nunca las dejo allí.

2. a. La oí en la radio.
   b. La vi en mi casa, en el video.

3. a. Le hablé ayer.
   b. Le hablé en el centro.

4. a. Me lo dijo Lola.
   b. Me lo pagó Lola.

5. a. Ése es el que vas a leer.
   b. No, ya te leí ése ayer.

6. a. Sí, quiero comprárselo, pero no tengo tanto dinero todavía.
   b. No, no me lo quiere comprar ahora, sino el mes que viene.

Ejercicio 7.   Usted va a oír un comentario sobre una persona o un evento. A continuación usted encontrará dos explicaciones o adiciones sobre lo que se dice en el comentario que usted oyó primero. Sólo una de ellas es apropiada. Márquela con una cruz, como en el ejemplo.

> *Ejemplo:*   Cuando fui a pagar la cuenta del restaurante, me di cuenta que
> no tenía dinero.
> a. Por eso no lo pude comprar.
> ✗ Es que se lo había dado todo a mi esposa.

1. a. Seguramente no estudiaron lo que les dijo el profesor.
   b. Es que les dijeron todas las respuestas antes de empezar.

2. a. Todos estaban buscándolos en la sala.
   b. Estaba seguro que se lo habían robado.

3. a. Mercedes se lo dijo a todo el mundo.
   b. Es probable que me lo diga luego por teléfono.

4. a. Tendrán que pedirle permiso al decano de la facultad.
   b. Le dieron algunas buenas medicinas para los enfermos.

5. a. Le empezó a decir algo, pero nadie lo oyó, porque hablaba en voz baja.
   b. Le traía unas flores a la jefa de la oficina.

Ejercicio 8.   Usted oirá una noticia que fue de actualidad en el año de 1986. Después de oírla por segunda vez, marque con una cruz las afirmaciones que se refieran a la noticia. No marque los enunciados falsos o los no relacionados con la noticia.

1. ❑ Los reyes de España salieron de su residencia de verano en las Islas Baleares. El pleno del gobierno de Felipe González los despidió en el aeropuerto.

2. ❑ Juan Carlos I llegó acompañado de su esposa, la reina Sofía.

3. ❑ Entre los acompañantes del rey estaba el presidente de los Estados Unidos, el de Méjico y el de Costa Rica.

4. ❑ Juan Carlos I va a Nueva York a participar en la 41 Asamblea General de las Naciones Unidas.

5. ❑ El rey explicará la posición política de España mediante un discurso ante las Naciones Unidas.

6. ❑ El rey se entrevistará con los periodistas de la prensa mundial a quienes les explicará las propuestas españolas para resolver la crisis política en la América Central.

7. ❑ También el rey tendrá contactos personales con los jefes de estado de los Estados Unidos, Méjico, Costa Rica y Filipinas.

8. ❑ La posición política de España con respecto a Centroamérica es la de no intervenir en esa región y dejarles resolver sus problemas mediante negociaciones.

Expresión oral

Ejercicio 1.   Si la oración que usted oiga está dirigida informalmente a la segunda persona **tú**, cámbiela a **usted**, y si está dirigida formalmente a **usted**, cámbiela a **tú**, como en el ejemplo.

> *Ejemplo:*   Usted me dio el libro ayer.
> **Tú me diste el libro ayer.**

Ejercicio 2.   Conteste afirmativamente estas preguntas usando el pronombre preposicional apropiado, como en el ejemplo.

> **Ejemplo:**   ¿Alberto trabajó hoy por ti?
> **Sí, hoy trabajó por mí.**

Ejercicio 3.   Responda negativamente a estas afirmaciones usando el pronombre del objeto directo, como en el ejemplo.

> *Ejemplo:*   Miguel comprará la casa.
> **No, no la comprará.**

Ejercicio 4.   Conteste negativamente estas preguntas usando los pronombres personales en los complementos directos e indirectos, como en el ejemplo.

> *Ejemplo:*   ¿Te traigo el refresco?
> **No, no me lo traigas.**

Ejercicio 5.   Responda afirmativa y enfáticamente a estos comentarios, como en el ejemplo.

> *Ejemplo:*   No te interesan estos asuntos.
> **A mí sí me interesan estos asuntos.**

Ejercicio 6.   Conteste afirmativamente estas preguntas usando los pronombres personales en los complementos directos e indirectos, como en el ejemplo.

> *Ejemplo:*   Le das las cartas a Ofelia, ¿verdad?
> **Sí, se las doy a ella.**

Ejercicio 7.   Usted oirá una pregunta sobre quién hizo algo. Responda enfáticamente que usted lo hizo para la persona sugerida en la pregunta, como en el ejemplo.

> *Ejemplo:*   ¿Quién me trajo el video?
> **Yo. Te lo traje a ti exclusivamente.**

Ejercicio 8.   Responda a estas preguntas con dos órdenes: en la primera ordene que lo que le preguntan se haga ahora mismo; en la segunda ordene que no se deje para después, como en el ejemplo.

> *Ejemplo:*   ¿Escribo la carta?
> **Sí, escríbala ahora mismo. No la deje para después.**

Ejercicio 9.   Conteste estas preguntas con una oración imperativa afirmativa. Use pronombres personales para los complementos directos e indirectos, como en el ejemplo.

> *Ejemplo:*   ¿Le traigo las botas, señor?
> **Sí, tráigamelas, por favor.**

Ejercicio 10.   Conteste estas preguntas afirmativamente cambiando los pronombres enclíticos (después del infinitivo) a pronombres proclíticos (antes del infinitivo), como en el ejemplo.

> *Ejemplo:*   ¿Vas a decírmelo?
> **Sí, te lo voy a decir.**

Ejercicio 11.   Conteste estas preguntas afirmativamente. Use el presente durativo o cursivo (*present progressive*) con pronombres enclíticos (después del gerundio), como en el ejemplo.

> *Ejemplo:*   ¿Me estás copiando el artículo?
> **Sí, estoy copiándotelo.**

Ejercicio 12.   Usted oye una pregunta sobre si usted ya hizo algo. Conteste la pregunta negativamente, pero aclare que ahora lo está haciendo. Use el presente durativo o cursivo (*present progressive*) con pronombres proclíticos (antes del verbo conjugado), como en el ejemplo.

> *Ejemplo:*   ¿Ya me copiaste el artículo?
> **No, pero te lo estoy copiando ahora.**

C H A P T E R   8

Adverbs

Comprensión oral

Ejercicio 1.   Dictado. Usted va a oír el comienzo de una oración. Copie el comienzo al lado de la conclusión apropiada, como en el ejemplo.

Ejemplo: La hermana de Víctor trabaja...

1. _____ debes venir un poco tarde.

   _____ debes llegar puntualmente.

2. _____ no lo conozco muy bien.

   _____ está aquí y no allí.

3. _____ porque el avión está retrasado.

   _____ porque estamos en el aeropuerto.

4. _____ porque ya es muy tarde.

   _____ porque tengo frío.

5. _____ una escuela muy grande.

_____ una fábrica que contamina el aire.

Ejercicio 2.   Usted va a oír una oración incompleta. Durante la pausa seleccione la palabra que mejor complete la oración, como en el ejemplo.

> *Ejemplo:*   El gato no hizo ningún ruido; entró ....
>
> ❑ débilmente   ❑ claro   ☒ silenciosamente   ❑ allí

1. ❑ profundos	❑ vecinos	❑ salvajes	❑ fáciles
2. ❑ verla	❑ cantarla	❑ conocerla	❑ pintarla
3. ❑ alegremente	❑ débilmente	❑ con paciencia	❑ allí
4. ❑ difunto	❑ amigo	❑ camarero	❑ dueño
5. ❑ fácil	❑ difícil	❑ feliz	❑ agradecido

Ejercicio 3.   Usted va a oír un enunciado que se debe completar con una de las dos expresiones que se dan aquí, como en el ejemplo.

> *Ejemplo:*   Me gustaría construir una casa en lo alto de aquella loma que se ve allá;..
>
> ⓐ ...mientras tanto seguiré viviendo aquí.
> b. ... no obstante, encima no hay muchos.

1. a. Todos se durmieron porque es muy aburrido.
   b. Estuvo brillante en sus explicaciones.

2. a. Por eso duerme más de ocho horas todas las noches.
   b. Por eso casi siempre llega con retraso a su trabajo.

3. a. ...que no cree en los políticos.
   b. ...que va a todas las reuniones y asambleas de políticos.

4. a. Anoche tenía tanto sueño que me dormí frente al televisor.
   b. Por eso no tengo que dormir mucho.

5. a. ...le gusta ver programas cómicos en la televisión.
   b. ...sólo conoce la música moderna que escucha por la radio.

Ejercicio 4. Usted va a oír una oración relacionada con las actividades diarias de una persona. Una de las oraciones tiene significado contrario a la oración que usted oyó. Márquela con un círculo, como en el ejemplo.

Ejemplo: Tomás siempre llega tarde a sus citas.

    a. Tomás nunca llega temprano a sus citas.
    (b.) Tomás siempre llega temprano a sus citas.

1. a. Tomás no conoce a nadie importante en el Ministerio de Cultura.
   b. Tomás tiene muy buenas relaciones en el Ministerio de Cultura.

2. a. Cuando Tomás está nervioso habla muy lentamente.
   b. Cuando Tomás está nervioso habla muy rápido.

3. a. Ahora tiene muchas buenas amistades aquí.
   b. Ahora tiene muchos enemigos aquí.

4. a. Su hermano pinta mejor que él.
   b. Su hermano pinta peor que él.

5. a. Tomás no se lleva muy mal con nadie.
   b. Tomás siempre lleva a todos.

Ejercicio 5. Usted oirá una pregunta dirigida a usted para averiguar sus intereses y ocupaciones. Marque la mejor respuesta a la pregunta formulada, como en el ejemplo.

Ejemplo: ¿Cómo te sientes en el nuevo trabajo?

    a. Me siento en una silla buena.
    b. Me siento perfectamente bien.
    c. Me siento junto a la puerta.

1. a. No pude llegar ayer a mi oficina.
   b. Siempre llego más temprano que el jefe, a eso de las ocho menos diez.
   c. Llegué a las doce de la noche, pero ya estaba cerrada.

2. a. Sí, me gusta mucho ver cómo trabajan allí.
   b. No, no me gusta el trabajo que me hacen, porque son muy insolentes.
   c. Al principio no me gustaba, pero ahora, mientras más trabajo, más me gusta.

3. a. Allí, cerca de la ventana.
   b. Encima del monte, en la cuesta que no tiene ningún edificio.
   c. Está silenciosa y brillante.

  295

4. a. No sé. Todavía no conozco a nadie muy bien.

b. No sé cómo se llaman.

c. No sé por qué son tan corteses.

5. a. No, nunca hablo con él.

b. Sí, hablo con algunos, pero todavía no conozco a todos.

c. No, hay algunos que no saben hablar todavía.

Ejercicio 6.   Imagínese que usted está conduciendo un coche en una ciudad de habla española. Usted tiene un amigo al lado suyo que le dice lo que tiene que hacer. Usted oirá varias órdenes dadas en español por su amigo. Escoja la mejor traducción al inglés de la orden dada, como en el ejemplo.

Ejemplo: Pare.

❑ Go   ☒ Stop   ❑ Park here.

1. ❑ Turn right.	❑ Stay in the right lane.	❑ Straight ahead.
2. ❑ Left turn only.	❑ Center lane only.	❑ Keep left.
3. ❑ Stop.	❑ Drive on shoulder.	❑ Go.
4. ❑ No right turn.	❑ Stay in left lane.	❑ No left turn.
5. ❑ No parking here.	❑ Fire station ahead.	❑ Gas station ahead.
6. ❑ Straight ahead.	❑ Right turn only.	❑ Pass on right.
7. ❑ Speed limit, 40 mph.	❑ Speed limit, 60 kph.	❑ No maximum speed.
8. ❑ Take a right turn.	❑ Bear left.	❑ Use right lane.

Ejercicio 7.   Usted oirá un anuncio radial dos veces. Quizás usted no reconozca todas las palabras que se dicen en él, pero podrá comprenderlas por el contexto en que aparecen. Después de oír el anuncio por primera vez, marque con una cruz los enunciados que se refieren a él. Deje sin marcar los no relacionados.

1. ❑ Este anuncio es de un producto europeo de belleza para sentirse juvenil y fascinante.

2. ❑ Este anuncio es de una compañía de aviación que ofrece viajes a Europa.

3. ❑ El anuncio habla de las grandes ciudades europeas.

4. ❑ El anuncio sugiere que los visitantes serán recibidos cortésmente.

5. ❑ Según el texto del anuncio, Europa ha perdido su pasado histórico y sólo tiene ahora un futuro encantador.

6. ❑ Según el texto del anuncio Europa es la madre de la cultura occidental.

7. ❑ La Europa del presente es muy juvenil.

8. ❑ La compañía que se anuncia se llama Aerolíneas del Mediterráneo.

Expresión oral

Ejercicio 1. Usted va oír una oración donde se expresa un juicio sobre una persona. Durante la pausa, diga que está de acuerdo con el juicio y repítalo usando un adverbio de modo, como en el ejemplo.

Ejemplo: Alberto habla en serio, ¿verdad?
Sí, él siempre habla seriamente.

Ejercicio 2. Alguien le pregunta si usted hizo dos cosas. Conteste afirmativamente, con **sí**, a la primera cosa y negativamente, con **no**, a la segunda, como en el ejemplo.

Ejemplo: ¿Fuiste a la escuela y a la biblioteca?
A la escuela, sí, a la biblioteca, no.

Ejercicio 3. Alguien le pregunta qué está haciendo usted. Conteste con un negativo absoluto, como en el ejemplo.

Ejemplo: ¿Qué haces?
No hago nada.

Ejercicio 4. Alguien le pregunta si alguien llamó, vino, etc. Usted le contesta que no vino ni llamó nadie, como en el ejemplo.

Ejemplo: ¿Llamó alguien?
No, no llamó nadie.

Ejercicio 5.   Alguien le dice que siempre hace algo. Usted le responde que usted nunca hace eso, como en el ejemplo.

>   *Ejemplo:*   Yo siempre compro en esa tienda.
>   **Pues yo nunca compro ahí.**

Ejercicio 6.   Alguien le dice que cierta persona no hará algo mañana. Usted le responde que usted tampoco lo hará, como en el ejemplo.

>   *Ejemplo:*   Ricardo no vendrá mañana.
>   **Pues yo tampoco vendré.**

C H A P T E R   9

The Article

Comprensión oral

Ejercicio 1. Dictado.   Usted va a oír varias oraciones una sola vez a velocidad normal. Después de cada oración habrá una pausa para que usted escriba en los espacios en blanco de su cuaderno, los artículos definidos e indefinidos, que es lo único que falta en el manual. Si no hay que poner ningún artículo, ponga una cruz (X) en el espacio.

1. Nada me gusta tanto como _____ silencio de _____ mañanas de

   _____ domingo en _____ pueblecito castellano donde estoy

   pasando _____ vacaciones.

2. Todos _____ jueves, hay _____ mercado en _____ plaza

   de _____ pueblo y allá voy con _____ esperanza de ver algo típico.

3. Pero sólo _____ iglesia sigue manteniendo _____ paso de _____

   siglos con _____ campanas llamando a _____ misa.

4. _____ campesinos ya no vienen sobre _____ burros o _____ mulas.

Todos, más o menos, vienen en _____ pick-ups modernos que llaman

orgullosamente _____ picós.

5. _____ interesante es ver cómo _____ modernidad nos hermana a todos

_____ seres humanos haciéndonos adoptar _____ mismas costumbres.

Ejercicio 2. Usted va a oír un enunciado en el cual hay un artículo definido, indefinido o neutro. Durante la pausa marque el artículo que usted oyó, como en el ejemplo.

Ejemplo: Anoche miré un programa de televisión.

❏ el   ❏ la   ❏ los   ❏ las   ❏ lo   ☒ un   ❏ una   ❏ unos   ❏ unas

1. ❏ el   ❏ la   ❏ los   ❏ las   ❏ lo   ❏ un   ❏ una   ❏ unos   ❏ unas

2. ❏ el   ❏ la   ❏ los   ❏ las   ❏ lo   ❏ un   ❏ una   ❏ unos   ❏ unas

3. ❏ el   ❏ la   ❏ los   ❏ las   ❏ lo   ❏ un   ❏ una   ❏ unos   ❏ unas

4. ❏ el   ❏ la   ❏ los   ❏ las   ❏ lo   ❏ un   ❏ una   ❏ unos   ❏ unas

5. ❏ el   ❏ la   ❏ los   ❏ las   ❏ lo   ❏ un   ❏ una   ❏ unos   ❏ unas

6. ❏ el   ❏ la   ❏ los   ❏ las   ❏ lo   ❏ un   ❏ una   ❏ unos   ❏ unas

Ejercicio 3. Usted oirá una pregunta. A continuación encontrará cuatro respuestas, de las cuales sólo dos están correctas. Márquelas con una cruz, como en el ejemplo.

Ejemplo: Usted oye: ¿Qué día naciste?
   a. Nací ese día.
   b. El 24 de febrero de 1975.
   c. Nací un lunes 24 de enero.
   d. Nací en Irlanda.

1. a. No, no voy los domingos.
   b. A los servicios religiosos.
   c. A la iglesia.
   d. Sí, siempre voy.

2. a. El invierno.
   b. La estación de policía.
   c. Todas me gustan.
   d. Los meses de enero y mayo.

3. a. Sí, es muy largo.
   b. Sí, lo malo es explicarlo.
   c. No, no entiendo nada.
   d. No, no compré nada.

4. a. No, no me interesa.
   b. Sí, la antropología es fascinante.
   c. No, me gustan los monos.
   d. Sí, es muy inteligente.

5. a. Es una elección.
   b. La democracia es una forma de vivir.
   c. Es un partido único.
   d. Democracia es libertad.

6. a. Me gusta el jugo de naranja.
   b. El tenis.
   c. No me gusta nada eso.
   d. Me gustan las barajas.

Ejercicio 4. Usted va a oír una breve descripción de un objeto, de un juego, o de otra cosa. Posiblemente usted no entienda todas las palabras de la descripción, pero podrá suponer su significado por el contexto. A continuación aparecen grupos de cuatro frases o palabras. Una de éstas es lo que se describe. Márquela con una cruz.

1. ❑ damas ❑ barajas ❑ dominó ❑ ajedrez

2. ❑ iglesia ❑ cárcel ❑ teatro ❑ escuela

3. ❑ cine ❑ cárcel ❑ edificio ❑ mercado

4. ❑ zoología ❑ biología ❑ botánica ❑ microbiología

5. ❑ limón ❑ naranja ❑ toronja ❑ mandarina

Ejercicio 5. Usted oirá varios pares de oraciones. Algunos pares tienen el mismo significado. Otros pares tienen significados opuestos. Y otros tienen significados diferentes aunque no opuestos. Marque **iguales, opuestos** o **diferentes**, como en el ejemplo.

Ejemplo: (a) Han ido al mercado el sábado pasado.
(b) Hace una semana hoy sábado, que fueron al mercado.

❑ iguales ❑ opuestos ❑ diferentes

Usted debió haber escogido IGUALES.

1. ❏ iguales   ❏ opuestos   ❏ diferentes

2. ❏ iguales   ❏ opuestos   ❏ diferentes

3. ❏ iguales   ❏ opuestos   ❏ diferentes

4. ❏ iguales   ❏ opuestos   ❏ diferentes

5. ❏ iguales   ❏ opuestos   ❏ diferentes

6. ❏ iguales   ❏ opuestos   ❏ diferentes

Ejercicio 6.   Escuche la siguiente noticia y después conteste en forma abreviada (con pocas palabras) las preguntas.

1. ¿Cuál es un método seguro de matar una rata?

_____.

2. ¿Qué adquiere el animal que ha aprendido a consumir coca?

_____.

3. ¿Qué deja de buscar el animal adicto a la cocaína?

_____.

4. ¿Qué castigo acepta sufrir por obtener una ración de cocaína?

_____.

5. ¿Adónde lleva esta dependencia de la cocaína?

_____.

Expresión oral

Ejercicio 1. Conteste las preguntas negativamente explicando que no le gusta el producto por el que le preguntan, como en el ejemplo.

> *Ejemplo:* ¿Compraste carne allí?
> **No, no me gusta la carne de allí.**

Ejercicio 2. Alguien le pregunta si va a estudiar cierta materia. Inmediatamente usted oirá un adjetivo o frase adjetiva. Conteste la pregunta negativamente porque la materia mencionada tiene la cualidad que usted oyó, como en el ejemplo.

> *Ejemplo:* ¿Vas a estudiar química? (difícil)
> **No, porque la química es difícil.**

Ejercicio 3. Alguien le pregunta dónde está un producto determinado. Usted le contesta que no tiene ese producto, como en el ejemplo.

> *Ejemplo:* ¿Dónde está el pan?
> **No tengo pan.**

Ejercicio 4. Alguien le dice que hace algo un día determinado de la semana. Usted le responde que usted nunca hace eso en ese día específico, como en el ejemplo.

> *Ejemplo:* Usted oye: Salgo este sábado.
> **Yo nunca salgo los sábados.**

Ejercicio 5. Alguien le pregunta que hará usted cierto día de la semana. Usted le contesta que hará lo que hace siempre ese día, usando el verbo que se le sugiere en la pregunta, como en el ejemplo.

> *Ejemplo:* ¿Qué harás este viernes? ¿Limpiar la casa?
> **Sí, haré lo que hago todos los viernes: limpiar la casa.**

Ejercicio 6. Alguien le pregunta a usted si harán algo en una fecha determinada. Usted le contesta diciéndole que se hará exactamente un mes después, como en el ejemplo.

> *Ejemplo:* ¿Darán los resultados del examen el 16 de abril?
> **No, los darán el 16 de mayo.**

Ejercicio 7.   Alguien le dice a usted que hace una cosa determinada en cierta estación del año. Usted reafirma lo que le dicen indicando que la estación del año mencionada es muy buena para hacer lo dicho, como en el ejemplo;

>   *Ejemplo:*   Siempre viajo en otoño.
>   **El otoño es muy bueno para viajar.**

Ejercicio 8.   Alguien le dice a usted que quiere hacer una cosa determinada, pero no habla el idioma necesario para hacer lo que desea. Usted le responde que la lengua mencionada es conveniente para hacer lo que propone, como en el ejemplo.

>   *Ejemplo:*   Quiero ir a España, pero no hablo español.
>   **El español es conveniente para ir a España.**

Ejercicio 9.   Alguien le pregunta a usted si una persona determinada va a hacer algo. Usted, a su vez, le pregunta a la persona directamente.

>   *Ejemplo:*   ¿Va a venir el señor López ahora?
>   **Señor López, ¿va a venir ahora?**

Ejercicio 10.   Alguien le dice a usted que le gusta cierto deporte o juego. Usted le pregunta si quiere jugar al juego mencionado, como en el ejemplo.

>   *Ejemplo:*   El ajedrez me gusta mucho.
>   **¿Quieres jugar al ajedrez conmigo?**

Ejercicio 11.   Alguien le pregunta a qué edad una persona hizo algo. Respóndale que lo hizo a la edad sugerida en la pregunta, como en el ejemplo.

>   *Ejemplo:*   ¿A qué edad se casó Miguel? (veinticinco)
>   **Se casó a los veinticinco años.**

Ejercicio 12.   Alguien le pregunta a usted si hará algo a una hora determinada. Usted le contesta que no lo hará hasta una hora más tarde, como en el ejemplo.

>   *Ejemplo:*   ¿Terminarás a las ocho?
>   **No, no terminaré hasta las nueve.**

Ejercicio 13.   Alguien le dice que cierta persona es de cierta profesión. Usted asiente y reafirma que es muy bueno en esa profesión, como en el ejemplo.

>   *Ejemplo:*   Ernesto es pintor.
>   **Sí, es un pintor muy bueno.**

C H A P T E R   1 0

Possessives

Comprensión oral

Ejercicio 1: Dictado.   Usted va a oír varias oraciones una sola vez a velocidad normal, solamente con una breve pausa entre oraciones. Copie tantas palabras como pueda, sin detenerse en ninguna oración más tiempo de la cuenta. Después de esta primera vez, usted volverá a oír las oraciones otra vez, pero con más pausas, para que usted pueda copiar lo que no copió la primera vez. El propósito de este dictado es desarrollar su capacidad de retención, que es esencial en la adquisición de una segunda lengua. ¿Listos? Empiecen.

1. _____ .

2. _____ .

3. _____ .

4. _____ .

5. _____ .

6. _____ .

Ejercicio 2.   En las siguientes oraciones se habla de una parte del cuerpo. Indique de quién es esa parte, marcando el pronombre personal apropiado. Si hay varias posibilidades, márquelas todas, como en el ejemplo.

   Ejemplo: Le falló el corazón.

   ☒ usted   ☒ él   ☒ ella

1. ❏ yo   ❏ tú   ❏ usted   ❏ él ❏ ella   ❏ nosotros   ❏ vosotros   ❏ ustedes   ❏ ellos

2. ❏ yo   ❏ tú   ❏ usted   ❏ él ❏ ella   ❏ nosotros   ❏ vosotros   ❏ ustedes   ❏ ellos

3. ❏ yo   ❏ tú   ❏ usted   ❏ él ❏ ella   ❏ nosotros   ❏ vosotros   ❏ ustedes   ❏ ellos

4. ❏ yo   ❏ tú   ❏ usted   ❏ él ❏ ella   ❏ nosotros   ❏ vosotros   ❏ ustedes   ❏ ellos

5. ❏ yo   ❏ tú   ❏ usted   ❏ él ❏ ella   ❏ nosotros   ❏ vosotros   ❏ ustedes   ❏ ellos

6. ❏ yo   ❏ tú   ❏ usted   ❏ él ❏ ella   ❏ nosotros   ❏ vosotros   ❏ ustedes   ❏ ellos

Ejercicio 3.   Usted va a oír un par de oraciones, *a* y *b*. Si ambas oraciones tienen el mismo significado, marque **iguales**. Si son distintas, marque **diferentes**, como en el ejemplo.

   Ejemplo: (a) Me duele mucho la cabeza.
                (b) Tengo un fuerte dolor de cabeza.

   ☒ iguales   ❏ diferentes

1. ❏ iguales   ❏ diferentes

2. ❏ iguales   ❏ diferentes

3. ❏ iguales   ❏ diferentes

4. ❏ iguales   ❏ diferentes

5. ❏ iguales   ❏ diferentes

6. ❏ iguales   ❏ diferentes

Ejercicio 4. Usted va a oír una pregunta que se puede contestar con una sola palabra o frase breve. Selecciónela dentro de las cuatro que se dan, como en el ejemplo.

Ejemplo: ¿Qué usas para tener las manos tan limpias?

a. Joyas. **b.** Jabón. c. Crema. d. Perfume.

1. a. En el asiento.
b. En el cielo.
c. Durante la semana.
d. En la fuente.

2. a. Porque estoy casada.
b. Porque levanté la mano.
c. Porque tengo cámara.
d. Faltaré a clases.

3. a. Se me perdió.
b. Es ondulada.
c. Me duele mucho.
d. La compré ayer.

4. a. No ocupo ninguna clase.
b. No me preocupo.
c. Hoy no tengo clase.
d. El último.

5. a. Con agua y jabón.
b. Con las manos.
c. Lávatela aquí.
d. No, no me hace falta.

6. a. Porque son muy insolentes.
b. Porque son muy sucios.
c. Porque hacen gestos desafiantes.
d. Porque son puntuales.

Ejercicio 5. Usted va a oír una pregunta. Sólo una de las tres respuestas que aparecen a continuación es la respuesta correcta. Márquela en el lugar correspondiente, como en el ejemplo.

Ejemplo: ¿Qué hiciste cuando te llamaron?

    a. No los vi.
    b. Volví la cabeza.
    c. Los eché de menos.

1. a. Pasó cinco días aquí.
  b. Perdió los dientes en un choque.
  c. Recordó lo que pasó.

2. a. Acaba de casarse con su novio de años.
  b. No hizo nada más.
  c. Ocupó un puesto importante.

3. a. Porque le duele la cabeza.
  b. Porque es muy insolente.
  c. Porque está aquí desde hoy.

4. a. Porque no tengo aspirinas.
  b. A hablar con su hija.
  c. A que me ponga una vacuna.

5. a. Le besé la mano.
  b. Es muy delicada y limpia.
  c. Olía a perfume barato.

6. a. Porque vi un autobús que estaba completamente vacío.
  b. Porque sólo faltan dos días para el examen final.
  c. Porque mañana voy a comprarme una motocicleta.

Ejercicio 6.   Usted va a oír una frase incompleta. Durante la pausa, seleccione la mejor terminación entre las tres que se ofrecen, como en el ejemplo.

Ejemplo: Tu cámara está muy buena, pero...

    a. ...yo prefiero la mía.
    b. ...tengo que cuidarla.
    c. ...la dejé allí.

1. a. ...atravesaba el patio
  b. ...buscaba el mío.
  c. ...tenía dolor de cabeza.

2. a. ...faltan las de ellos.
  b. ...debemos comprar más.
  c. ...podemos comprar la mía.

3. a. ...molestaras a los tuyos.
  b. ...dieras los documentos.
  c. ...pudieras barrer mejor.

4. a. ...nunca me lava la mía.
  b. ...fuera de noche.
  c. ...compra la suya.

5. a. ...nos den las motocicletas.
  b. ...lleven a los vecinos.
  c. ...no tengan que usar la nuestra.

6. a. ...el mar azul.
  b. ...los míos.
  c. ...una rosa.

Ejercicio 7. Usted va a oír dos párrafos cortos. Al final de cada uno se le hará una pregunta que usted debe contestar escogiendo la mejor respuesta entre las tres que se dan.

1. ❑ Estuvo enfermo por la noche. ❑ Estuvo estudiando toda la noche.

  ❑ Se puso a coser por la noche.

2. ❑ Se compró una nueva motocicleta. ❑ Vino con su novia.

  ❑ Tuvo un accidente con su motocicleta.

Ejercicio 8. Usted va a oír una narración breve sobre un personaje que se llama Claudio Morones. Marque en su manual las oraciones relacionadas con la narración que son verdaderas. No marque las que sean falsas o las que no están relacionadas con la narración.

1. ❑ Esto es lo que le pasó a Claudio Morones por no estudiar.

2. ❑ Claudio vivía en un lujoso apartamento del centro.

3. ❑ Claudio era hijo de un hombre muy rico.

4. ❑ Claudio sólo miraba televisión y se divertía por las noches.

5. ❑ Cuidaba sus libros quitándoles el polvo.

6. ❑ Estudiaba en la escuela de ingeniería de la universidad nacional.

7. ❑ La escuela politécnica donde estudiaba no era muy estricta.

8. ❑ Claudio no aprobó ninguna materia.

9. ❑ Claudio sabía que su papá iba a entender su situación.

10. ❑ Le mandó un telegrama a su hermana para que preparara a su papá.

11. ❑ Sus hermanos estaban muy contentos porque volvía a la casa.

12. ❑ Su papá estaba listo para recibirlo.

Expresión oral

Ejercicio 1.   Una persona le pregunta si alguien tiene un objeto o artículo determinado. Usted le contesta afirmativamente diciéndole que **aquí está** el objeto de la persona mencionada. Use el adjetivo posesivo apropiado, como en el ejemplo.

> *Ejemplo:*   ¿Tienes bicicleta?
> **Sí, aquí está mi bicicleta.**

Ejercicio 2.   Alguien le dice una oración a su amigo. Su amigo no entiende muy bien y usted se la repite cambiando la posición del posesivo, como en el ejemplo.

> *Ejemplo:*   Usted oye: Mi amigo fue a Chile.
> **Dice que el amigo suyo fue a Chile.**

Ejercicio 3.   Usted va al médico porque no se siente muy bien y está preocupado y nervioso. El médico le da algunas órdenes. Usted no entiende muy bien y le pregunta si quiere que usted haga lo que le pide, como en el ejemplo.

> *Ejemplo:*   Usted oye: Levante el brazo derecho.
> **¿Quiere que levante el brazo derecho?**

Ejercicio 4. Una persona le dice que ya hizo una acción sobre cierta parte de su cuerpo. Usted le responde, un poco chistosamente (*jokingly*), que siempre está haciendo lo que dice, como en el ejemplo.

> *Ejemplo:* Usted oye: Ya me corté las uñas.
> **Tú siempre te estás cortando las uñas.**

Ejercicio 5. Conteste estas preguntas afirmativamente, repitiendo la información dada en la pregunta, como en el ejemplo.

> *Ejemplo:* ¿Me vas a cortar el pelo?
> **Sí, te lo voy a cortar ahora.**

Ejercicio 6. Conteste afirmativamente cada pregunta reiterando lo que se dice en la pregunta, pero usando una forma de **tener** en lugar de la forma de **ser** que se usa en la pregunta, como en el ejemplo.

> *Ejemplo:* Usted oye: Sus ojos son muy verdes, ¿verdad?
> **Sí, tiene los ojos muy verdes.**

Ejercicio 7. Alguien le pregunta si a usted, o a otra persona, le duele algo. Usted le contesta afirmativamente, como en el ejemplo.

> *Ejemplo:* ¿Qué te duele? ¿La cabeza?
> **Sí, me duele la cabeza.**

Ejercicio 8. Alguien le pregunta si usted ha hecho algo, como comprar una cosa. Usted le contesta que hizo lo suyo, pero no lo de la persona que le pregunta, como en el ejemplo.

> *Ejemplo:* ¿Me compraste el libro?
> **Compré el mío, pero no el tuyo.**

C H A P T E R   1 1

The Subjunctive

Comprensión oral

Ejercicio 1. Dictado. Usted va a oír el comienzo de una oración y va a leer dos conclusiones o finales de oraciones. Copie el comienzo al lado de la conclusión apropiada, como en el ejemplo.

> *Ejemplo:* Después de eso es muy importante que ...
> **...mandes el dinero a tiempo.**
> ...llegas más temprano.

1. _____ que sé las respuestas.

   _____ hablaré con el director.

2. _____ sin poner la radio.

   _____ hasta que yo llegué.

3. _____ seas muy elegante.

   _____ fueras a una fiesta.

4. _____ que yo sepa.

_____ que yo sé.

5. _____ el grupo hubiera llegado.

_____ el grupo musical «Roqui-rock»
llegaba en el avión de las doce.

6. _____ no le hablé más.

7. _____ no le hablaré más.

Ejercicio 2.   Usted va a oír una oración con dos formas verbales. Fíjese bien en estas
formas verbales. A continuación aparecen cuatro formas verbales. Dos de ellas son las que
usted oyó. Márquelas, como en el ejemplo.

> *Ejemplo:*   Me gusta que hables así.
>
> ❑ gusto   ☒ gusta   ☒ hables   ❑ hablas

1. ❑ dijo   ❑ dicho   ❑ trajera   ❑ trajese.

2. ❑ había   ❑ sabía   ❑ haya casado   ❑ había casado.

3. ❑ sería   ❑ era   ❑ hubieran   ❑ supieran

4. ❑ terminara   ❑ terminaré   ❑ llegue   ❑ llegué

5. ❑ entregaste   ❑ entraste   ❑ habías visto   ❑ hubieras visto

6. ❑ quiera   ❑ vayas   ❑ encontrarás   ❑ encontraras

Ejercicio 3.   Usted oirá una oración incompleta y verá dos terminaciones. Ponga una cruz
al lado de la terminación que pueda completar correctamente la oración que usted oyó,
como en el ejemplo.

> *Ejemplo:*   Siento mucho que ...
>
> **a.** no vengas a mi fiesta.
> **b.** estés enfermo.

1. a. pagar la cuenta.
   b. nos traigan la cuenta.

2. a. traernos el paquete en seguida.
   b. le pagáramos en seguida.

3. a. mi hermanito le explicó el incidente.
   b. yo le explicara todo.

4. a. su novio me acompañara a casa.
   b. acompañar a casa.

5. a. les reservara un asiento en el avión a Gijón.
   b. reservar un asiento en el avión a Gijón.

6. a. te lo enseñaremos.
   b. te lo enseñemos.

Ejercicio 4. Usted oirá un enunciado. Durante la pausa, usted debe determinar cuál es su significado o idea general poniendo una cruz al lado de una de estas ideas generales: *duda*, *gusto*, o *preferencia*, *orden* y *persuasión* o *convencimiento*, como en el ejemplo.

   Ejemplo: No estoy segura de que Alicia estudie aquí.

   ☒ duda ❑ gusto ❑ orden ❑ persuasión

1. ❑ duda ❑ gusto ❑ orden ❑ persuasión

2. ❑ duda ❑ gusto ❑ orden ❑ persuasión

3. ❑ duda ❑ gusto ❑ orden ❑ persuasión

4. ❑ duda ❑ gusto ❑ orden ❑ persuasión

5. ❑ duda ❑ gusto ❑ orden ❑ persuasión

6. ❑ duda ❑ gusto ❑ orden ❑ persuasión

7. ❑ duda ❑ gusto ❑ orden ❑ persuasión

8. ❑ duda ❑ gusto ❑ orden ❑ persuasión

Ejercicio 5.   Aquí aparecen varios enunciados sobre las actividades que hacen sus amigos. En la cinta usted oirá dos respuestas o reacciones para cada enunciado, la reacción *a* y la reacción *b*. Una de las reacciones expresa una *emoción:* alegría o tristeza. La otra reacción expresa un juicio u *opinión*. Indique lo que expresa cada reacción, escribiendo *a* o *b* al lado de cada categoría, como en el ejemplo.

> *Ejemplo:*   José va a jugar ajedrez esta noche.
>
> (a) Temo que José no pueda ganar la partida de ajedrez.
> (b) Creo que José ganará la partida de ajedrez.
>
> emoción: __a__   opinión: __b__

1. Me dijeron que ibas a Venezuela este invierno.

   emoción: _____   opinión: _____

2. Tienes que preparar un proyecto para mañana.

   emoción: _____   opinión: _____

3. Olga va a trabajar por las noches en la farmacia de su tío.

   emoción: _____   opinión: _____

4. Voy a comerme un plato lleno de mariscos. ¡Me encantan!

   emoción: _____   opinión: _____

5. Creo que voy a cambiar de trabajo este verano.

   emoción: _____   opinión: _____

Ejercicio 6.   Usted va a oír dos oraciones muy parecidas, *a* y *b*. Una de ellas tiene una oración subordinada en el futuro y la otra una subordinada en el pasado. Diga en qué tiempo está cada oración, escribiendo *a* y *b* al lado de *futuro* y *pasado*, según corresponda, como en el ejemplo.

> *Ejemplo:*   (a) Dudo que usted trabajará aquí.
> (b) Dudó que usted trabajara aquí.
>
> futuro: __a__   pasado: __b__

1. futuro: _____   pasado: _____

2. futuro: _____   pasado: _____

3. futuro: _____   pasado: _____

4. futuro: _____   pasado: _____

5. futuro: _____   pasado: _____

6. futuro: _____   pasado: _____

Ejercicio 7.   Una persona le pide permiso a usted para hacer algo. En la cinta, «usted» le va a negar el permiso, una vez, cortésmente y otra vez autoritariamente. Indique cuál respuesta es *cortés* y cuál es *autoritaria*, como en el ejemplo:

> *Ejemplo:*   ¿Puedo poner el estéreo?
>
> (a) Te prohibo que lo pongas.
> (b) Te ruego que no lo pongas ahora.
>
> cortés: __**b**__   autoritaria: __**a**__

1. cortés: _____   autoritaria: _____

2. cortés: _____   autoritaria: _____

3. cortés: _____   autoritaria: _____

4. cortés: _____   autoritaria: _____

5. cortés: _____   autoritaria: _____

Ejercicio 8.   ¡Ahora le toca a usted! Usted está hablando con otros dos amigos. El primer amigo dice algo. El segundo le contesta. Y usted, que es el tercer amigo, responde con una de las respuestas que se dan a continuación, como en el ejemplo.

> *Ejemplo:*   Primer amigo: No me gustó nada el programa de anoche.
> Segundo amigo: A mí tampoco me gustó.
> Tercer amigo: a. Sería mejor que no lo vieran.
>   b. ¿Es posible que estuviera tan malo?
>   c. Quizás no miren televisión.

Tercer amigo:

1. a. ¿En Guatemala bailan así?
  b. Pero tú nunca estuviste en Guatemala.
  c. Sí, es una fiesta muy alegre.

2. a. Dudo que aquí haya algún cardiólogo bueno.
  b. No, no conozco a nadie con problemas de corazón.
  c. Es que tú siempre estás enamorado.

3. a. Sí, ya sé; es una lengua muy difícil.
  b. Te aconsejo que lo aprendas estudiándolo en la propia Alemania.
  c. Yo tampoco, pero te aconsejo que llames al departamento de lenguas modernas. ___
    Quizás conozcan a alguien.

4. a. No sabía que Rosita hablara español tan bien.
  b. No sabía que Rosita fuera tan popular.
  c. No la conocía muy bien.

Ejercicio 9.   Ahora usted va a oír una breve noticia que apareció en los periódicos hace algún tiempo. Después conteste de la manera más breve posible las cinco preguntas siguientes.

1. ¿Se refiere esta noticia a unas elecciones o a un golpe de estado?

_____

2. ¿En qué país se celebraron las elecciones?

_____

3. ¿Quién ganó realmente las elecciones, según los observadores extranjeros, el candidato del gobierno o el candidato de la oposición?

_____

4. ¿Cómo se llamaba el dictador de Panamá?

_____

5. ¿Qué pasó siete meses después de las elecciones?

_____

Expresión oral

Ejercicio 1. Un amigo le dice que quiere, desea, o prefiere hacer algo. Usted le contesta que usted también *quiere, desea* o *prefiere* que lo hagan, como en el ejemplo.

> *Ejemplo:* Quiero estudiar en esa universidad.
> **Yo también quiero que estudies en esa universidad.**

Ejercicio 2. Un amigo le dice algo que le ocurrió a él o ella. Reaccione expresando su *opinión* o *sentimiento* (según se indique entre paréntesis). No repita el objeto directo de la oración; use un pronombre, como en elejemplo.

> *Ejemplo:* Encontré el pasaporte. (alegrarse)
> **Me alegro que lo hayas encontrado.**

Ejercicio 3. Un amigo le dice que no hizo algo. Reaccione usando el verbo que se da entre paréntesis, como en el ejemplo.

> *Ejemplo:* No cerré las ventanas. (Te pedí)
> **Te pedí que las cerraras.**

Ejercicio 4. Otra vez su amigo le dice que no hizo algo. Reaccione usando el verbo que se da entre paréntesis, como en el ejemplo. ¡Cuidado! Algunas respuestas requieren subjuntivo solamente, otras, indicativo solamente y otras subjuntivo e indicativo.

> *Ejemplo:* No fui todavía. (Esperaba)
> **Esperaba que hubieras ido ya.**

Ejercicio 5. Usted va a oír un enunciado. Usted expresará la alegría, tristeza, esperanza, etc. suya o de alguien, por lo que oyó, como en el ejemplo.

> *Ejemplo:* Roberto sale mañana para Tucumán. (Espero)
> **Espero que Roberto salga mañana para Tucumán.**

Ejercicio 6. Ahora su amigo le pregunta si es posible, probable, preciso, etc. que hagan algo. Usted le contesta con un enfático ¡claro! seguido de una expresión de certidumbre, como en el ejemplo.

> *Ejemplo:* ¿Es probable que vayamos? (es seguro)
> **¡Claro! Es seguro que iremos.**

Ejercicio 7.   Alguien le dice que conoce a alguien con cierta cualidad. Usted le responde que **necesita, no conoce, busca,** etc. a alguien con esa misma cualidad, como en el ejemplo.

> *Ejemplo:*   Conozco a un abogado que se especializa en herencias.
> (Necesito)
> **Pues, yo necesito un abogado que se especialice en herencias.**

Ejercicio 8.   Usted oye que una persona o unas personas está(n) haciendo algo. Usted aclara que tuvo que animarla(s) **para que lo hiciera(n),** como en el ejemplo.

> *Ejemplo:*   Arturo está trabajando en el proyecto, por fin.
> **Sí, tuve que animarlo para que trabajara.**

C H A P T E R   1 2

Relative Pronouns

Comprensión oral

Ejercicio 1: Dictado.   Usted va a oír una serie de oraciones abreviadas como si fueran telegramas. Cópielas tal como las oye. Después, escríbalas en oraciones completas no abreviadas.

Oraciones abreviadas

1. _____

2. _____

3. _____

4. _____

5. _____

6. _____

Oraciones completas

1. _____

2. _____

3. _____

4. _____

5. _____

6. _____

Ejercicio 2.   Usted va a oír una breve descripción o narración usando el vocabulario del capítulo 12. A continuatión usted encontrará tres palabras o frases, una de las cuales es la que mejor describe lo que usted oyó. Márquela con una cruz.

> *Ejemplo:*   Primero cayeron unas gotas gordas. Después vino un viento frío y del cielo empezaron a caer granizos del tamaño de pelotas de golf.
>
> ❑ Aguaceros   ☒ Tormenta de granizo   ❑ Juego

1. ❑ Gente sencilla   ❑ Religión   ❑ Domingos

2. ❑ Jugadores buenos   ❑ Películas clásicas   ❑ Música

3. ❑ Multa   ❑ Ladrones   ❑ Problemas con el auto

4. ❑ Programas de policías   ❑ Vida en el apartamento ❑ Pólizas de seguro

5. ❑ Antigüedades   ❑ Museos   ❑ Muebles

Ejercicio 3.   Usted va a oír una oración incompleta. Durante la pausa seleccione la palabra o expresión que mejor la complete, como en el ejemplo.

> *Ejemplo:*   Los políticos no se dan cuenta de que ya nadie cree en sus...
>
> ❑ juicios   ☒ promesas   ❑ tesoros

1. ❑ regresarlo   ❑ volverlo   ❑ devolverlo

2. ❑ empleado de la campaña ❑ jefe postal   ❑ policía

3. ❏ no valen mucho   ❏ están muy caras   ❏ son muy buenas

4. ❏ dádiva   ❏ familia   ❏ vecina

5. ❏ armas   ❏ regalos   ❏ mentiras

6. ❏ juegues   ❏ toques   ❏ limpies

Ejercicio 4.   Usted va a oír una pregunta. Durante la pausa seleccione la respuesta adecuada dentro de las tres que se dan en el cuaderno, como en el ejemplo.

Ejemplo: ¿Dónde pusiste los utensilios de cocina?

      a. Usa este utensilio.
      b. En su lugar.
      c. Los puse en el refrigerador del sótano.

1. a. Sí, mándemelo. Me hace falta.
   b. Sí, mucho. ¿De quién es?
   c. Sí, se pasan buenos ratos allí.

2. a. Unos zapatos viejos.
   b. Lleva el jurado.
   c. Debes llevar papel y tinta.

3. a. Como un utensilio cualquiera.
   b. Como una campaña electoral.
   c. No sé. Nunca lo he visto.

4. a. En una cámara alemana.
   b. Ayer lo hicimos.
   c. En el juicio de divorcio.

5. a. Me gustaría comprarlo más que alquilarlo.
   b. Una póliza contra incendios.
   c. Más de lo que ganas en diez años.

6. a. Porque eso es lo que quiero hacer.
   b. Porque todavía no lo devolví.
   c. Porque había afirmado otra cosa.

Ejercicio 5.   Usted oirá una oración con un pronombre relativo. Durante la pausa escriba el pronombre que usted oyó.   Escriba el artículo si lo tiene, como en el ejemplo.

> *Ejemplo:*   Ojalá que yo supiera lo que dicen.
> **lo que**

1. _____   2. _____   3. _____

4. _____   5. _____   6. _____

Ejercicio 6.   Usted va a oír una oración inconclusa que termina con un pronombre relativo.   Durante la pausa escoja la conclusión más apropiada, como en el ejemplo.

> *Ejemplo:*   La peregrinación comenzó a desfilar por el interior del monasterio cuyas...
>
> a.   ...aguas formaban charcos.
> **b.**   ...campanas llamaban a rezar.

1. a. ...tuviera tantas escaleras.
   b. ...fuera única.

2. a. ...le había llegado el granizo.
   b. ...le había pedido un favor.

3. a. ...esperábamos ayer.
   b. ...pasaron un rato muy alegre en el hotel.

4. a. ...me puse a hablar con él.
   b. ...me defraudó.

5. a. ...dueños eran amigos de Pablo.
   b. ...charcos estaban allí.

6. a. ...hace mal, recibe mal.
   b. ...la hace, lo tiene que esperar.

Ejercicio 7.   Ahora escuche esta información sobre el sello de correos. Quizás usted no entienda todas las expresiones que se usan en ella, pero el contexto le permitirá captar el sentido general y muchos detalles. Después de oírla por segunda vez, marque los enunciados que se refieran a la información que usted oyó.

1. ❑ El primer sello de correos empezó a usarse en 1840.

2. ❑ La idea de poner un sello en las cartas fue de las autoridades postales inglesas.

3. ❑ Antes del sello de correos, previamente pagado, el destinatario tenía que pagar el franqueo.

4. ❑ El que mandaba una carta también tenía que pagar el franqueo.

5. ❑ Antes de 1840, el sistema postal era muy justo y equitativo porque el destinatario no tenía que pagar el franqueo.

6. ❑ Algunas personas que mandaban cartas ponían una señal visible en el sobre, como un mensaje secreto, para que el destinatario se enterara del mensaje sin tener que pagar el franqueo.

7. ❑ La idea del sello fue propuesta por Rowland Hill, un maestro inglés, y aceptada por las autoridades postales británicas en 1837.

8. ❑ El primer sello de correos se imprimió en Inglaterra en 1840.

Expresión oral

Ejercicio 1. Un amigo le dice lo que le pasó a una cosa suya. Usted, que no sabe muy bien de qué se habla, le pregunta dónde está el objeto al que le pasó algo, como en el ejemplo.

> *Ejemplo:* Vendí la casa.
> **¿Dónde está la casa que vendiste?**

Ejercicio 2. Su amigo le dice una noticia sobre alguien que ustedes conocen. Usted le pregunta si él vio a la persona que hizo lo que dijo en la noticia, como en el ejemplo.

> *Ejemplo:* La profesora habló en la conferencia.
> **¿Y tú viste a la profesora que habló?**

Ejercicio 3. Su amigo le cuenta algo que hizo. Usted se sorprende y le pregunta si eso es en realidad lo que hizo, como en el ejemplo.

> *Ejemplo:* Hablé de ese autor.
> **¡No me digas! ¿Ése es el autor del que hablaste?**

Ejercicio 4.   Un amigo le pregunta si quiere ver lo que ha hecho. Usted responde afirmativamente, como en el ejemplo.

> *Ejemplo:*   ¿Quieres ver el libro que he comprado?
> **Sí, quiero ver lo que has comprado.**

Ejercicio 5.   Un amigo le pregunta si quiere ver lo que ha hecho. Usted le contesta que ahora no puede ver todo lo que ha hecho, como en el ejemplo.

> *Ejemplo:*   Esto es lo que escribí. ¿Quieres leerlo?
> **Ahora no puedo leer todo lo que has escrito.**

Ejercicio 6.   Ahora vamos a hacer el ejercicio 3 cambiando el relativo **que** por **quien** o por **cual**. Su amigo le cuenta algo que hizo. Usted se sorprende y le pregunta si eso es en realidad lo que hizo, como en el ejemplo.

> *Ejemplo:*   Hablé de ese autor.
> **¡No me digas! ¿Ése es el autor de quien hablaste?**
>
> Trabajé en esa película.
> **¡No me digas! ¿Ésa es la película en la cual trabajaste?**

Ejercicio 7.   Su amigo le pregunta si cierta persona hizo algo determinado. Usted le contesta negativamente y añade que eso le parece raro (u otro adjetivo que se indica), como en el ejemplo.

> *Ejemplo:*   ¿Vino Pedro? (raro)
> **No, no vino, lo cual me parece raro.**

C H A P T E R   1 3

Imperatives,
Conditional Sentences
and Clauses of Concession

Comprensión oral

Ejercicio 1. Dictado.   Usted va a oír el comienzo de una oración y va a leer dos conclusiones o finales de oraciones. Copie el comienzo al lado de la conclusión apropiada.

> *Ejemplo:*   Tú quisieras vivir como si...
> ...seas un rey.
> **...fueras un rey.**

1. _____ siéntate junto al conferenciante.

   _____ vete de aquí.

2. _____ terminaran el capítulo 13.

   _____ terminen el capítulo 13.

327

3. _____ que quiero hacerle una pregunta.

_____ y póngase de pie en seguida.

4. _____ no te hubieran dado más oportunidades.

_____ no te darán la licencia de conducir.

5. _____ pase lo que pase.

_____ aunque tenga tiempo.

6. _____ a pesar de que me hablarías.

_____ como si fueras mi padre.

Ejercicio 2.   Usted oirá una oración una sola vez. Durante la pausa escriba la palabra o frase de enlace usada en esa oración, que puede ser una de las siguientes: **aun cuando, aunque, como si, con tal que, lo que** o **si.**

Ejemplo: Iré aun cuando no vayas.

_____**aun cuando**_____

1. _____   4. _____

2. _____   5. _____

3. _____   6. _____

Ejercicio 3.   Usted oirá una oración imperativa. Durante la pausa ponga una cruz al lado de la persona que recibe la orden.

Ejemplo: Que se vayan de aquí ahora mismo.
  ❑ tú ❑ usted ❑ él/ella ❑ nosotros ❑ vosotros ❑ ustedes ☒ ellos/as

1. ❑ tú ❑ usted ❑ él/ella ❑ nosotros ❑ vosotros ❑ ustedes ❑ ellos/as

2. ❑ tú ❑ usted ❑ él/ella ❑ nosotros ❑ vosotros ❑ ustedes ❑ ellos/as

3. ❑ tú ❑ usted ❑ él/ella ❑ nosotros ❑ vosotros ❑ ustedes ❑ ellos/as

4. ❏ tú   ❏ usted   ❏ él/ella   ❏ nosotros   ❏ vosotros   ❏ ustedes   ❏ ellos/as

5. ❏ tú   ❏ usted   ❏ él/ella   ❏ nosotros   ❏ vosotros   ❏ ustedes   ❏ ellos/as

6. ❏ tú   ❏ usted   ❏ él/ella   ❏ nosotros   ❏ vosotros   ❏ ustedes   ❏ ellos/as

7. ❏ tú   ❏ usted   ❏ él/ella   ❏ nosotros   ❏ vosotros   ❏ ustedes   ❏ ellos/as

8. ❏ tú   ❏ usted   ❏ él/ella   ❏ nosotros   ❏ vosotros   ❏ ustedes   ❏ ellos/as

9. ❏ tú   ❏ usted   ❏ él/ella   ❏ nosotros   ❏ vosotros   ❏ ustedes   ❏ ellos/as

10. ❏ tú   ❏ usted   ❏ él/ella   ❏ nosotros   ❏ vosotros   ❏ ustedes   ❏ ellos/as

Ejercicio 4. Usted oirá una pregunta en primera persona singular o plural. Responda con una orden dirigida a **usted** o a **ustedes**, según convenga. Escoja su respuesta entre las cuatro que se dan en el cuaderno.

Ejemplo: ¿Me puedo ir ahora?

     a. Sí, vete ahora.
     b. Sí, váyase ahora.
     c. Sí, idos ahora.
     d. Sí, vayámonos ahora.

1. a. No, no te sientes aquí.
   b. No, que no se sienten aquí.
   c. No, no os sentéis aquí.
   d. No, no se sienten aquí.

2. a. Sí, póngala ahora.
   b. Sí, ponla ahora.
   c. Sí, pónganla ahora.
   d. Sí, pongámosla ahora.

3. a. No, no los traiga.
   b. No, no los traigas.
   c. No, no los traigan.
   d. No, no los traigáis.

4. a. Sí, siéntense aquí.
   b. Sí, siéntese aquí.
   c. Sí, siéntate aquí.
   d. Sí, que se siente aquí.

5. a. No, no se lo des.
   b. No, no se lo den.
   c. No, no se lo dé.
   d. No, no se lo déis.

6. a. Sí, házmelo.
   b. Sí, hágamelo.
   c. Sí, háganmelo.
   d. Sí, que me lo hagan.

Ejercicio 5.   Usted recibirá una orden. Contéstela escogiendo su respuesta entre las tres que se dan. Sólo una es la respuesta correcta.

> *Ejemplo:*   Siéntese aquí, por favor.
>
> > a. Gracias, que se sienten allá.
> > (b.) Gracias.
> > c. Gracias. Sentémonos ahora.

1. a. Aquí es mejor.
   b. Un momento. Déjeme leer primero.
   c. ¿Qué firma quiere?

2. a. No, no tomé agua.
   b. Sí, es muy bueno.
   c. Prefiero un refresco.

3. a. Aquí está.
   b. Es que no tiene foto.
   c. Si usted me enseña el suyo...

4. a. Véndanme una del coro.
   b. Sí, usted se la compró.
   c. No, gracias. No me interesa.

5. a. Ya lo llevé.
   b. Lo siento, pero no puedo.
   c. Sí, llegó ayer.

6. a. Sí, espero que se lo cambien.
   b. No, no hay dólares.
   c. Vaya al banco.

Ejercicio 6.   Complete esta condición escogiendo una conclusión apropiada entre las tres que se dan.

> *Ejemplo:*   Si me atendieras con cuidado...
>
> > a. ...fueras a la fiesta.
> > (b.) ...te diría lo que pienso de eso.
> > c. ...te llevaría el dinero mañana mismo.

1. a. ...habrían podido ver a Gloria.
    b. ...habrían llegado por la mañana.
    c. ...habrían visto el amanecer ayer.

2. a. ...tendrá otra oportunidad.
    b. ...compraré otra inmediatamente.
    c. ...la venderé toda.

3. a. ...encontraría otro trabajo mejor.
    b. ...vendería todos los negocios.
    c. ...aprenderá a escribir.

4. a. ...los saludaremos.
    b. ...los vemos siempre.
    c. ...los habríamos invitado a comer.

5. a. ...no podrás dormir bien porque hay mucho ruido.
    b. ...descansaréis hasta que sean las ocho de la mañana.
    c. ...volverás a dormir allí.

6. a. ...te querría más.
    b. ...lo haría
    c. ...serían las tres.

Ejercicio 7. Termine estas oraciones con una concesión apropiada. Escójala entre las tres que se dan.

    Ejemplo: Lo despertaré ahora mismo aunque...

        a. ...quiso dormir toda la noche.
        (b.) ...quiera dormir más.
        c. ...quiere despertarse.

1. a. lo supo desde ayer.
    b. se había preparado muy bien.
    c. se los habían leído antes de salir.

2. a. yo lo había tratado con cortesía.
    b. yo lo había insultado.
    c. yo lo tratara bien.

   331

3. a. haya clientes que los pidan.

    b. tienen otros vinos muy buenos y baratos.

    c. habían ido muchos estudiantes y profesores españoles.

4. a. la luz brillaba toda la noche.

    b. no había nada allí.

    c. no había mucho tráfico en ese momento.

5. a. se lo dije.

    b. les dije que no las quería.

    c. estaban cansados de oír quejas de los clientes.

6. a. estuviera ausente.

    b. estuviera presente.

    c. estuviera enfermo.

Ejercicio 8.   Usted va a oír tres párrafos cortos. Durante la pausa, conteste las preguntas que siguen de la manera más breve posible.

1. a. ¿El narrador es un profesional o un burócrata? _____

    b. ¿El narrador está muy entusiasmado con su trabajo? _____

    c. ¿El narrador va a una fiesta esta noche? _____

2. a. ¿El narrador está contento con su trabajo? _____

    b. ¿Quiénes dan las órdenes? _____

    c. ¿Cómo dan las órdenes? _____

3. a. ¿Qué escucha el narrador por las noches? _____

    b. ¿A qué hora se escuchan? _____

    c. ¿Dónde vive el narrador? _____

Expresión oral

Ejercicio 1. Un amigo le pregunta si puede hacer algo. Usted le contesta afirmativa o negativamente, usando un imperativo de la segunda persona **tú**.

> *Ejemplo:* ¿Puedo entrar? (Sí)
> **Sí, entra.**

Ejercicio 2. Alguien le pregunta si hay que hacer cierta actividad en la oficina donde usted trabaja. Responda como si usted fuera el jefe, afirmativa o negativamente, según se indica. Use pronombres para evitar la repetición de los objetos directos e indirectos, si los hay.

> *Ejemplo:* ¿Hay que terminar estas cartas? (Sí)
> **Sí, termínelas.**
>
> ¿Hay que preparar el balance? (No)
> **No, no lo prepare.**

Ejercicio 3. Ahora usted está a cargo de un grupo de jóvenes en un campamento de verano. Alguien en el grupo le pregunta si ellos deben o tienen que hacer cierta actividad. Contésteles afirmativa o negativamente usando la forma del imperativo que corresponde a **ustedes**. Use pronombres para evitar la repetición de los objetos, cuando sea posible.

> *Ejemplo:* ¿Tenemos que recoger la cocina? (Sí)
> **Sí, recójanla.**
>
> ¿Debemos correr ahora, bajo este sol? (No)
> **No, no corran ahora.**

Ejercicio 4. Una persona le pregunta si alguien puede, debe o tiene que hacer algo. Respóndale afirmativa o negativamente con una oración imperativa en tercera persona, singular o plural. Use pronombres para evitar la repetición de los objetos directos o indirectos.

> *Ejemplo:* ¿Puede salir Felipe ahora? (Sí)
> **Sí, que salga ahora.**
>
> ¿Pueden llevarse el televisor? (No)
> **No, que no se lo lleven.**

Ejercicio 5.   En un viaje por carretera, su acompañante le hace varias preguntas sobre si hacen algo determinado. Usted le responde afirmativa o negativamente con una oración exhortativa en la primera persona plural. Use pronombres para evitar la repetición de los objetos directos e indirectos.

> *Ejemplo:*   ¿Llenamos el tanque? (Sí)
> **Sí, llenémoslo.**
>
> ¿Paramos aquí? (No)
> **No, no paremos aquí.**

Ejercicio 6.   Un amigo le dice que no haga cierta cosa porque le ocurrirá algo desagradable. Usted le responde negativamente diciéndole que si hace esa cierta cosa no le ocurrirá nada.

> *Ejemplo:*   No vayas al cine, porque te aburrirás.
> **Si voy al cine, no me aburriré.**

Ejercicio 7.   Un amigo le da ciertos pretextos. Usted cree que son excusas y le pregunta si **hiciera, fuera,** etc. cierta cosa, **haría, tendría,** etc., la otra cosa. Use pronombres para evitar la repetición de los objetos directos e indirectos.

> *Ejemplo:*   Como no tengo dinero, no voy a Europa.
> **¡Excusas! ¿Si tuvieras dinero, irías a Europa?**

Ejercicio 8.   Un amigo le dice que como no ha hecho cierta cosa, no le ha ocurrido otra cosa. Usted le dice que **si la hubiera hecho, habría sufrido** ciertas consecuencias. Use pronombres para evitar la repetición de los objetos directos e indirectos.

> *Ejemplo:*   Como no comí ese pescado, no me enfermé.
> **¡Claro! Si lo hubieras comido, te habrías enfermado.**

Ejercicio 9.   Alguien le dice que una persona conocida de ustedes no es cierta cosa. Usted responde que esa persona **habla como si lo fuera.** Use pronombres para evitar la repetición de los objetos.

> *Ejemplo:*   Alfredo no sabe muchas cosas de su tierra.
> **Pues habla como si las supiera.**

Ejercicio 10.   Una persona cercana a usted le pregunta si usted le dirá algo si se lo pide, pregunta, ruega, etc. Usted, que está algo enfadado con ese amigo o amiga, le responde que **no se lo dirá aunque se lo pida, pregunte, ruegue,** etc. Use pronombres para evitar la repetición de los complementos directos e indirectos.

> *Ejemplo:*   ¿Le dirás la verdad a Luis, si te lo pido?
> **No, no se la diré, aunque me lo pidas.**

Ejercicio 11.   Un amigo le dice que una persona conocida de ustedes hace algo determinado. Usted, que está enfadado con esa persona, le responde que **haga lo que haga, no le importa.**

> *Ejemplo:*   María Teresa trae las fotos luego.
> **Traiga lo que traiga, no me importa.**

335

C H A P T E R   1 4

Reflexives and the Verbs Gustar, Faltar, and Quedar

Comprensión oral

Ejercicio 1: Dictado.   Copie las oraciones que se le van a dictar. En cada una de ellas hay un verbo que puede ser reflexivo o no. Al terminar el dictado, escriba el pronombre reflexivo si debe estar en la frase verbal.

> *Ejemplo:*   Luisa acostó a las diez.
>
> **se**
> **Luisa acostó a las diez.**
>   **∧**
> Luisa acostó a su hija a las diez.
> **Luisa acostó a su hija a las diez.**

1. _____

2. _____

3. _____

4. _____

5. _____

6. _____

Ejercicio 2.   Usted va a oír una breve narración y a continuación encontrará tres palabras o frases breves. Una de ellas es la que mejor identifica la breve narración que usted oyó.

> *Ejemplo:*   En estos momentos no recuerdo bien lo que dijo Rita cuando se volvió hacia mí y me vio leyendo silenciosamente mientras ella hablaba sin parar. Creo que no dijo nada amable que se pueda repetir.
>
> ❑ Rita está enferma.   ❑ Rita está imprecisa.
> ☒ Rita está enfadada.

1. ❑ Va a levantarse temprano.   ❑ Va a dormir mucho   ❑ Está oscuro.

2. ❑ Le falta mucho.   ❑ Se queda.   ❑ Se va de viaje.

3. ❑ Melancolía.   ❑ Música.   ❑ Televisión.

4. ❑ Ambigüedad.   ❑ Remoto.   ❑ Preocupación.

5. ❑ La luz del alba.   ❑ Ruidos nocturnos.   ❑ Mirada melancólica.

6. ❑ Peinarse.   ❑ Afeitarse.   ❑ Bañarse.

Ejercicio 3.   Usted va a oír una oración a la que le falta la última palabra. Escójala entre las cuatro que se dan, como en el ejemplo.

> *Ejemplo:*   Aquellos vecinos ni se hablaban, ni se daban los buenos días. Se odiaban...
>
> ❑ a sí mismos   ❑ con tristeza   ☒ mutuamente   ❑ así

1. ❑ lo apartó.   ❑ lo prosiguió.   ❑ lo advirtió.   ❑ lo observó.

2. ❑ la cara.   ❑ la ropa.   ❑ la preocupación.   ❑ la ventana.

3. ❑ se alejan.   ❑ se quejan.   ❑ se suicidan.   ❑ se atreven.

4. ❑ en su casa.   ❑ a su lado.   ❑ en su mano.   ❑ en la noche.

5. ❑ amargarme.   ❑ acordar.   ❑ cansarme.   ❑ acordarme.

6. ❑ no me faltes.   ❑ no me quedo.   ❑ no me parece bien.   ❑ no me gusta.

Ejercicio 4. Usted va a oír un enunciado y va a leer otro enunciado. Si los dos son iguales en significado, ponga una cruz al lado de **iguales**. Si son diferentes, ponga una cruz al lado de **diferentes**.

> *Ejemplo:* Juanito se enojó con Lilí.
> Juanito se enfadó con Lilí.
>
> ☒ iguales ☐ diferentes

1. Loló se preocupa por cualquier cosa.

☐ iguales ☐ diferentes

2. Esos jóvenes se conducen muy bien.

☐ iguales ☐ diferentes

3. El señor García hablaba sin apartar los ojos de la chica española.

☐ iguales ☐ diferentes

4. Rosita y Jaime se saludaban una a otro.

☐ iguales ☐ diferentes

5. Me miró sin decir una palabra y se marchó inmediatamente.

☐ iguales ☐ diferentes

6. El empleado se explicó con exactitud.

☐ iguales ☐ diferentes

7. Me miró muchas veces.

☐ iguales ☐ diferentes

8. Él mismo se habla ahora.

☐ iguales ☐ diferentes

Ejercicio 5. Marque con una cruz el sujeto que corresponda a cada una de las oraciones que usted oiga

> *Ejemplo:* Siempre se mira en el espejo.
>
> ☐ yo ☐ tú ☒ él ☒ ella

1. ☐ yo   ☐ tú   ☐ él   ☐ ella

2. ☐ yo   ☐ tú   ☐ él   ☐ ella

3. ☐ yo   ☐ tú   ☐ él   ☐ ella

4. ☐ yo   ☐ tú   ☐ él   ☐ ella

5. ☐ yo   ☐ tú   ☐ él   ☐ ella

6. ☐ yo   ☐ tú   ☐ él   ☐ ella

Ejercicio 6.   Ahora usted va a oír tres noticias breves. Cada noticia va seguida de una pregunta. Durante la pausa contéstela escogiendo la respuesta entre las tres que se dan.

1. a. Prepararán una reunión en la residencia oficial del Presidente.
   b. Prepararán planes para construir residencias.
   c. Prepararán planes de recuperación económica.

2. a. Disparó contra los estudiantes.
   b. Se negó a abandonar la plaza.
   c. Murieron muchos soldados en la plaza de Beijing.

3. a. Preparó medicinas muy modernas.
   b. Era un farmacéutico muy bueno.
   c. Usó plantas para preparar medicinas.

Ejercicio 7.   Ahora escuche usted esta breve historia sobre el famoso médico español, Santiago Ramón y Cajal. Después marque con una cruz en su manual los enunciados que se refieran a lo que usted oyó.

Ahora marque solamente los enunciados que se refieran a la historia mientras la escucha por segunda vez.

1. ☐ Cajal descubrió las leyes básicas de la comunicación humana.

2. ☐ Don Santiago Ramón y Cajal fue un profesor español de neurología.

3. ☐ Por sus descubrimientos le dieron un premio en España.

4. ☐ En 1906 recibió el Premio Nóbel de Medicina.

5. ❑ Le dieron el Nóbel por haber descubierto la comunicación entre las células del sistema nervioso.

6. ❑ El premio le fue notificado mediante una llamada telefónica.

7. ❑ La Academia Sueca le anunció el premio con un telegrama.

8. ❑ La esposa del doctor Cajal le leyó el telegrama.

9. ❑ Cajal estaba durmiendo cuando llegó el telegrama.

10. ❑ Don Santiago le dijo a su esposa que seguramente era una broma de sus alumnos.

Expresión oral

Ejercicio 1.   Alguien le pregunta quién hizo algo por usted. Usted le contesta que nadie le hizo nada, que se lo hizo usted solo.

> *Ejemplo:*   ¿Quién te defendió?
> **Nadie. Me defendí yo solo/sola.**

Ejercicio 2.   Un(a) amigo(a) le dice algo sobre unas personas que ustedes conocen. Usted ratifica lo que oye, resumiéndolo con una sola oración recíproca.

> *Ejemplo:*   Dicen que Juan quiere a Alicia y que Alicia quiere a Juan. ¿Es verdad?
> **Sí, Juan y Alicia se quieren.**

Ejercicio 3.   Un amigo expresa su gratitud porque alguien lo/la ayuda, protege, o defiende, etc. Usted reafirma lo escuchado usando los mismos datos en una oración recíproca terminada con la frase **uno a otro.**

> *Ejemplo:*   Gracias que Roberto me ayuda.
> **Sí, Roberto y tú siempre se ayudan uno a otro.**

Ejercicio 4.   Alguien le pregunta si usted quiere un alimento determinado. Conteste afirmativa o negativamente, según se indique, y use el verbo **gustar** en la respuesta.

> *Ejemplo:*   ¿Quieres carne? (Sí)
> **Sí, me gusta la carne.**

Ejercicio 5.   Su amigo(a) le anuncia que una persona conocida de ustedes va a hacer algo. Usted responde sorprendido indicando que a esa persona no le gusta hacer lo que se anunció.

> *Ejemplo:*   Este verano Luis va a viajar.
> **Pero a Luis no le gusta viajar.**

Ejercicio 6.   Un amigo le pregunta si usted hizo una cosa determinada. Usted le contesta afirmativamente y le pregunta **qué le parece** lo que usted hizo.

> *Ejemplo:*   ¿Compraste zapatos?
> **Sí, ¿qué te parecen?**

Ejercicio 7.   Un(a) amigo(a) le pregunta si usted quiere hacer algo. Usted le contesta afirmativamente y añade que **le gustaría** hacer lo que le proponen.

> *Ejemplo:*   ¿Quieres tocar el piano?
> **Sí, me gustaría tocar el piano.**

Ejercicio 8.   Un amigo le hace una pregunta doble. Primero le pregunta por qué usted no hace algo. Después le pregunta si no tiene tiempo, dinero, etc. para hacerlo. Usted le responde que es cierto, que a usted **le falta** tiempo, dinero, etc.

> *Ejemplo:*   ¿Por qué no vienes? ¿No tienes tiempo?
> **Es cierto. Me falta tiempo.**

Ejercicio 9.   Su amigo(a) le pregunta si usted necesita algo. Usted le contesta afirmativamente usando la espresión **Sí, me hace(n) falta....**

> *Ejemplo:*   ¿Necesitas agua?
> **Sí, me hace falta agua.**

Ejercicio 10.   Su amigo(a) le pregunta si se le perdió algo a usted. Usted le contesta afirmativamente y añade que le falta lo que le pregunta.

> *Ejemplo:*   ¿Se te perdieron los bolígrafos.
> **Sí, me faltan los bolígrafos.**

Ejercicio 11.   Un(a) amigo(a) le pregunta si ya van a hacer algo. Usted le contesta negativamente y le explica que todavía falta el tiempo que se sugiere en la pregunta.

> *Ejemplo:*   ¿Ya vamos a salir? (20 minutos)
> **No, todavía faltan 20 minutos.**

Ejercicio 12. Un(a) amigo(a) le pregunta si usted tiene una determinada cosa. Usted le responde afirmativa o negativamente, según se indique. Después añade que todavía **le quedan** varios o varias, o no **le queda** ninguno.

> *Ejemplos:* ¿Tienes algunos discos viejos? (Sí)
> **Sí, todavía me quedan varios.**
>
> ¿Tienes algunas postales de Navidad? (No)
> **No, no me queda ninguna.**

Ejercicio 13. Un(a) amigo(a) le pregunta si una persona conocida de ustedes va a hacer algo a una hora/fecha u otra. Usted le contesta que **quedó** en hacerla a la primera hora o fecha mencionada.

> *Ejemplo:* ¿Cuándo va a venir Tomás? ¿A las ocho o a las nueve?
> **Quedó en venir a las ocho.**

C H A P T E R   1 5

The Passive Voice and Impersonal Sentences

Comprensión oral

Ejercicio 1: Dictado.   Usted va a oír una pregunta y una respuesta. Después volverá a oír la pregunta. Copie la respuesta durante la pausa.

> *Ejemplo:*   —¿Cuándo llegan tus parientes?
> —Todavía no se sabe la hora en que llegará el avión.
> —¿Cuándo llegan tus parientes?
> **Todavía no se sabe la hora en que llegará el avión.**

1. _____

2. _____

3. _____

4. _____

5. _____

6. _____

Ejercicio 2.   Usted va a oír una breve narración. En el manual, usted encontrará tres oraciones cortas. Una de ellas resume lo que se dijo en la narración. Márquela con una cruz.

> *Ejemplo:*   Leopoldo se cree muy honrado e íntegro. Pero, en realidad es un individuo inferior incapaz de hacerle bien a nadie.
>
> ❑ Están denunciando a Leopoldo.
> ☒ Están criticando a Leopoldo.
> ❑ Están señalando a Leopoldo.

1. ❑ Hablan de pasear con los castellanos porque no hay otra gente.
   ❑ Hablan de lo que se hace por las noches con amigos de Castilla.
   ❑ Hablan de un Paseo que tiene la fama de ser aburrido.

2. ❑ Se dice que las huellas son imperceptibles.
   ❑ Se dice que el rastreador no cree en nadie.
   ❑ Se dice que el poder del rastreador parece absurdo e increíble.

3. ❑ Se describe un asalto a un banco donde mataron a un policía español.
   ❑ Se describe un asalto en el Banco Español de San Mateo a mano armada.
   ❑ Se describe un asalto en la Iglesia de San Mateo, cerca del Banco Español.

4. ❑ Se cuenta que le dieron a una persona su propio informe confidencial.
   ❑ Se cuenta de lo difícil que es resistir tentaciones.
   ❑ Se cuenta de la sorpresa que recibió cuando leyó algunas de las cosas que dicen sobre él sus mejores amigos.

Ejercicio 3.   Usted va a oír una oración a la que le falta la última palabra o frase. Selecciónela entre las cuatro que se dan.

> *Ejemplo:*   Me gusta ir a esa tienda, porque los empleados me tratan con mucha...
>
> ❑ reputación   ☒ consideración   ❑ montura   ❑ inquietud

1. ❑ conseguirlas	❑ rodearlas	❑ guardarlas	❑ regresarlas
2. ❑ imperceptible	❑ grave	❑ ennegrecida	❑ breve
3. ❑ de relieve	❑ en seguida	❑ acaso solo	❑ sin moverse

4. ❑ fe ❑ conciencia ❑ reputación ❑ dignidad

5. ❑ poseían ❑ perdían ❑ fallaban ❑ daban

6. ❑ encorvada ❑ misteriosa ❑ confidencial ❑ comprometida

7. ❑ sin vacilar ❑ sin perder ❑ sin moverse ❑ sin proceder

8. ❑ cadalso ❑ reo ❑ rastro ❑ testigo

Ejercicio 4. Usted va a oír una pregunta. Durante la pausa seleccione la respuesta adecuada.

Ejemplo: ¿Qué se dijo ayer en la reunión?

❑ Se les enseñó la catedral.
❑ Se bebieron todas las cervezas.
☒ Se anunciaron las elecciones.

1. ❑ Será puesto donde diga Consuelo.
❑ Se pondrá a las seis.
❑ Uno lo pone dondequiera.

2. ❑ Eso no se dice así.
❑ Se dice *to fail.*
❑ Dicen *to fail.*

3. ❑ Fueron subidos por ellos.
❑ Fue subido por ellos.
❑ Fue subido por el ascensor.

4. ❑ Se leerán varios libros.
❑ Ya se ha leído.
❑ Un libro será leído en mi clase de literatura.

5. ❑ El 28 de octubre de 1492.
❑ Fue descubierta por Cristóbal Colón.
❑ La descubrieron de tarde en tarde.

6. ❑ Saben mucho los dos.
❑ Eso es sabido ya.
❑ No se sabe mucho.

Ejercicio 5.   Usted va a oír una oración con el pronombre *se*. Diga cuál es el significado general de la oración: *reflexivo, recíproco* o *pasivo-impersonal*.

> *Ejemplo:*   Se arreglan relojes.
>
> ❏ reflexivo   ❏ recíproco   ☒ pasivo-impersonal

1. ❏ reflexivo   ❏ recíproco   ❏ pasivo-impersonal

2. ❏ reflexivo   ❏ recíproco   ❏ pasivo-impersonal

3. ❏ reflexivo   ❏ recíproco   ❏ pasivo-impersonal

4. ❏ reflexivo   ❏ recíproco   ❏ pasivo-impersonal

5. ❏ reflexivo   ❏ recíproco   ❏ pasivo-impersonal

6. ❏ reflexivo   ❏ recíproco   ❏ pasivo-impersonal

7. ❏ reflexivo   ❏ recíproco   ❏ pasivo-impersonal

8. ❏ reflexivo   ❏ recíproco   ❏ pasivo-impersonal

Ejercicio 6.   Usted va a oír una oración con el pronombre *se*. Diga cuál es el significado general de la oración: *pasivo-impersonal* o *activo-impersonal*.

> *Ejemplo:*   Se vigilaba al conspirador.
>
> ❏ pasivo-impersonal   ☒ activo-impersonal

1. ❏ pasivo-impersonal   ❏ activo-impersonal

2. ❏ pasivo-impersonal   ❏ activo-impersonal

3. ❏ pasivo-impersonal   ❏ activo-impersonal

4. ❏ pasivo-impersonal   ❏ activo-impersonal

5. ❏ pasivo-impersonal   ❏ activo-impersonal

6. ❏ pasivo-impersonal   ❏ activo-impersonal

Ejercicio 7. Usted oirá una oración con el pronombre *se.* Diga qué función desempeña el pronombre: *de objeto indirecto, reflexiva, recíproca, pasiva-impersonal,* o *activa impersonal.*

> *Ejemplo:* Se los compraron ayer.
>
> ☒ obj. indir. ❑ reflexiva ❑ recíproca ❑ pas.-imp. ❑ act.-imp.

1. ❑ obj. indir. ❑ reflexiva ❑ recíproca ❑ pas.-imp. ❑ act.-imp.

2. ❑ obj. indir. ❑ reflexiva ❑ recíproca ❑ pas.-imp. ❑ act.-imp.

3. ❑ obj. indir. ❑ reflexiva ❑ recíproca ❑ pas.-imp. ❑ act.-imp.

4. ❑ obj. indir. ❑ reflexiva ❑ recíproca ❑ pas.-imp. ❑ act.-imp.

5. ❑ obj. indir. ❑ reflexiva ❑ recíproca ❑ pas.-imp. ❑ act.-imp.

6. ❑ obj. indir. ❑ reflexiva ❑ recíproca ❑ pas.-imp. ❑ act.-imp.

7. ❑ obj. indir. ❑ reflexiva ❑ recíproca ❑ pas.-imp. ❑ act.-imp.

8. ❑ obj. indir. ❑ reflexiva ❑ recíproca ❑ pas.-imp. ❑ act.-imp.

Ejercicio 8. Ahora usted va a oír tres noticias breves. Cada noticia va seguida de una pregunta. Durante la pausa escoja la respuesta entre las tres que se dan.

1. ❑ Puso en la cárcel al Ministro de Defensa soviético.
   ❑ Voló su pequeño avión desde Helsinki hasta Moscú.
   ❑ Lo dejaron libre en la Plaza Roja de Moscú.

2. ❑ Presidente de Filipinas, exilado por Fernando Marcos.
   ❑ Un exilado filipino que venía a crear dificultades en Filipinas.
   ❑ Un político oposicionista asesinado al bajarse del avión.

3. ❑ Por haber sido perseguido por la Inquisición y los calvinistas.
   ❑ Por haber descubierto la circulación de la sangre.
   ❑ Porque murió en la hoguera (***burned at the stake***)

Expresión oral

Ejercicio 1.   Conteste las siguientes preguntas afirmativamente, pero usando una construcción verbal pasiva.

> *Ejemplo:*   ¿Tú crees que el Congreso aprobará esas leyes?
> **Sí, estoy seguro que esas leyes serán aprobadas por el Congreso.**

Ejercicio 2.   Usted oye un enunciado sobre una persona, seguido de una pregunta relacionada con otra persona. Conteste que a esa segunda persona le ocurre exactamente lo contrario de lo que le ocurre a la primera.

> *Ejemplo:*   Tu primo es elogiado por todos. ¿Y tu hermana?
> **Mi hermana no es elogiada por nadie.**

Ejercicio 3.   Usted oye un enunciado donde se afirma que cierta persona *hacía* una labor determinada. Usted pregunta   *a qué hora se hacía* esa labor.

> *Ejemplo:*   Tú recogías a los niños en la escuela.
> **¿A qué hora se recogía a los niños?**

Ejercicio 4.   Conteste estas preguntas afirmativamente, repitiendo lo que se dice en la pregunta como oración impersonal con *se*.

> *Ejemplo:*   ¿Adónde llevaron a los muchachos? ¿Al circo?
> **Sí, se les llevó al circo.**

Ejercicio 5.   Usted va a oír un enunciado con una oración pasiva de primera. Usted va a negarlo usando una *pasiva con se.*

> *Ejemplo:*   Me dijeron que la casa fue vendida ayer.
> **No, no se vendió.**

Ejercicio 6.   Usted va a oír un enunciado con una oración pasiva impersonal con *se*. Reafirme el enunciado repitiendo la idea con una oración impersonal con *uno*.

> *Ejemplo:*   Se vive muy bien aquí.
> **Estoy de acuerdo: uno vive muy bien aquí.**

C H A P T E R   1 6

Prepositions

Comprensión oral

Ejercicio 1: Dictado.   Copie las oraciones que se le van a dictar.   Después usted vuelva a copiar cada oración, escribiendo las preposiciones que no se dictaron, que pueden ser *a*, *de*, *en*, *por*, o *para*.

> *Ejemplo:*   Voy ver quiénes están la sala.
> **Voy a ver quiénes están en la sala.**

1. _____

   _____

2. _____

   _____

3. _____

   _____

4. _____

   _____

5. _____

_____

6. _____

_____

Ejercicio 2. Usted va a oír una oración a la que le falta el final. Durante la pausa marque el final más apropiado.

> *Ejemplo:* Lupita ve mucha televisión...
>
> ❑ con el reloj.   ❑ a la tarde siguiente.   ☒ de día y noche.

1. ❑ monarca.   ❑ destierro.   ❑ movimiento.

2. ❑ flotando.   ❑ caliente.   ❑ despierto.

3. ❑ con la universidad.   ❑ a la universidad.   ❑ en la universidad.

4. ❑ tan revuelta.   ❑ tan excelente.   ❑ tan ancha.

5. ❑ aprovecharte de su bondad.   ❑ protegerte de su bondad.   ❑ coger su bondad.

6. ❑ para ti.   ❑ por ti.   ❑ de ti.

Ejercicio 3. Ahora usted oirá una pregunta dirigida a usted. Contéstela seleccionando la mejor respuesta.

> *Ejemplo:* Niño, ¿qué te pasa? ¿Por qué lloras?
>
> a. Porque me quitaron la pelota.
> b. Porque cogí la pelota.
> c. Porque tomé la pelota.

1. a. Porque es pujante, sumiso y revuelto.
   b. Porque me prometió llevarme al cine y me engañó.
   c. Porque se enteró de la fecha del viaje.

2. a. Olvidé la tarea para mañana.
   b. Empecé a soñar.
   c. Apagué las luces de la casa.

3. a. Porque es tan molesto como un dolor de estómago.
   b. Porque siempre le duele el cuello.
   c. Porque me dio dolor de cuello.

4. a. Revueltas.
   b. Sumisas.
   c. Puñales.

5. a. Ir a la playa a tomar el sol.
   b. Estar despierto todo el día.
   c. Soñar con mi novia.

6. a. Que sean sumisos.
   b. Sinceridad.
   c. Curiosidad.

Ejercicio 4. Usted va a oír dos oraciones, *a* y *b*. Diga si las oraciones tienen el mismo significado o si son diferentes, poniendo una cruz al lado de *iguales* o *diferentes*, como en el ejemplo.

> *Ejemplo:* (a) Esteban estudia de madrugada.
> (b) Esteban estudia por la noche.
>
> ❑ iguales   ☒ diferentes

1. ❑ iguales   ❑ diferentes

2. ❑ iguales   ❑ diferentes

3. ❑ iguales   ❑ diferentes

4. ❑ iguales   ❑ diferentes

5. ❑ iguales   ❑ diferentes

6. ❑ iguales   ❑ diferentes

Ejercicio 5.   Usted va a oír una pregunta y leerá dos respuestas. Una de las dos es la respuesta correcta. Ponga una cruz en el lugar apropiado, como en el ejemplo.

> *Ejemplo:*   ¿Por dónde vas a salir?
>
> a. Para esa calle.
> ✗ Por esa calle.

1. a. Sí, para que esté limpia.
  b. Sí, porque está limpia.

2. a. Sí, por mí.
  b. Sí, para mí.

3. a. No, por la mañana.
  b. No, para mañana.

4. a. Sí, para su música.
  b. Sí, por su música.

5. a. Treinta dólares por hora.
  b. Treinta dólares para la hora.

6. a. Treinta dólares por todo el trabajo.
  b. Treinta dólares para todo el trabajo.

Ejercicio 6.   Ahora usted oirá una oración incompleta cuya última palabra es una preposición. Sólo una de las tres frases a continuación puede terminar correctamente la oración. Márquela con una cruz en el lugar apropiado.

> *Ejemplo:*   Me gustan mucho esas blusas de...
>
> ❑ las cortinas.   ☒ seda.   ❑ mías.

1. ❑ la casa de tu prima.   ❑ ser.   ❑ ver.

2. ❑ mí.   ❑ acabas temprano.   ❑ estar.

3. ❑ sus muebles.   ❑ su casa.   ❑ él.

4. ❑ la edad.   ❑ la ciudad.   ❑ los padres.

5. ❑ menos de diez minutos.   ❑ la noche.   ❑ la casa.

6. ❑ que saben que bebieron.   ❑ la plaza.   ❑ ellos.

Ejercicio 7. ¡Ahora le toca a usted! Dos personas están hablando. La primera dice algo, la segunda añade algo, y usted, que es la tercera persona, responde escogiendo una de las dos respuestas que se dan.

> *Ejemplo:* Primera persona: ¡Qué día más bonito!
> Segunda persona: Sí, está precioso.
> Usted: a. Sí, para la playa, donde hay arena
>   ⓑ. Sí, hasta la noche, que cambiará.

1. a. No, no hay fiesta a esa hora.
   b. No sé. El mes pasado no cerraban.

2. a. ¿Y a qué fueron allá?
   b. Están en Guatemala.

3. a. Para mí, mañana nos vamos.
   b. Por mí, igual.

4. a. Ustedes están equivocados. Ese programa no lo dan los viernes, sino los sábados.
   b. Es que se apagaron las luces.

5. a. ¿Tú siempre te esfuerzas por destacarte tanto?
   b. Ya me olvidé de lo que iba a escribir.

Ejercicio 8. Ahora usted va a oír un ensayo breve sobre una cuestión social de actualidad. El ensayo va seguido de tres preguntas. Durante la pausa contéstelas en la forma más abreviada que sea posible.

1. ¿La doctora Bárbara McClintock descubrió que los cambios de color en las plantas de maíz se debían a movimientos de los genes alrededor de los cromosomas o descubrió que el maíz puede cambiar de color?

_____

_____

2. ¿La doctora McClintock hizo sus descubrimientos en los años 40 o en los años 80?

_____

3. ¿La doctora es bióloga, botánica o médica?

_____

Expresión oral

Ejercicio 1.   Usted oirá una pregunta sobre cuándo un amigo común, llamado Enrique, hizo algo. Usted responde diciendo que lo hizo a la semana o mes siguiente.

> *Ejemplo:*   ¿Cuándo vino Enrique? ¿Esa semana?
> **No, vino a la semana siguiente.**

Ejercicio 2.   Usted oirá una pregunta sobre si un amigo común, llamado Alberto, está en un lugar determinado. Usted responde diciendo que llegará a ese lugar mañana.

> *Ejemplo:*   ¿Alberto está en Valencia?
> **No, llegará a Valencia mañana.**

Ejercicio 3.   Alguien le dice que van a cierto lugar para hacer algo. Usted aprueba la idea reafirmando que desde ese lugar se puede hacer lo que se menciona.

> *Ejemplo:*   ¡Vamos al balcón para ver el desfile!
> **Sí, desde el balcón podremos ver el desfile.**

Ejercicio 4.   Un amigo le pide que venga a cierto lugar. Usted acepta la invitación y le dice que lo verá en ese lugar, como en el ejemplo.

> *Ejemplo:*   Ven a la fiesta.
> **Muy bien. Te veré en la fiesta.**

Ejercicio 5.   Un amigo le pregunta si usted hará algo a cierta hora. Usted le contesta que no lo hará hasta una hora más tarde.

> *Ejemplo:*   ¿Volverás a las once?
> **No, no volveré hasta las doce.**

Ejercicio 6.   Usted oirá una pregunta seguida del nombre de una persona o de una cosa. Conteste la pregunta afirmativamente usando el nombre como objeto directo.

> *Ejemplo:*   ¿Qué hacías? ¿Esperar? (médico)
> **Sí, esperaba al médico.**
>
> ¿Qué hacías? ¿Esperar? (el tren)
> **Sí, esperaba el tren.**

Ejercicio 7. Usted oirá una pregunta sobre cuándo usted necesita, quiere, etc., algo. Después sigue otra pregunta sugiriendo un tiempo. Conteste afirmativamente aceptando el tiempo sugerido. Use pronombres en lugar de nombres en los objetos directos.

> *Ejemplo:* ¿Cuándo necesitas el traje? ¿Mañana?
> **Sí, lo necesito para mañana.**

Ejercicio 8. Una persona le dice que hace algo y obtiene un resultado. Entonces usted le pregunta, como si no lo creyera, si hace algo para obtener el resultado que menciona.

> *Ejemplo:* Yo estudio y paso los exámenes.
> **Entonces, ¿tú estudias para pasar los exámenes?**

Ejercicio 9. Un amigo le pregunta cuánto tiempo usted va a hacer cierta actividad. Contéstele que la va a hacer por el tiempo que se sugiere en la pregunta.

> *Ejemplo:* ¿Cuánto tiempo vas a estudiar? (dos horas)
> **Voy a estudiar por dos horas.**

Ejercicio 10. Un(a) amigo(a) le dice que tiene que hacer una tarea determinada. Usted le ofrece su ayuda diciéndole que no se preocupe, que usted hará la tarea por ella o él, como en el ejemplo.

> *Ejemplo:* Tengo que trabajar hoy.
> **No te preocupes. Yo trabajaré por ti hoy.**

Ejercicio 11. Alguien le pregunta si usted hizo una tarea determinada. Usted le contesta negativamente y le explica que la tarea todavía está por hacer.

> *Ejemplo:* ¿Limpiaste el cuarto?
> **No, todavía está por limpiar.**

Ejercicio 12. Una persona le dice que cierto artículo cuesta una cantidad de dinero. Usted se sorprende y añade que por esa cantidad se pueden comprar dos artículos.

> *Ejemplo:* Esa camisa cuesta cincuenta dólares.
> **¡Qué barbaridad! Por cincuenta dólares se pueden comprar dos camisas.**

C H A P T E R   1 7

Infinitives and the Present Participle

Comprensión oral

Ejercicio 1. Dictado.   Usted va a oír el comienzo de una oración y verá dos finales de oración. Copie el comienzo al lado del final más apropiado.

> *Ejemplo:*   Hace una hora que estoy tratando de...

1. _____ a decir que pasó por aquí.

   _____ diciendo palabras incoherentes.

2. _____ de recordar por su melodía complicada.

   _____ cantar por su música difícil.

3. _____ de volver al principio.

   _____ ser perfecto en esta vida.

4. _____ aunque las corre todos los días.

   _____ a pesar de que ya llegó a los ochenta años.

5. ¿_____ acostarse junto a su amo?

¿_____ dar las vueltas?

6. _____ diciendo el precio de cada uno.

_____ decir nada a nadie.

Ejercicio 2.   Usted oirá una oración simple con una frase verbal formada por dos o tres formas verbales. Durante la pausa copie solamente la frase verbal, incluyendo las preposiciones que haya en ella.

> *Ejemplo:*   Usted oye: Vamos a empezar a hacer los ejercicios.
> Usted copia: **Vamos a empezar a hacer.**

1. _____   5. _____

2. _____   6. _____

3. _____   7. _____

4. _____   8. _____

Ejercicio 3.   Usted va a oír dos oraciones. Durante la pausa diga si son **iguales** o **diferentes** en significado.

> *Ejemplo:*   (a) Es hora de comer.
> (b) Ha llegado el momento de comer.
> ☒ iguales   ❑ diferentes

1. ❑ iguales   ❑ diferentes

2. ❑ iguales   ❑ diferentes

3. ❑ iguales   ❑ diferentes

4. ❑ iguales   ❑ diferentes

5. ❑ iguales   ❑ diferentes

6. ❏ iguales   ❏ diferentes

7. ❏ iguales   ❏ diferentes

8. ❏ iguales   ❏ diferentes

Ejercicio 4.   Otra vez **iguales o diferentes**, pero con gerundios. Usted oirá dos oraciones muy parecidas. Durante la pausa diga si son **iguales** o **diferentes** en significado.

Ejemplo: (a) Hablando con Julia anoche, oí una explosión.
(b) Oí una explosión anoche cuando hablaba con Julia.

☒ iguales   ❏ diferentes

1. ❏ iguales   ❏ diferentes

2. ❏ iguales   ❏ diferentes

3. ❏ iguales   ❏ diferentes

4. ❏ iguales   ❏ diferentes

5. ❏ iguales   ❏ diferentes

6. ❏ iguales   ❏ diferentes

Ejercicio 5.   Ahora usted oirá una pregunta que le concierne a usted o a sus amigos o compañeros. Contéstela escogiendo una de las tres respuestas que se dan.

Ejemplo: ¿Qué piensas hacer ahora?

a. Pienso hacerlo ahora.
b. Me conformo con hacerlo ahora.
c. Creo que voy a empezar a leer un nuevo libro.

1. a. No sé. Anda diciendo que nosotros no lo ayudamos nunca.
   b. Está pasando todos los días a hablar con su tía Celia.
   c. No sé. Se conformaba con que le dieran veinte dólares para el viaje.

2. a. Acaban de entrar a ver las exhibiciones que trajeron ayer.
   b. Insisten en entrar porque ya es hora de que abran.
   c. Están esperando a que abran las puertas para entrar.

3. a. Dijeron que lo iban a interrogar.

b. Confesó haber cometido el robo.

c. Dejó de robar a los vecinos ricos.

4. a. Me abstengo de contestar.

b. Me conformo con esos resultados.

c. Me gustan las elecciones.

5. a. Me puse a hablar con el jefe.

b. Me dieron cuatro horas para verlo.

c. Me apresuré a terminar el trabajo.

6. a. Porque era muy bueno y me gustaba mucho.

b. Porque me negué a traficar con mentiras para no pagar impuestos.

c. Porque había que conformarse con ganar mucho dinero todos los meses.

Ejercicio 6.   Usted oirá una narración muy breve. Durante la pausa marque el enunciado que la describe mejor, entre los tres que se dan.

1. a. Hay un conflicto laboral en la fábrica.

b. Van a cerrar la fábrica.

c. Hay que aprender nuevas técnicas.

2. a. No hay muchos avances desde 1980.

b. La vida social no ha cambiado mucho desde los ochenta.

c. El siglo XXI ya ha empezado a manifestarse en los avances tecnológicos.

3. a. La biblioteca está llena de libros de misterio.

b. Una nueva biblioteca se crea.

c. Los libros románticos vuelven a los estantes.

Ejercicio 7.   Ahora le toca a usted. Ahora usted va a participar en una conversación con otros dos personajes. Usted oirá lo que dicen ellos y cuando le toque su turno, usted escogerá su participación entre las tres posibilidades que se ofrecen.

Usted:

1. a. Lograré probarlo.

b. Con mucho gusto.

c. Intentaré comprarlo.

2. a. Piensa en ti un poco más.

　　b. Bueno, pero no tardes en volver.

　　c. Uno se cansa de venir todos los meses.

3. a. Trataré de ir en mi coche.

　　b. Pienso ir en el autobús de las seis.

　　c. Prohibirán viajar en automóvil.

4. a. Sería alguien que trataba de escaparse.

　　b. Tú siempre estás viendo fantasmas.

　　c. Procura buscarlo bien.

5. a. Vienes de jugar fútbol y estás cansado.

　　b. No te obligamos a explicar,... pero eres amigo.

　　c. Es que no hay que ponerse a pelear por jugar.

Ejercicio 8.　Usted va a oír una noticia de gran actualidad en noviembre de 1989. Quizás no entienda todas las palabras, pero el contexto le permitirá comprender todo lo que se dice. Después de escucharla, conteste en la forma más abreviada posible las preguntas que se le hacen.

1. ¿De qué se habla en esta noticia? ¿De la caída de Berlín o del derribamiento de su muralla?

_____

2. ¿En qué mes y en qué año ocurrió el hecho que se narra?

_____

3. ¿Qué demandaron los alemanes del este?

_____

4. ¿Qué representa este título: «Un día como éste debe durar para siempre.»?

_____

5. ¿Qué les pasó a las líneas telefónicas entre las dos ciudades de Berlín?

_____

6. ¿Qué permitió al resto del mundo ver esta fiesta de libertad?

Expresión oral

Ejercicio 1.   Un amigo le pregunta a usted si le gustó algo que usted hizo. Usted le contesta usando el adjetivo que se sugiere con el verbo **ser**.

> *Ejemplo:*   ¿Te gustó viajar por las llanuras? (aburrido)
> **En realidad, es aburrido viajar por las llanuras.**

Ejercicio 2.   Un amigo les pregunta a ustedes si hicieron una cosa determinada. Responda usando el verbo que se sugiere.

> *Ejemplo:*   ¿Compraron ustedes la casa? (vamos)
> **No, pero vamos a comprarla.**

Ejercicio 3.   Un amigo le pregunta si usted quiere hacer algo. Contéstele afirmativamente e indíquele que **trata de, espera, cuenta con**, etc., hacerlo.

> *Ejemplo:*   ¿Quieres salir esta noche? (insisto)
> **Sí, insisto en salir esta noche.**

Ejercicio 4.   Alguien le dice que una persona o personas hicieron cierta actividad. Usted responde diciendo que no vio o no oyó lo que hicieron.

> *Ejemplo:*   Ya cantó Victoria. (oí)
> **Pues yo no la oí cantar.**

Ejercicio 5.   Una persona le dice que hace cierta actividad. Usted le responde que manda o hace hacer la misma actividad.

> *Ejemplo:*   Limpio mi apartamento todos los sábados.
> **Pues yo lo hago limpiar.**

Ejercicio 6.   Un amigo le dice que hará algo en el futuro inmediato: mañana, el lunes, etc. Usted le pide que lo/la llame antes de hacer lo que se propone.

> *Ejemplo:*   Saldré mañana.
> **Quiero que me llames antes de salir.**

Ejercicio 7. Alguien quiere saber si su amiga hizo una determinada cosa. Respóndale afirmativamente y añada que se fue inmediatamente después de hacerla.

> *Ejemplo:* ¿Ya comió Vilma?
> **Sí, y se fue después de comer.**

Ejercicio 8. Alguien quiere saber si cierta persona o grupo de personas está haciendo algo. Usted, que no está seguro(a), le dice que cree que andan haciendo lo que se le pregunta.

> *Ejemplo:* ¿Están paseando los muchachos?
> **Sí, creo que andan paseando.**

Ejercicio 9. Alguien quiere saber si cierta personas o grupo de persona está haciendo algo todavía. Contéstele afirmativamente y añada que esa persona **sigue haciéndolo.**

> *Ejemplo:* ¿Todavía está leyendo Mario?
> **Sí, sigue leyendo.**

C H A P T E R   1 8

De esto y de aquello

Comprensión oral

Ejercicio 1: Dictado.   Usted va a oír el comienzo de una oración. En el cuaderno usted podrá leer dos finales de oración. Copie el comienzo al lado del final más apropiado.

Ejemplo: Usted oye: Esta noche viene un viento frío del norte y...
              Usted lee: **...hará mucho frío por la mañana.**
                            ...debemos de temblar.

1. _____ para estar mejor de salud.

   _____ por eso tiene tiempo para estudiar más.

2. _____ porque el viento viene de Canadá.

   _____ porque hace mucho sol.

3. _____ íbamos a salir temprano

   _____ ya no podía tomar el examen.

4. _____ para ofender a todos.

   _____ para que no tengas peleas.

5. _____ en esa familia.

_____ si quieren ser felices.

6. _____ lo que sea necesario hacer.

_____ la verdad y sólo la verdad.

Ejercicio 2.   Otro dictado, pero más corto. Copie las palabras que faltan en estas oraciones. Usted oirá toda la oración una sola vez.

1. En este edificio hay _____ vecinos que _____ de Méjico.

2. _____ días que _____ a mis tías.

3. ¿_____ trabajar _____ los días?

4. Esos empleados son _____ _____. La compañía _____ buscar otros más competentes.

5. Ayer _____ accidentes que _____.

Ejercicio 3.   Usted oirá dos oraciones. Durante la pausa indique si tienen significados **diferentes** o **iguales**.

      Ejemplo: (a) Estos muchachos hirieron al perro.
                (b) Estos muchachos se lo hicieron al perro.

        ❑ iguales   ☒ diferentes

1. ❑ iguales   ❑ diferentes

2. ❑ iguales   ❑ diferentes

3. ❑ iguales   ❑ diferentes

4. ❑ iguales   ❑ diferentes

5. ❑ iguales   ❑ diferentes

6. ❏ iguales ❏ diferentes

7. ❏ iguales ❏ diferentes

8. ❏ iguales ❏ diferentes

Ejercicio 4. Usted oirá una oración con una forma verbal. Durante la pausa diga si la oración se refiere al **pasado, presente** o **futuro**.

> *Ejemplo:* Ya habrán cerrado la tienda.
>
> ☒ pasado ❏ presente ❏ futuro
>
> Usted debe marcar *pasado*.

1. ❏ pasado ❏ presente ❏ futuro

2. ❏ pasado ❏ presente ❏ futuro

3. ❏ pasado ❏ presente ❏ futuro

4. ❏ pasado ❏ presente ❏ futuro

5. ❏ pasado ❏ presente ❏ futuro

6. ❏ pasado ❏ presente ❏ futuro

7. ❏ pasado ❏ presente ❏ futuro

8. ❏ pasado ❏ presente ❏ futuro

Ejercicio 5. Usted va a oír una orden o sugerencia dirigida a usted. En su manual, indique si es **autoritaria** o **cortés**.

> *Ejemplo:* ¿Quisieras darme un vaso de agua?
>
> ❏ autoritaria ☒ cortés

1. ❏ autoritaria ❏ cortés

2. ❏ autoritaria ❏ cortés

3. ❏ autoritaria ❏ cortés

4. ❏ autoritaria   ❏ cortés

5. ❏ autoritaria   ❏ cortés

6. ❏ autoritaria   ❏ cortés

Ejercicio 6.   Ahora usted va a oír un breve resumen de un hecho histórico que tuvo mucha importancia durante gran parte del siglo XX. Después que lo oiga por primera vez, empiece a marcar los enunciados que se refieran a la información escuchada por usted. Luego vuelva a escucharlo para completar y verificar su selección.

1. ❏ La Guerra Civil española empezó el 18 de julio de 1936.

2. ❏ La República estaba apoyada por Francisco Franco y varios generales.

3. ❏ Alemania, Italia y Portugal contribuyeron con armas y combatientes a la causa de los sublevados.

4. ❏ La causa republicana fue apoyada por norteamericanos, franceses e ingleses.

5. ❏ También la apoyaron los comunistas de todo el mundo.

6. ❏ La Unión Soviética, sin embargo, no ayudó a los republicanos.

7. ❏ Ernesto Hemingway luchó en el lado de los republicanos.

8. ❏ La guerra produjo casi un millón de muertos entre los soldados.

9. ❏ La República fue vencida por las fuerzas franquistas.

10. ❏ Dos años después de la Guerra Civil española empezó la Segunda Guerra Mundial.

11. ❏ El 1 de septiembre de 1939, los ejércitos alemanes atacaron a Polonia.

12. ❏ Adolfo Hitler dio la orden de atacar e invadir a Polonia, lo cual fue el inicio de la Segunda Guerra Mundial.

Expresión oral

Ejercicio 1. Una persona le dice que usted no hizo una determinada tarea. Usted rechaza enérgicamente lo que oye, con un **sí** enfático.

> *Ejemplo:* Usted no escribió la solicitud.
> **Yo sí la escribí.**

Ejercicio 2. Una persona le pregunta si usted quiere hacer algo. Contéstele negativamente y añada que usted ya hizo lo que se le pregunta.

> *Ejemplo:* ¿Quieres desayunar?
> **No, gracias. Ya desayuné.**

Ejercicio 3. Un amigo le pregunta cuándo hará cierta actividad un amigo o amigos comunes de ustedes. Usted, que no sabe la respuesta, le contesta de manera indefinida y despreocupada con un **ya + futuro.**

> *Ejemplo:* ¿Cuándo volverá Antonio?
> **No te preocupes; ya volverá.**

Ejercicio 4. Una persona hace una exclamación sobre cierta condición del tiempo. Respóndale asintiendo con la expresión, pero usando la frase **Hace + condición.**

> *Ejemplo:* ¡Qué frío!
> **Sí, hace mucho frío.**

Ejercicio 5. Un amigo le pregunta (porque no entendió bien lo que usted dijo) si usted hizo algo cierto número de años, o meses, etc., en cierto lugar. Usted le responde negativamente y le aclara que lo hizo allí **hace** dos años, meses, etc.

> *Ejemplo:* ¿Cómo? ¿Viviste en Madrid dos años?
> **No. Digo que viví allí hace dos años.**

Ejercicio 6. Un amigo está buscando algo que necesita. Usted le señala un lugar cercano a usted y le dice que ahí (**aquí**) hay lo que busca su amigo.

> *Ejemplo:* Necesito varios discos. ¿Quién tendrá discos?
> **Mira, aquí hay discos.**

Ejercicio 7.   Un amigo le pregunta si ustedes hacen cierta cosa. Usted le responde afirmativamente y aclara que **hay que hacer** lo que se le pregunta.

> *Ejemplo:*   ¿Entramos ahora?
> **Sí, hay que entrar ahora.**

Ejercicio 8.   Un amigo le pregunta si usted va a hacer algo. Usted le responde afirmativamente y añade que **tiene que hacerlo.**

> *Ejemplo:*   ¿Vas a tomar esa medicina?
> **Sí, tengo que tomarla.**

Ejercicio 9.   Un amigo le pregunta si usted tiene algo o mucho que hacer. Respóndale afirmativamente.

> *Ejemplo:*   ¿Tienes que leer mucho?
> **Sí, tengo mucho que leer.**

Ejercicio 10.   Un amigo le expresa su intención de hacer una tarea determinada. Usted trata de disuadirlo diciéndole que **no debe hacerlo ahora.**

> *Ejemplo:*   Voy a correr ahora.
> **No debes correr ahora.**

Answer key to cuaderno de ejercicios

Chapter 1: Demonstratives

I. LECTURA

1.1 Comprensión.

1. x   2. x   3. ( )   4. x   5. ( )   6. x   7. x   8. ( )   9. ( )   10. x

II. VOCABULARIO

1. colosal   estatura   posturas   chiquilla   ligereza

2. visitantes   contemplaban   mujer de bien   varón

2.2 Identificación.

1. El plátano 2. la montaña   3. almohadas   4. se preocupó   5. el magnetófono
6. sorprendida   7. alfombra   8. más barata   9. En realidad   10. invitarla a
salir.

2.3 Aplicación.

Answers will vary.

1. En realidad, no creo que puedo/pueda pedirle el coche a mi familia.

2. No voy a ponerme este suéter porque no me queda bien.

3. Estoy de acuerdo en regular las emisiones de los automóviles.

4. Estoy muy disgustado con todo: no me gusta esto, ni eso, ni nada.

5. Me gustan las universidades antiguas europeas porque son muy estrictas.

2.4 Definiciones.

1. competencia   2. blusa   3. mueble   4. héroe/heroína   5. revista

III. GRAMÁTICA

3.1 Sustitución.

1. aquella   2. este   3. Aquellos   4. esa   5. esta

3.2 A completar.

1. Eso   2. esto eso   3. Esto   4. eso   5. Eso   6. Aquello

375

3.3   Preguntas y respuestas.

Answers will vary.

1. No, ésos no son los míos. Los míos son éstos/aquéllos.

2. No, no compré ése/éste. Compré éste/ése/aquél.

3. No, ésta/ésa no es mi hija. La mía es ésa/ésta/aquélla.

4. No, aquéllos son antiguos, no modernos.

5. No, voy a arreglar aquél/éste.

3.4   Demostrativos.

1. esos / los   2. Los   3. aquella   4. Estas / los   5. aquellos

3.5   Composición: párrafos.

Answers will vary.

3.6   Composición: ensayo.

Answers will vary.

Chapter 2: The Use of Tenses in General

I. LECTURA

1.1 Comprensión.

1. Caín y Abel.   2. Eran hermanos.   3. Abel.   4. En el desierto   5. Eran muy altos.   6. El atardecer. / Cuando declinaba el día.   7. Caín mató a Abel. 8. Perdonar.

II. VOCABULARIO

2.1 Vocabulario.

1. asomó ... caminó ... se sentó ... advertir   2. Eran ... declinar ... estaban   3. mató ... perdonen   4. se reconocieron   5. traté ... dejó   6. guardaron ... hicieron ... sentarse

2.2 Identificación.

1. La cajera ... se puso ... muy guapa   2. están ... desde hace ... les da la gana ... ha mandado ... pongan   3. cambiar ... envuelvan   4. lloverá ... bailar   5. hacía ... había graduado ... sino que   6. se hizo ... se volvió

2.3 Aplicación.

Answers will vary. Here are some possibilities.

1. (Enciende/Debes encender/Puedes encender) las luces (para evitar ponerte deprimido/ para no deprimirte).   2. No hay nada más que un pastel de manzana viejo en el refrigerador y yo tengo mucha hambre.   3. Déjame abierta la puerta.   4. Ricardo/ Ricardito no está aquí. Estará enfermo.   5. Papá, hace diez semanas que no recibo el cheque (de ti).   6. Me niego a tomar/seguir este camino porque es más largo que el otro.

2.4 Definiciones.

1. poderoso   2. embajador   3. cómodo   4. sumar   5. cenar   6. finalizar 7. bañarse   8. desayunar(se)   9. oponerse   10. familiares

III. GRAMÁTICA.

3.1 A completar libremente.

Answers will vary. Here are some possibilities.

1. ...pensamos lo que le vamos a decir   2. ...no quiero decírtelo   3. ...tenemos mucho sueño.   4. ...no me ha pedido nada   5. ...preferimos ir al restaurante 6. ...cuida mucho el dinero

3.2 Respuesta breve.

Answers will vary. Here are some possibilities.

1. No está diciendo nada, como siempre.   2. Están nadando en el río.   3. Le estoy escribiendo a mi tía Margarita.   4. Estamos corriendo porque es nuestra hora de hacer ejercicios.   5. Estoy pensando en ti, como siempre.   6. Están durmiendo en el cuarto de los padres.

3.3 Ampliación.

Answers will vary. Here are some possibilities.

1. Hace 8 meses que estoy casado con Cecilia.   2. Trabajo en una compañía de seguros desde hace dos años y medio.   3. Estudio por las noches en la universidad (desde) hace un año.   4. Cecilia y yo tenemos una casa pequeña pero nuestra hace 3 semanas 5. Hace 6 semanas que ella busca trabajo en el centro.

3.4 Responder que nunca.

Answers will vary. Here are some possibilities.

1. Nunca le he hablado a la doctora Rojo, pero le hablaré la semana que viene.   2. No, nunca la he hecho, pero la voy a hacer esta noche.   3. No, nunca he ido a Europa, pero iré el próximo verano.   4. No, no he ayudado nunca con la limpieza, pero lo haré cuando tengamos la nueva casa. 5. No, nunca he leído novelas de la Revolución, pero leeré una este semestre.

3.5 Probabilidad.

Answers will vary. Here are some possibilities.

1. Estarán mirando el juego en la televisión.   2. Tendrán el virus de la/del gripe. 3. Le gustarán los precios.   4. Querrán vender la mercancía del año pasado.   5. Tendrán la firma de algún diseñador famoso. 6. Preferirán algo más práctico.

3.6 Cambiar al pasado.

Answers will vary. Here are some possibilities.

1. (Tú) dijiste que Rita sería la nueva tesorera.   2. Miguel me informó que tú aceptarías

el cargo de presidente.   3. Los periódicos anunciaron que después habría más inflación.
4. Nos dijeron que los obreros irían a la huelga.   5. Les notificaron que no les
venderían gasolina.   6. Me anunciaron que las acciones subirían de precio.

3.7 Ante-presente.

Answers will vary. Here are some possibilities.

1. Sí, me las he tomado hace unos minutos.   2. He estado en la oficina.   3. Ya han
llegado anoche.   4. Se ha comprado unas camisas de seda muy caras. 5. Porque usted
me los ha pedido hace un momento.   6. No, nunca las he leído.

3.8 Pluscuamperfecto.

Answers will vary. Here are some possibilities.

1. ...nos habían pedido que llegáramos temprano.   2. ...ya había llegado su jefe.
3. ...ya la habíamos visto en Mendoza.   4. ...nos habías llamado por teléfono varias
veces.   5. ...se habían caído.   6. ...no le habían dado la noticia de la llegada de sus
padres.

3.9 Futuro perfecto.

Answers will vary. Here are some possibilities.

1. Habrán vuelto para el jueves.   2. Lo habremos terminado para las tres de la tarde.
3. La habrá preparado para cuando nos sentemos a comer.   4. Te lo habré traído para el
lunes.   5. Los habré conseguido antes del domingo.   6. Se lo habremos devuelto
para esta tarde.

3.10 Pasado perfecto.

Answers will vary. Here are some possibilities.

1. ...habrían llegado temprano por ver a los amigos.   2. ...los habría comprado con tu
tarjeta de crédito, no con la mía.   3. Habría ido a la iglesia contigo,...   4. Me habría
quedado a ver el noticiero de las once,...   5. Habríamos sacado el dinero del banco,...
6. ...los habríamos leído si hubiésemos tenido la revista.

3.11 Composición: párrafos.

*Answers are very personal and will vary considerably. They should be corrected/graded as brief
compositions.*

3.12 Composición: ensayo.

Correct and/or grade according to your own standards for compositions.

Chapter 3: Interrogatives

I. LECTURA

1.1 Comprensión.

1. Alvarito   2. la señora   3. X   4. la empleada   5. la señora   6. la empleada   7. X   8. la señora   9. la empleada   10. la empleada

II. VOCABULARIO

2.1 1. se insolentó ... gritó ... Basta   2. me atrevo ... invertir   3. tutear (tratar de tú) ... autoricen   4. corresponde ... significa   5. gusta ... uses

2.2 Identificación: adjetivos.

1. honrados   2. simpática   3. perdido   4. completa

2.3 Identificación: nombres.

1. dinero   2. personajes   3. una toronja   4. las gafas   5. un asiento

2.4 Aplicación.

Answers will vary. Here are some possibilities:

1. Mi hermana está muy disgustada (enfadada, enojada, molesta, herida) porque su mejor amiga está quitándole el novio (está coqueteando con su novio) (está metiéndose entre ella y su novio).

2. Se me ha ocurrido una idea para resolver el problema de los que no tienen casa (de los desamparados de la fortuna) (de los que han perdido su hogar) (de los que se han quedado sin casa).

3. Se me ocurrió la idea de resolver el problema de los que no tienen casa cuando vi cómo funcionaban los cuerpos de voluntarios durante los desastres naturales.

2.5 Definiciones.

1. circo   2. subir (ascender)   3. llegar   4. ruido   5. lluvia; nieve
6. inmigrante

III. GRAMÁTICA.

3.1 Adjetivos interrogativos.

1. ¿Qué quiere usted?   2. ¿A quién le va a mandar este regalo?   3. ¿Cómo se llama

su sobrina?   4. ¿Dónde vive su sobrina?   5. ¿Cuál (qué) blusa prefiere usted? ¿La gris o la negra?   6. ¿De qué es esta blusa?   7. ¿Con quién habló usted sobre su tarjeta de crédito?   8. ¿Por qué le habló?

3.2 Preguntas apropiadas.

Answers will vary. Here are some possibilities.

1. ¿Qué casetes tiene usted? ¿Cuánto valen (cuestan)?   2. ¿Quieres venir conmigo? 3. ¿A qué hora empieza?   4. ¿Qué puedo llevarles?   5. ¿Cuál es la mejor marca? 6. ¿Dónde hay algo para comer?   7. ¿Dónde están las aspirinas?   8. ¿Qué autobús pasa por el hospital?

3.3 Preguntas de entrevista.

Answers will vary greatly. Correct this exercise as you would correct a composition.

3.4 Preguntas de todos los días.

Answers will vary slightly. Here are the most likely:

1. ¿Cuántos años tiene tu amigo?   2. ¿Qué hora es?   3. ¿Cuánto vale esto? 4. ¿Qué día es el examen de...?   5. ¿Cuándo es la fiesta de...   6. ¿Cuál es la temperatura de hoy?   7. ¿Cuál es el plato del día?   8. ¿Qué autobús va al centro? 9. ¿A qué hora es... ?   10. ¿Cómo se va al... ?   11. ¿Cuál es el estado del tiempo? 12. ¿Dónde vive...?

3.5 Preguntas apropiadas a la situación.

Answers will vary greatly. Only one example or possibility is given for each situation.

1. ¿Quién es el autor del libro?   2. ¿Cómo has estado en este tiempo?   3. ¿Dónde queda el estadio?   4. ¿Por qué llegas tarde? ¿Te pasó algo?   5. ¿Qué dice? No te oigo bien.   6. ¿Cómo está... ?   7.¿Tiene entradas para la función de esta noche?   8. ¿Ya se fue mi vuelo?   9. ¿Qué te pasa?   10. Hola, mamá, ¿cómo estás?

3.6 Interrogativos.

1. Qué ... cuáles ... qué   2. cómo ... qué   3. Por qué ... qué ... cuál 4. cómo ... dónde (cuándo) ... por qué ... qué ... qué

3.7, 3.8 Composición.

Answers will vary greatly.

Chapter 4: The Use of Past Tenses in Narration

I. LECTURA

1.1 Comprensión.

1. c   2. d   3. a   4. b   5. c   6. a

II. VOCABULARIO

2.1 Identificación: verbos.

1. enteré ... pudo ... seguir   2. pedirle ... firme ... pagar   3. levantó ... vistió ... llegó
4. Cállate ... preocupes ... llover   5. Transcurrieron ... acusaron ... ocultar

2.2 Identificación: nombres.

1. El alcalde ... la prosperidad ... la propiedad   2. una rareza ... la consulta ... cabeza
3. voz ... queja ... venganza ... los ojos   4. el otoño ... [las] manzanas ... el anochecer
5. el mapa ... la pared ... el camino

2.3 Identificación: adjetivos.

1. vasto   2. plateado   3. deprimido   4. atento   5. escasos

2.4 Palabras difíciles.

1. cada dos años   2. disfrutar de   3. A todo el mundo le gusta   4. me falles
5. Nos divertimos en

III. GRAMÁTICA.

3.1 Tiempo pasado.

Answers will vary.

3.2 Ya.

Answers will vary.

3.3 Preterito vs. imperfecto.

Answers will vary slightly.

1. Fui a una fiesta ayer.   2. Pagábamos las cuentas todos los fines de mes.
3. Visitaba a Teresa todos los lunes.   4. Iba de compras los sábados.   5. Vendí la

bicicleta el miércoles pasado.   6. Recibí un cheque el día 15.   7. Servía la mesa todos los días de fiesta.   8. Me casé el 1 de abril.

3.4 Narración en el pasado.

tenía   vivía   iba   salía   íba   gustaba   tenía   daba iba   teníamos
quedábamos   mirábamos   actuaba   salimos   dejó   había

3.5 Actividades de costumbre.

Answers will vary greatly. Correct this exercise as you would a composition.

3.6 Cambiar al tiempo pasado.

1. Brasilia: Abril 15. El jefe de la policía <u>declaró</u> a la prensa que el alcohol que se <u>vendía</u> para los nuevos automóviles <u>estaba siendo usado</u> para la producción de aguardiente. Las autoridades <u>han ordenado</u> modificar el producto añadiendo un 3% de gasolina al alcohol.

2. Ginebra: Abril 15. Venezuela <u>presidió</u> la reunión de la Comisión de Petróleo que <u>tuvo</u> lugar en esta ciudad. El embajador venezolano <u>presidió</u> la reunión en la cual <u>participaron</u> especialistas de unos veinte países.

3.7 Presente perfecto.

Answers will vary. One example is given for each question.

1. ¿Yo? Nunca les he comprado juguetes a los niños.   2. Nunca he ido a esas playas
3. María nunca ha oído a Julio Iglesias.   4. Nunca en mi vida he patinado en hielo.
5. Miguel nunca me ha dicho nada de su trabajo ni de otras cosas.   6. Alfonso no me ha dado dinero nunca.

3.8 Oraciones en tiempo pasado.

Answers will vary. One example is given for each question.

1. Sí, señor. Lo compré antes de tomar el tren.   2. Pedí pescado.   3. Ese señor no paró en la luz roja.   4. Sí, ya he tomado 6 aspirinas hoy.

3.9 y 3.10 *Correct these exercises as you would a composition.*

Chapter 5: Adjectives

I. LECTURA

1.1 Comprensión.

1. Pinín ... Rosa ... Cordera   2. Prao (Prado) Somonte ... triángulo ... verde.   3. un palo de telégrafo ... el ancho mundo desconocido   4. se abrazó ... trepó ... los alambres ... miedo ... resbalar   5. menos audaz ... poste ...los rumores metálicos ... los papeles y las cartas .... el ruido   6. cosa muerta, inútil.

II. VOCABULARIO

2.1 Adjetivos.

1. inofensivo   2. inútil   3. puras   4. intensa   5. pobre

2.2 Lo que haría.

1. dormir   2. resbalar   3. abrazarse   4. enfadarse   5. escuchar

2.3 Definiciones.

1. regadío   2. diapasón   3. despacho   4. laguna   5. rumor

III. GRAMÁTICA

3.1 Oraciones.

Answers may vary slightly.

1. La profesora inglesa habla francés.   2. Nosotros vamos a misa en la iglesia de San Juan Bautista.   3. Los muchachos holgazanes son descorteses también.   4. Cuando voy a las fiestas (Cuando voy de fiestas) paso un buen rato con mis amigos.   5. Ricardo sale (salió) con una muchacha holandesa muy agradable.   6. Ya Dora terminó el primer año de medicina y ahora no es tan habladora.   7. Mario Andretti y Giuliano Huey son corredores veloces.   8. A los maestros no les gustan los estudiantes preguntones.

3.2 Cualidades.

Answers may vary. Some possibilities are:

1. Las papas, asadas o fritas pero blandas, nunca duras.   2. Prefiero el arroz caliente, pero no muy blando.   3. El bistec debe estar, para mí, bien frito, bien caliente y no muy blando. 4. Prefiero los postres dulces y fríos.   5. La fruta, madura y fría.

3.3 Descripciones.

Answers vary slightly.

1. pequeña, antigua y cómoda   2. ancha, cómoda y suave   3. moderno, ligero y ruidoso   4. honrados, amables y simpáticos   5. simpático, trabajador, valiente, estudioso, fuerte, amable, elegante y honrado   6. ligera, moderna y suave
7. picante, simple y barata   8. ancha, caliente y barata

3.4 Comparativos.

1. más ... que   2. menos que   3. más ... de   4. más de   5. menos ... del
6. más que   7. más ... que ... más ... del   8. más ... de

3.5 Comparaciones.

Answers will vary. Only one possibility is given here.

1. Tú gastas más de lo que ganas.   2. Alfredo es más gordo que Luis.   3. Mi tocadiscos es más moderno que el tuyo.   4. Eres más alto que yo.   5. Tengo menos dinero que María.   6. El cuarto principal es tan grande como la sala.   7. Mi casa está más cerca del centro que la tuya.   8. Ustedes comieron menos hamburguesas que sus amigos.

3.6 Respuestas.

Answers will vary. Only one possibility is given here.

1. Sí, está más enfermo de lo que creíamos.   2. No, es menos aburrido de lo que dice el crítico del periódico.   3. Sí, están más preocupados de lo que ella se imagina.   4. Sí, es más tonto de lo que dicen.   5. No, estoy menos contento de lo que esperaba.
6. Sí, está más lejos de lo que creía.

3.7 Completar oraciones.

1. cosas ciertas   2. el mismo chico   3. propia casa   4. un par de zapatos nuevos
5. semejante libro   6. persona triste

3.8 y 3.9 Composición y le ensayo crítico.

Correct these exercises as you would a composition.

Chapter 6: Ser *and* Estar

I. LECTURA

1.1 Comprensión.

1. ...producto de la educación pública.   2. ...la causa más importante de la prosperidad.
3. ...se perfeccionan con la educación pública.   4. ...corrompe la sociedad.
5. ...corrompe las costumbres.   6. ...modera el lujo y mejora la vida.

II. VOCABULARIO

2.1 Selección.

1. economista ... ilustre   2. persiguió ... encarceló ... concluyendo ... llevado   3. el tanque ... lleno ... la mitad ... llegar.   4. ocupada ... invitados ... boda ... preparado ... invitaciones ... puesto   5. riqueza ... alto ... rival.

2.2 ¿Qué hace usted cuando...?

1. Me acuesto.   2. Bostezo.   3. Voy al dentista.   4. Acepto.   5. Me preparo.

2.3 ¿Qué dice usted cuando...?

1. Muchas gracias. Usted es muy amable.   2. ¿Por qué estás tan callada?   3. Deben encarcelarlo.   4. Me opongo.   5. ¿Dónde está la fuente?

2.4 Dos adjetivos.

1. pobre ... triste (gran ... reservada)   2. conciliador y moderado   3. ocupada o sucia   4. primer ... última   5. vacía y limpia

III. GRAMÁTICA

3.1 Oraciones.

Answers will vary. We offer here one example only.

1. Los edificios son muchos en esa parte de la ciudad.   2. La ropa está limpia y lista para poner.   3. Mi trabajo es seguro: no puedo perderlo.   4. El hospital universitario está allí.   5. La graduación de esa escuela será en el teatro.   6. La puerta ya está abierta; entremos.   7. En Chile es verano ahora.   8. Mi amigo Guillermo Morales es abogado.   9. Ese automóvil americano es mío.   10. Aquí los veranos son muy calurosos.

3.2 ¿Cómo debe ser?

La persona ideal debe <u>ser</u>... agradable, alegre, amable, atractiva, cariñosa, entusiasta, expresiva, feliz, generosa, graciosa, honrada, interesante, lista, lógica, preparada, sencilla y valiente.

La persona ideal NO debe ser... cobarde, egoísta, interesada, irresponsable, loca ni locuaz.

3.3 A completar.

Answers will vary. Only one example is given here.

1. ...es administrador de una compañía de construcción.   2. ...estoy muy cansado para estudiar o lavar los platos.   3. —Es el muchacho que trae el periódico.   4. ...es muy romántico y exótico.   5. ...está enfermo.   6. ...es muy feliz.   7. ...estaba preparada para hacer el trabajo.   8. ...están mis padres.

3.4 A combinar.

Answers will vary greatly. Correct them as you normally correct a composition.

3.5 Voz pasiva.

1. Ese año, la Isla de Cuba había sido descubierta por Cristóbal Colón.   2. Las cartas fueron traídas por el cartero, como siempre.   3. El discurso del gobernador fue comentado favorablemente por todos.   4. Esas copias fueron sacadas por la nueva copiadora.   5. Los cheques eran entregados esa tarde a los empleados.   6. Todas las entradas para el concierto fueron vendidas en cinco minutos.

3.6 ¿Qué está haciendo?

Answers will vary. Only one example is given here.

1. (a) Debe estar probándose el vestido una vez más. (b) Estará hablando con su novio. 2. (a) Están estudiando. (b) Están repasando las cuestiones más difíciles.   3. (a) Estuvieron arreglando el salón. (b) Estuvieron buscando discos.

3.7 Ya está hecho.

Answers will vary slightly. Here we offer one possibility only.

1. Ya están terminadas. Las terminé ayer.   2. Ya está arreglado. Lo acabo de arreglar ahora mismo.   3. Ya están comprados. Los compró hoy por la mañana.   4. Ya están hechas. Las hizo el sábado pasado.   5. Ya está empezado. Lo empecé hace dos minutos.   6. Ya está abierto. Lo abrieron el sábado.

Answer key to *cuaderno de ejercicios*

3.8   Narraciones.

1. Era ... estaban ... era ... estaba   2. está ... está ... es ...ser   3. seas ... Es ... ser ...
Estamos ... es

3.9 and 3.10   Descripciones y composiciones.

Correct them as you would normally correct your assigned compositions.

Chapter 7: Personal Pronouns

I. LECTURA.

1.1 Comprensión.

1. el narrador   2. el criado   3. el criado   4. el narrador   5. Jaime
6. Jaime   7. Jaime   8. el narrador   9. Jaime   10. el criado

II. VOCABULARIO

2.1 Selección.

1. circuló ... instantáneamente   2. esa revista ... interesan ... las novedades   3. en busca de ... libertad   4. ante ... salir ... teclear ... se puso a   5. guardar ... importantes
6. El enfermero ... impide ... estudiando

2.2 Palabras relacionadas.

1. pueblo festejo   2. año   3. (a la) calle   4. ojos cabeza   5. ventanal cama mueble ejercicio   6. programa mujer foto regalo   7. mar   8. (ninguna)
9. novedades noticias examen impuestos   10. gloria mujer instante honor

2.3 Definiciones.

1. derecha   2. de sopetón   3. niñez   4. repantigarse   5. colocar
6. perezoso

2.4 ¿Qué hace usted cuando...?

1. Entro en la casa.   2. Me pongo al frente del grupo.   3. Le digo que es un honor y le doy las gracias.   4. La lavo.   5. Trato de enterarme dónde hay empleos que me gusten.   6. Le contesto cortésmente.

III. GRAMÁTICA

3.1 Lo dicho, hecho.

1. Mamá, ¿adónde vas a ir mañana?   2. Luis, Laura te llamó a las dos.   3. Por favor, envuélvame el paquete.   4. ¿Me puede dar la dirección del Ministerio de Educación?
5. Papá, explícame la nueva ley de impuestos.   6. Don Ramiro, ¿dónde compró usted la revista *Mercurio*?

3.2 Vosotros.

Answers will vary. Only one possible answer is given here.

1. (E) Podréis entrar cuando os dé permiso el portero.
   (H) Pueden entrar cuando les dé permiso el portero.

2. (E) Sentaos aquí.
   (H) Siéntense aquí.

3. (E) Abridla, no la dejéis cerrada.
   (H) Ábranla, no la dejen cerrada.

4. (E) Os lo digo porque nunca sabéis nada.
   (H) Se lo digo porque ustedes nunca saben nada.

5. (E) Tenéis que buscar los libros que necesitaréis en el curso.
   (H) Tienen que buscar los libros que necesitarán en el curso.

6. (E) Necesitáis pagar todo lo que ganáis a la semana.
   (H) Necesitan pagar todo lo que ganan a la semana.

3.3 Pronombre sujeto.

1. Hacía muchos años que ... no venías al pueblo, porque ... no querías ver a tus amigos de la niñez. ... Te traían ... recuerdos de cuando ... te esforzabas por participar con ellos en los deportes de la escuela.

2. ... fuimos adonde estaba la secretaria de la empresa. Ella ni nos miró a ... y ... siguió tecleando apresuradamente. ... Le dijimos ... que ... queríamos ver al jefe de la planta. Él nos había dado ... una entrevista para esa tarde. Ella no parecía escuchar lo que ... le estábamos diciendo ... ... Siguió escribiendo sin mirarnos ....

3. Esta casa es para ti. Yo mismo la hice con mi esfuerzo, porque ... la querías ahí, cerca de la orilla del río, de nuestro río, donde tú y yo jugábamos cuando ... éramos niños.

4. ... No sé cómo piensas ... que yo no soy yo ni tú eres tú , cuando ... sabes que yo soy tú y tú eres yo.

5. ... Le escribo esta nota ... para solicitar de usted un gran servicio. ... Espero que usted me conceda permiso para inscribirme en su curso ... sobre la civilización maya. ... Estoy muy interesado en los temas mayas y ... espero que ... me dé el permiso que ... le pido.

3.4 Pronombres preposicionales.

Answers will vary. Only one possible answer is given here.

1. Es para ti.   2. Se las llevó a ella.   3. Nos van a dar un aumento según ellas.
4. No podremos salir sin vosotros.   5. Confío en ella para esa operación.   6. Ernesto va a esquiar conmigo.

3.5 Más preposiciones.

1. tras él   2. menos tú y él   3. contra ella   4. hasta ustedes   5. para usted
6. contigo

3.6 Respuestas con *lo*.

1. Sí, lo somos. No, no lo somos.   2. ... lo estaban.   3. ... lo soy.   4. ... lo soy.
5. ... lo estamos.   6. ... lo sería.

3.7 Pronombres personales.

1. —¿**Nos** va a enseñar __usted__ su nuevo apartamento?

   —Sí, __os__ __lo__ enseñaré mañana, con mucho gusto, si venís temprano.

2. —¿A __ustedes__ __les__ gustan esas novelas de misterio?

   —No __nos__ gustan nada pero __las__ leemos porque no tenemos otros libros aquí.

3. —¿Por qué __me__ dicen que no coma en ese restaurante de la calle Llinás? __Me__ gusta

   mucho y __me__ queda muy cerca de casa.

   —__Te__ __lo__ decimos porque queremos proteger tu salud.

4. —¿__Te__ puedo hablar ahora? Necesito que __me__ des cierta información confidencial
   sobre Gloria.

   —Puedes preguntar __me__ lo que quieras: __la__ conozco muy bien.

5. —¿Quién __te/le__ dijo que mañana no hay vuelos a Montevideo?

   —__Me__ __lo__ dijo Adela cuando __se__ __lo__ pregunté anoche.

3.8 Complementos.

Answers will vary. Only one possibility is given here.

1. Esta noche les presentaré Emilio a mis amigas.   2. ¿Me quieres guardar el dinero en
tu billetera?   3. Roberto me lavó la ropa en la lavandería.   4. No te impediré salir de
aquí.   5. Olivia nos buscó la bibliografía porque nosotros no teníamos tiempo para
buscarla   6. No te pagaremos la cuenta como otras veces.

391

3.9 Ordenar palabras.

Answers will vary slightly.

1. No nos ocultarás tus intenciones.   2. Ayer me lo ofreció en su oficina.   3. No podemos organizártela la próxima semana.   4. Esa poesía me parece muy difícil para ti.   5. Le quiero pedir el dinero para dárselo a los pobres.   6. No me lo da a mí.

3.10 Dos pronombres

Answers will vary. Only one possible answer is given here.

1. Te la voy a preparar ahora mismo.   2. Se lo diré, ¿por qué no?   3. Se las vamos a dar a Felipe González.   4. Queremos comprártelos por ayudarte.   5. Sí, cómo no. Te lo probaré ahora mismo.   6. Sí, se lo prometí ayer en un acto de debilidad.   7. Sí, te la daré ahora mismo.   8. Sí, se las quieren dar cuando llegue del trabajo.

3.11 Diálogos

1. Antonio: ¿Quieres hacer**me** un favor?

    Luis: Ahora no puedo hacér**telo**; estoy muy ocupado.

    Antonio: Oye, Luis, **tú** nunca quieres ayudar**me**.

    Luis: Eso no es verdad. ¿Qué **me** dices de ayer? ¿Ya **te** olvidaste?

    Antonio: ¿Qué pasó ayer?

    Luis: ¿ **Tú** ves? Ya **se** **te** olvidó que estuve arreglándo**te** el coche toda la tarde.

2. Cecilia: **Le** voy a decir a Armando que no venga esta noche. Voy a llamar**lo** ahora mismo.

    Aurora: ¿Qué **te** pasa? ¿Por qué no quieres ver **lo** esta noche?

    Cecilia: Es que **nos** hemos estado viendo mucho últimamente.

    Aurora: ¿Y qué? ¿Por qué **te** preocupa eso? ¿No **te** gusta salir con **él** ?

    Cecilia: No, en realidad no **me** gusta y no sé cómo decír**selo**.

3.12 and 3.13 Composiciones.

Correct these as you normally correct your assigned compositions.

Chapter 8: Adverbs

I. LECTURA

1.1 Comprensión.

El cuento, cuyo fragmento hemos leído, se desarrolla en __**Zapotlán**__ . Se menciona

por su nombre a una familia, la familia de __**los Torricos**__ . Esta familia estaba, en el

momento de la narración, __**muerta**__ . Los Torricos y __**el narrador**__ habían sido muy

buenos amigos. La gente de Zapotlán no quería a **los que vivían en la Cuesta** . Los que

vivían en la Cuesta y los Torricos siempre tenían **desavenencias** .

Los Torricos eran los dueños de __**las tierras y las casas**__ a pesar de que cuando

__**el reparto**__ todos habían recibido una cantidad de tierra igual.

Poco a poco la Cuesta se fue __**deshabitando**__ . Los vecinos de la Cuesta se __**iban**__ .

II. VOCABULARIO.

2.1 Selección.

1. dueño   2. conocemos   3. claramente   4. aquí   5. últimas   6. directamente.

2.2 Definiciones.

1. loma   2. apresurado   3. de tiempo en tiempo   4. incoherente
5. desaparecerse

2.3 Opuestos.

1. nunca   2. alguien   3. alguno   4. silenciosamente   5. alegremente   6. nada
7. impreciso   8. salir   9. vender   10. arriba de   11. tarde   12. tampoco
13. rápido   14. cerca   15. día

III. GRAMATICA.

3.1 ¿Cómo es...?

Answers will vary. Only one example is given for each question.

393

1. Habla rápidamente.   2. Actúo racionalmente.   3. Estudia cuidadosamente.
4. Escribe elegantemente.   5. Vive pobremente.   6. Pinta creativamente.

3.2   ¿Cómo? ¿Dónde? ¿Cuándo?

Answers will vary. Only one example is given for each question.

1. Con mucho respeto y cortesía.   2. Aquí, en este cajón.   3. Ahora mismo.
4. Discretamente.   5. En ese sofá.

3.3   ¿Más? ¿O menos?

Answers will vary. Only one example is given for each question.

1. Sí, y mientras más estudio, menos comprendo.   2. Sí, y mientras más vitaminas tomo, más fuerte me siento.   3. Sí, y mientras más salgo con él, menos me gusta.
4. Sí, y mientras más escribo, menos sé lo que quiero decir.   5. Sí, muy poco, y mientras menos lo leo, menos lo entiendo.

3.4   Todo lo contrario.

Answers will vary. Only one example is given here for each question.

1. Pues nosotros nunca compramos nada aquí.   2. No, no vi a nadie haciendo nada de interés.   3. No, yo nunca tengo nada que decir.   4. Yo ni siquiera vi a nadie conocido en la feria.   5. Sí, vi a alguien muy interesante.

3.5   Negaciones.

Answers will vary. Only one example is given here for each question.

1. Gabriel nunca llega a tiempo.   2. Mis primos no se acuerdan nunca de las fechas de cumpleaños, ni de nada.   3. Yo nunca me he vestido de rojo, ni de ningún color llamativo.   4. Ustedes no miran nunca ningún programa de la televisión.   5. Ellas no pasean ni descansan.

3.6   Palabras negativas.

Answers may vary slightly. We give here the most probable answers.

1. No, no compré nada en ninguna tienda.   2. No, no voy a salir con nadie.   3. No, no tengo nada que leer ni escribir hoy.   4. Mi mamá no quiere hacer nada.   5. Nunca voy a hablar con nadie importante.

3.7 Rechazar ofertas.

Answers will vary. Only one answer is given for each offer.

1. No. Gracias, pero no me gusta nada este lugar.   2. Sí, debo, pero no tengo ganas de visitarlo hoy.   3. Lo siento mucho, pero no te la puedo prestar: eso no es honrado. 4. No, no la voy a tomar porque ya la tomé.   5. ¿Más postre? De ninguna manera. Ya comí un poco.   6. Muchas gracias, pero no puedo salir esta noche.

3.8 and 3.9 Composiciones.

Correct them as you normally correct compositions.

Chapter 9: The Article

i. LECTURA

1.1 Comprensión.

1. contra el número 24 en general.   2. nació un día 24.   3. es muy supersticioso.
4. necesita creer algo.   5. son fatales.   6. es la víspera de las desgracias.   7. a
partir de las doce de la noche del día 23.   8. lo peor que le puede pasar a un hombre es
que una mujer lo acepte.

II. VOCABULARIO

2.1 Categorías.

Animales	Transporte	Ciencias	Religión	Materiales	Moralidad	Amor
águila	coche	física	obispo	latón	reputación	amante
caballo	tren	química	fray	plata	mentira	consorte

2.2 Grupos de palabras.

1. fábrica   2. ventana   3. ruido   4. casado   5. aula   6. hielo
7. sótano   8. bomba   9. libertad   10. hada

2.3 Verbos.

1. me gustan / prefiero   2. me prevengo / me cuido   3. digo / cuento
4. imaginar / creer   5. pasó / sucedió

2.4 Equivalentes.

1. ¿Cuánto tiempo hace que...   2. ...diez para las doce.   3. ...están acostumbrados...
4. ...examinar... el jueves pasado...   5. ...afortunadamente...

III. GRAMÁTICA

3.1 Respuestas.

Answers will vary. Only one example is given here.

1. No, los discos estaban muy sucios. 2. No, la cerveza estaba tibia (*warm*).   3. Sí, la
química es una de mis materias preferidas.   4. Sí, las poesías me inspiran.   5. No, los
niños me exasperan.   6. Sí, las iglesias antiguas me fascinan.

3.2 Respuestas incompletas.

Answers will vary. Only one example is given here.

1. ...la cerveza clara y ligera (*light*).   2. ...química y biología.   3. ...sábado.
4. ...la salsa de tomate.   5. ...farmacéuticas.   6. ... el volibol.

3.3 Lo característico.

Answers will vary. Only one example is given here.

1. lo cierto   2. lo malo   3. lo interesante   4. lo increíble   5. Lo barato
6. Lo difícil

3.4 Cómo, cuando y dónde.

Answers will vary. Only one example is given here.

1. Voy en cualquier época, pero prefiero ir en invierno.   2. Salgo el sábado para Santiago.   3. En ruso.   4. Mi médico es el doctor Pablo Arango.   5. Cantaré otro día, ahora estoy muy cansada.   6. Empieza a las nueve y termina a las doce.   7. Está en la cárcel.   8. Los Núñez viven en la calle Juárez número 33.

3.5 Actividades.

Answers will vary. Only one example is given here.

1. Me baño a las seis y media de la mañana.   2. Voy a la escuela a las diez de la mañana.
3. Desayuno a la ocho y cuarto, más o menos.   4. Almuerzo a las doce en punto.
5. Ceno a las ocho de la noche.   6. Me acuesto a las doce de la noche.

3.6 Sustituciones.

1. del Méjico revolucionario   2. un ecuatoriano muy conocido   3. de la España contemporánea   4. ... la calle Luaces   5. el centro   6. profesora de italiano (Note that no article is used here.)   7. el abogado admirado por todos   8. un lunes aburrido

3.7 Novela.

«Hacia __el__ oscurecer __del__ día 25 de __x__ noviembre __del__ año de 1812, seguía __la__

calle Compostela, en __x__ dirección __del__ norte de __la__ ciudad, __un__ coche tirado por __un__ par

de __x__ mulas, en __una__ de __las__ cuales, como era de __x__ costumbre, cabalgaba (*was riding*)

__un__ cochero negro.»

3.8   ¿Qué le gusta hacer?

1. Prefiero comprar en __el__ centro, no en __los__ suburbios.

2. Me gusta esquiar __al__ comienzo __del__ invierno, cuando __la__ nieve está blanda.

3. Me encanta salir __los__ sábados por __la__ noche.

4. Me gusta mucho bailar en __las__ fiestas __del__ barrio que dan __el__ 4 de __x__ julio.

5. Prefiero almorzar __al__ mediodía.

6. Me gusta dormir por __la__ tarde __una__ buena siesta.

3.9 and 3.10   Composiciones.

Correct them as you normally correct the compositions you assign.

Chapter 10: Possessives

I. LECTURA

1.1 Comprensión.

1. le beso ... la muchacha
2. le olía ... jabón
3. mano ... el corazón
4. muchachita ... breve ... delicada
5. perfumada
6. ropa nueva
7. los cabellos
8. a ropa lavada
9. su cuerpo, su cara y su ropa
10. una copa llena de agua clara

II. VOCABULARIO.

2.1 Categorías.

BAÑARSE	CUERPO	BEBER	ESCRIBIR	LECTURA
jabón	mano	agua	bolígrafo	libro
agua	corazón	copa	mesa	asiento
	boca		asiento	
	cabellos			

OCUPACIÓN	PEINARSE	RELACIÓN	VESTIRSE
portero	cabellos	hermano	ropa
gerente		primo	vestido
		vecino	joyas
		novia	calcetines

2.2 De vacaciones.

Answers will vary greatly. The instructor may ask the student to explain his or her choice.

2.3 Definiciones.

1. casarse   2. extrañar   3. bajar   4. al lado de   5. ahora mismo
6. entrante   7. recordar   8. abrigo   9. oler   10. limpia

2.4 ¿De qué se habla?

1. perdió el tren   2. echa de menos a su amiga   3. tiene dificultades con la ropa
cuando viaja   4. parece tener problemas para comunicarse con personas mayores
5. no tiene ningún documento de identidad.

2.5 Complementos.

1. gesto   2. cine   3. edificio   4. cielo   5. llavero   6. estómago
7. semana   8. vacuna

III. GRAMÁTICA

3.1 Respuestas.

Answers will vary. Only one possibility is given here.

1. No, mi automóvil no es europeo, es americano.   2. No, en su casa no hay agua.
3. No, sus padres no vienen esta noche, vienen mañana.   4. No, usted no trajo mi
vestido, trajo el vestido de ella.   5. No, en mi pueblo no hay un banco solamente, hay
tres.   6. No, éste no es nuestro tren, nuestro tren es aquél.

3.2 Su y sus.

Answers will vary. Only one example is given here.

1. Sí, es verdad, la mesa de ellas es de madera muy fina.   2. Yo no sé quién puede tener
las notas de ella.   3. No, todavía no me han traído mi coche.   4. En frente de
nuestra casa no había ninguna ambulancia.   5. Todavía no han limpiado el coche de
él.   6. Sí, hemos visto a los suegros de ellos.   7. No, no sé la dirección de
ella.   8. ¿Mi pasaporte? Sí, ya me lo dieron.

3.3 Partes del cuerpo.

1. los ojos   2. la mano / del dedo / de la cabeza   3. la boca   4. la mano   5. la
mano   6. las piernas

3.4 Acciones cotidianas.

Answers will vary. Only one example is given.

1. Me lavo las manos cuando están sucias.   2. Me corto las uñas todos los lunes.

3. Me maquillo los ojos todas las mañanas, antes de salir para el trabajo.   4. Me limpio los zapatos los sábados.   5. Me pongo crema en los brazos antes de acostarme. 6. Me corto el pelo cada dos semanas.   7. Me tiño el pelo una vez al mes.   8. Me afeito la barba este sábado.

3.5 En el pasado.

Answers will vary. Only one example is given.

1. Abrí los ojos y vi a la directora de la escuela.   2. María levantó la mano con mucho entusiasmo, aunque no sabía la respuesta.   3. Pepe bajó el brazo cuando se lo pedí. 4. Ustedes se cepillaron los dientes antes de acostarse.   5. ¿Te rompiste la pierna ayer? 6. Seguramente que os lastimasteis los dedos jugando con la cuchilla.   7. Ellas se cepillaron el pelo después de lavárselo.   8. El joven se arañó la cara al afeitarse.

3.6 Servicios.

Answers will vary. Only one example is given.

1. Le voy a cortar las uñas a Guillermo.   2. Le voy a lavar las manos al bebé antes de darle la comida.   3. Les voy a maquillar la cara a estos actores.   4. Les arreglaré el pelo a las chicas.   5. Le afeitaré la barba al señor Gómez.   6. Te pintaré los labios ahora mismo.   7. Les frotaré la espalda a los enfermos de esta sala.   8. Te curaré la herida en seguida.

3.7 Pequeñas palabras.

1. Luisa __se__ estaba arreglando __el__ pelo, porque esa noche iba a salir con Julio.

2. El profesor hizo una pregunta. Yo levanté __la__ mano, él movió __la__ cabeza como asintiendo (*assenting*) y contesté.

3. Ese muchacho tiene __el__ pelo negro que casi nunca se __lo__ corta, y __los__ ojos muy azules.

4. Después de jugar con la tierra, los niños entraron en __la__ casa. Tenían __los__ pies y

   manos muy sucios y __el__ padre __se__ __los__ lavó y __les__ puso ropa limpia.

5. Susana siempre __se__ arregla __el__ pelo y __se__ pone un broche de oro que __le__ queda muy bien.

6. Había mucho frío y (yo) __me__ quité __el__ abrigo y __le__ cubrí __la__ espalda a la pobre chica.

7. Como __me__ dolían mucho __las__ muelas, fui al dentista que __le__ puso __la__ dentadura (*denture*) a Georgina.

401

8. El maestro __les__ lavó __las__ manos a __los/sus__ discípulos en un acto de humildad.

3.8 Posisivos.

Answers will vary. Only one example is given.

1. los tuyos   2. la suya   3. el nuestro   4. los de ella   5. los de ustedes
6. los míos   7. los de ellos   8. las de ellas.

3.9 Pero...

1. Mis rosas son bonitas, pero las tuyas son más grandes.   2. Nuestro cuarto tiene dos ventanas, pero el de ella tiene una ventana solamente.   3. Tu mamá trabaja en el Ministerio de Educación, pero la de él trabaja en el Hospital Municipal.   4. Su corbata es roja, pero la mía es verde.   5. La hija de ellos está en el ejército, pero la nuestra es arquitecta.   6. Mis profesores son americanos, pero los de usted son españoles.

3.10 and 3.11   Composiciones.

Correct as you normally correct compositions you assign to your class.

Chapter 11: The Subjunctive

I. LECTURA

1.1 Comprensión.

1. aldea   2. Renada   3. don Manuel   4. Lázaro   5. Colegio de Religiosas
6. la madre y la narradora   7. Lázaro   8. aldea   9. Lázaro   10. la narradora
11. la narradora

II. VOCABULARIO

2.1 Categorías.

1. CONSEJO: aconsejar
2. DESEO: desear - querer
3. DUDA: dudar
4. EMOCIÓN: alegrarse de - gustar - lamentar - sentir - tener miedo de
5. ENTENDIMIENTO/CONOCIMIENTO: aceptar - entender - pensar - saber -
6. ESPERANZA: esperar
7. EVALUACIÓN: ser bueno - ser importante - ser mejor - ser posible - ser preciso
8. MANDATO/CONSENTIMIENTO/INFLUENCIA: aceptar - aprobar - consentir - decir - dejar que - desaprobar - hacer que - insistir en - invitar a - mandar - sugerir
9. PERCEPCIÓN: ver
10. PETICIÓN: buscar - pedir
11. PREFERENCIA: preferir
12. PROHIBICIÓN: impedir - prohibir
13. SEGURIDAD: estar seguro de - ser cierto - ser evidente - ser verdad

2.2 Selección.

1. quizás   2. siguiera   3. única   4. atenerse   5. sentaras   6. funcionarias
7. menos para   8. Que yo sepa

2.3 Traducción indirecta.

1 Verdaderamente (Pepito) se me atraganta. / No puedo tragarme a (Pepito).
2. Ojalá que viviera en un apartamento con todas las comodidades de la vida moderna
3. Es muy importante que hables como si entendieras / hubieras entendido todo lo que dijo el conferenciante.
4. Me gustaría viajar este verano.

2.4 Definiciones.

1. zafio   2. tener hambre   3. sugerir   4. aceite   5. refrigerador

III. GRAMÁTICA

3.1 Reacciones.

Answers will vary. Only one example is given here.

1. No me gusta que mañana haya un examen.   2. Me encanta que nos aumenten el sueldo.   3. Prefiero que no haya mucho trabajo ahora.   4. Siento que Felipe esté enfermo.   5. Me gusta que haya una fiesta el sábado.   6. Me gusta que en estas elecciones gane el candidato de la oposición.

3.2 ¿Por qué...?

1. ¿Por qué les aconsejaste que pagaran los impuestos antes del día 15?   2. ¿Por qué dejaron que entrara el señor Caballero?   3. ¿Por qué me permitió Francisco que recogiera el coche del taller?   4. ¿Por qué la doctora Luz mandó que trajeran al enfermo?   5. ¿Por qué el detective les / nos impidió que salieran / saliéramos de la casa? 6. ¿Por qué el conserje te prohibió que entraras en el auditorio de la escuela?

3.3 Prohibido.

Answers will vary. Only one example is given here.

1. Ahora está prohibido que se traigan bebidas alcohólicas al estadio.   2. Pues ahora no dejan que usen libros de consulta en ciertos exámenes.   3. Ahora le prohiben que salga sola por las noches.   4. Ahora está prohibido ir a esa velocidad.   5. Ahora no permiten que bailen en esas calles.   6. Pues ahora la dirección no deja que almuercen en los jardines.

3.4 Por eso fue.

Answers will vary. Only one example is given here.

1. Es que le dije que fuera a verla.   2. La preparó porque le exigí que la preparara 3. Les mandé que la pintaran.   4. Es que le ordené que las estudiara.   5. Volvió más temprano porque se lo exigí.   6. Les ordené que se quedaran en casa: no dejé que salieran.

3.5 ¿Seguro que sí?

Answers will vary. Only one example is given here.

1. Es evidente que Margarita trabaja dieciséis horas todos los días; siempre está cansada.   2. No creo que aquí esa carne cueste más de seis dólares la libra.   3. Me parece increíble que al director le guste mucho el "rock."   4. No dudo que tus alumnos

prefieran no tener exámenes nunca. 5. Es verdad que Vicente es un jefe muy competente y amable. 6. Dudo que para ir al cine ahora no haga falta mucho dinero.

3.6 Pena.

Answers will vary. Only one example is given here.

1. Me da pena que Eugenio no haya encontrado trabajo. 2. Me disgusta que María Teresa esté enferma. 3. Siento no haber visto a Adela en la fiesta. 4. Lamento que vayas solo a casa de Lourdes. 5. Siento que perdieras el dinero que tenías para comprar el vestido rojo. 6. Me disgusta que todavía no hayas terminado de prepararla.

3.7 Gustos y preferencias.

Answers will vary. Only one example is given here.

1. Prefiero ver una película que tenga mucha acción. 2. Me gustan los vestidos que venden en esa tienda. 3. Detesto los libros que traten de moralizarme. 4. Admiro a las personas que se esfuerzan por mejorarse intelectualmente. 5. No me gustan nada los muebles que hacen en esa fábrica. 6. Me encantan las playas que tengan mucha arena fina.

3.8 Funciones del subjuntivo.

1. (insistencia) Insisto en que Roberto pague la cuenta.
2. (petición) Pido que Roberto pague la cuenta.
3. (exigencia) Exijo que Roberto pague la cuenta.
4. (esperanza) Espero que Roberto pague la cuenta.
5. (pena) Me da pena que Roberto pague la cuenta.
6. (gusto) Me gusta que Roberto pague la cuenta.
7. (deseo) Deseo que Roberto pague la cuenta.
8. (alegría) Me alegro de que Roberto pague la cuenta.
9. (esperanza) espero que Roberto haya pagado / pagara la cuenta.
10. (pena) Me da pena que Roberto haya pagado / pagara la cuenta.
11. .(gusto) Me gusta que Roberto haya pagado / pagara la cuenta.
12. (deseo) Deseo que Roberto haya pagado la cuenta.
13. (alegría) Me alegra que Roberto haya pagado / pagara la cuenta.
     Me alegro de que Roberto haya pagado / pagara la cuenta.
14. (temor) Temo que Roberto haya pagado / pagara la cuenta.
15. (tristeza) Me entristece que Roberto haya pagado / pagara la cuenta.

3.9 Palabras de enlace.

1. **para que:** *I am working this hard so that you can study without economic hardship.*
2. **hasta que:** *We'll stay here until we see the president of the company.*

3. **cuando:** *I always want to be at home when my children come from school.*
4. **antes de que:** *Set the table before our guests begin to arrive.*
5. **aunque:** *Manolo used to pay me what he owed me little by little, even though he had very little money.*
6. **a pesar de que / aunque:** *They gave him a lot of money in spite of the fact that / although he didn't do anything he was supposed to.*
7. **a menos que / aunque / a pesar de que:** *I'll talk to Nicholas unless / even if / in spite of the fact that he does not want to talk to me.*
8. **sin que:** *Do not do anything without my knowing it beforehand.*
9. **antes de:** *I am going to rest a little before beginning to paint the dining room.*
10. **al:** *I saw Elvira's nephews upon crossing through the park.*

3.10 ¿Subjuntivo o infinitivo?

1. Ayer yo estaba muy enfermo y necesitaba a alguien que me __**llevara**__ al médico.

   Pero no había nadie que me __**pudiera**__ llevar y tuve que llamar un taxi para

   __**ir**__ hasta la clínica.

2. Ya __**son**__ las doce de la noche y Paulina no __**ha llegado / llegó**__ todavía. (Yo)

   le __**dije**__ que __**viniera**__ antes de las once para que mañana __**se levantara /**__

   __**levantase**__ temprano y me __**ayudara / ayudase**__ con la limpieza del

   apartamento.

3. Se nos __**echó a perder**__ el televisor y es probable que (ellos) no lo __**arreglen**__ hasta

   dentro de dos meses. Por eso sería mejor que (nosotros) __**compráramos /**__

   __**comprásemos**__ otro.

3.11 Oraciones compuestas.

Answers will vary slightly.

1. Quiero que / vayas al trabajo / tomes esa medicina / tú la veas primero / llames.
2. Siempre pido helado cuando como fuera de casa.
3. El dependiente cerró la tienda cuando / tan pronto como apagaron las luces.

4. Busco un coche antes de que llames / tan pronto como llames. / cuando llames / para que vayas al trabajo / cuando vayas al trabajo.
5. Llamaré al médico antes de que vayas al trabajo / tomes esa medicina.
   ...tan pronto como vayas al trabajo / tomes esa medicina.
   ...cuando vayas al trabajo / tomes esa medicina.
6. No compraré la casa sin que tú la veas primero.

3.12 Composición.

Correct as you normally correct compositions you assign.

Chapter 12: Relative Pronouns

I. LECTURA

1.1 Comprensión.

1. encima de una elevación.   2. podía ver las matas de maíz y el frijol con florecillas
3. una buena lluvia.   4. cayeron unos granizos muy grandes.   5. y destruyó todo lo
sembrado.   6. escribiéndole a Dios para pedirle cien pesos.   7. reunieron el dinero y
se lo pusieron en un sobre.   8. sesenta pesos.   9. se enfadó y pidió papel para
escribirle otra carta a Dios.   10. no le mandara el resto por la oficina de correos porque
los empleados eran unos ladrones.

II. VOCABULARIO

2.1 Adjetivos.

1. divertida, terminada   2. nuevos   3. vieja   4. fuerte, pequeño, grande
5. cultivados

2.2 Nombres.

1. La siembra   2. reloj   3. abogado   4. el resto   5. un puñetazo   6. obras
piadosas

2.3 Verbos.

1. **habían prohibido:** *Since last year, they had already forbidden/prohibited parking vehicles in this street. That's why they fined you.*
2. **regaló:** *Gloria gave me a recorder as a gift for my birthday.*
3. **quejan:** *The neighbors of those students complain of the noise they make every night.*
4. **pasa hambre:** *Felipe does not have a job; he is very poor, and because of that, I believe he is starving.*
5. **acudió:** *The people went to the public square to listen to the candidates participating in the electoral campaign.*
6. **ha concebido:** *My cousin Thomas has conceived a way to live without working.*

2.4 Definiciones.

1. Nombre. Flor.   2. Verbo. Mostrar.   3. Adjetivo. Viejo.   4. Nombre. Cosecha.
5. Adjetivo. Ciego. / Nombre. Ciego.   6. Adjetivo. Triste.   7. Verbo. Embrutecerse.
8. Verbo. Velar.

2.5 Palabras difíciles.

1. me di cuenta   2. volver / regresar   3. logró   4. en lugar de / en vez de
5. realizaron / lograron   6. devolver   7. toca   8. volver ... en vez de / en lugar de / mejor que

III. GRAMÁTICA

3.1 Relativos.

1. a la que   2. a quienes   3. a los que   4. de quien   5. sin las que   6. que

3.2 Lo que.

Answers will vary. Only one example is given here.

1. ...no me puedo explicar, porque no es casa de pobres.
2. ...te va a dar fama de tonto porque hablas sin pensar.
3. ...le gusta mucho a mi mamá y mi papá.
4. ...era muy raro en esta región tropical.
5. ...indicaba su extrema pobreza.
6. ...me causó gran frustración.

3.3 Oraciones.

Answers will vary. Only one example is given here.

1. Esto es lo que no entiendo.
2. No quiero saber todo lo que dices.
3. Gloria sólo baila con quienes le gustan.
4. El que trabaja recibe su recompensa.
5. Ayer salieron los jugadores con quienes pasamos el fin de semana.
6. Éste es el dependiente a quien le pedí las camisas.
7. No puedo entender lo que dices.
8. Esta casa es muy calurosa lo cual no me gusta nada.
9. Necesitamos ver a Jorge sin cuyo apoyo no podremos hacer nada.
10. Me gustan los zapatos, lo cual no entiendo.

3.4 Completar.

1. todo lo que   2. la cual / la que   3. cuyos   4. lo cual / lo que   5. quien que   6. El que / Quien   7. lo cual / lo que   8. quienes / los que

409

3.5 Oraciones compuestas.

1. (a) Le pediré la revista a Paco, sin la que / cual no podré terminar el informe.
   (b) Sin la revista que le pediré a Paco no podré terminar el informe.

2. (a) Rosita se siente muy mal, por lo cual / que llamé al médico.

3. (a) Los trabajadores que contraté cobran mucho.
   (b) Contraté a los trabajadores que cobran mucho.

4. (a) Compré el coche del cual / que me hablaron muy bien.
   (b) Me hablaron muy bien del coche que compré.

5. (a) La nueva lámpara, que está sobre la mesa, no enciende.
   (b) La lámpara que no enciende está sobre la mesa.

6. (a) Estoy hablando de Federico, a quien vi ayer con Tania.
   (b) Ayer vi a Federico, de quien estoy hablando, con Tania.

7. (a) Subimos a la montaña, desde la cual / que vimos un hermoso valle escondido.
   (b) Vimos un hermoso valle escondido desde la montaña a la que / cual subimos.

8. (a) Éste es el chico americano con el que / cual / quien sale Mercedes.
   (b) Mercedes sale con el chico que es americano.

3.6 Completar.

Answers will vary. Only one example is given here.

1. ...nombre no me acuerdo ahora,...
2. ...dicen de ese señor no es verdad y además
3. ...no están aquí ahora para defenderse...
4. ...me molesta más de lo que crees.
5. ...nació mi abuelo chileno.

3.7 Composición.

Correct as you normally correct compositions you assign.

Chapter 13: Imperatives, Conditional Sentences and Clauses of Concession

I. LECTURA

1.1 Comprensión.

1. La casa del Henar está asentada en lo alto de una ancha meseta.
2. En ella viven un señor pálido y delgado, una señora y una niña.
3. El hombre se pasa las mañanas escribiendo en una mesa cubierta de libros.
4. Por las noches, la pequeña familia sale al jardín para ver pasar un tren.
5. El tren tiene una lucecita roja en el furgón que aparece a su hora y desaparece.
6. Una noche llegan a la estación una señora y una niña que han llorado mucho.
7. Toman el tren y se marchan dejando allá, en la meseta la casa cerrada y muda.

II. VOCABULARIO

2.1 Lugar.

1. Hago mis prácticas de correr __desde__ mi casa , __a través de__ la plaza mayor __hasta__ la casa de Marujita.

2. __Desde allá arriba__ se puede ver todo lo que pasa __aquí abajo__ .

3. Tenemos una casita __allá arriba en__ el pico de la loma.

4. La estación de servicio no está __ahí__ ; está, más bien, __a dos horas de aquí__ .

5. La cabaña de mi tío está __junto al__ río, __tras__ una cerca muy alta.

2.2 Tiempo.

1. Nancy y su novio se veían __todas las noches__ , __a la misma hora__ __casi__ __inmediatamente__ después de la cena.

2. Antes el tren pasaba puntualmente, __a su hora__ , pero __ahora__ esto sólo ocurre __algunas veces__ .

3. Orlando trabaja __de noche__ y duerme hasta las once __todas las mañanas__ .

4. __A esta hora__ no hay nadie por la calle __ya__ .

5. Los invitados a la fiesta vendrán __poco a poco__ , __en seguida__ que terminen de trabajar, __a la noche__ .

2.3 Nombres.

1. penumbra   2. cristales   3. apetito   4. árboles   5. rumor

2.4 Adjetivos.

1. blanco   2. alegre, atenta, breve, sencilla   3. radiante, formidable   4. silenciosa
5. breves, sencillas, suaves   6. polvoriento, viejo / limpio, viejo   7. pálido, grueso, cerrado o pálido, delgado, cerrado   8. bermejas, amarillas, rojas, blancas

2.5 ¿Opuestas o sinónimas?

1. sinónimas   2. opuestas   3. diferentes   4. opuestas   5. diferentes
6. opuestas

III. GRAMÁTICA

3.1 Imperativos.

1. Sí, trabaja aquí.   2. Sí, pónlo sobre la mesa.   3. Sí, siéntate aquí.   4. Sí, límpiamelos.   5. Sí, díselas.   6. Sí, búscamela.

3.2 Imperativos negativos.

1. No, no las cierres.   2. No, no me los lleves.   3. No, no se las enseñes.   4. No, no te acuestes.   5. No, no los hagas.   6. No, no se la digas.

3.3 Sí o no.

1. Siéntate, no te quedes de pie.   2. Súbanlas, no las dejen aquí.   3. Pon la mesa, no prepares la ensalada.   4. Prepárenlo, no lo compren hecho.   5. Píntenla, no la laven.   6. Laven los platos, no barran el comedor.

3.4 Que lo haga otro.

Answers will vary. Only one example is given here.

1. ¿Quién? ¿Yo? No. Que vaya Rafael.   2. ¿Ahora? ¡Qué va! Que la planche Rosita.
3. No. No puedo. Que los ponga Alfredo.   4. ¡Imposible! Que las haga Julio.
5. ¿Limpiar el baño yo? No. Que lo limpie mi hermano.   6. No tengo ganas. Que lo corte Jacinto.

3.5 Hagámoslo.

1. Respondamos a ellas nosotros.   2. Contestémoslas nosotros.   3. Démoselas nosotros.   4. Preparémoslo nosotros.   5. Hablemos nosotros.   6. Llenémoslos nosotros.

3.6 Diálogos.

Answers will vary. Only one example is given here.

1. Levántate y vístete en seguida.   2. Déjame solo y no me digas nada.   3. Vete al cine con Juanita.   4. Sigue derecho, no dobles por aquí.   5. Siéntate tranquila y déjame hacer lo que estoy haciendo.   6. Dile que quiero verlo.

3.7 El mundo de los negocios.

Answers will vary. Only one example is given here.

1. ...habrá más dinero para inversiones.
2. ...tendríamos una reducción en la construcción de viviendas.
3. ...habrían creado una crisis bancaria.
4. ...los precios de los productos también aumentarían, favoreciendo el proceso inflacionista.
5. ...su precio habría aumentado.
6. ...tendremos inflación.

3.8 Actividades universitarias.

1. hubieran tenido / tuvieran   2. hubiera pedido   3. votaríamos   4. tratan
5. hubiéramos salido   6. habría ido

3.9 Como si...

Answers will vary. Only one example is given here.

1. fuera el suyo   2. fueran hijos de millonarios   3. tuvieran mucha hambre
4. estuviera preocupada   5. no tuviera ganas   6. trajera una carta muy importante

3.10 Concesivas.

Answers will vary. Only one example is given here.

1. ...me des por él más de lo que vale.
2. ...él quisiera salir con nosotros.
3. ...nunca había vivido en él.
4. ...yo los invitara.

5. ...nadie dijo nada.
6. ...tengo entradas y tiempo.
7. ...él no quería verme.
8. ...se había anunciado en todos los periódicos.

3.11 Enlaces.

1. **como si:** *You write as if you have taken a composition course.*
2. **lo que:** *Come what may, we shall be ready.*
3. **aunque:** *We shall not go to the party, even if they invite us.*
4. **como si:** *Daniel came into the house as if he had lived in it always.*
5. **Si:** *If they would give me the job, I would accept it.*
6. **lo que:** *I'll give you nothing, say what you will.*
7. **aunque:** *Those employees keep on working on the project in spite of the fact that the idea is old-fashioned and has no value at all.*
8. **si:** *Teresa is my friend and she would have told me had she known.*

3.12 and 3.13   Composiciones.

Correct these as you would any composition work.

Chapter 14: *Reflexives and the Verbs* Gustar, Faltar *and* Quedar

I. LECTURA

1.1 Ejercicio de comprensión.

1. Alejandra   2. Alejandra   3. Martín   4. Alejandra   5. Martín   6. Martín
7. Alejandra   8. Martín   9. Alejandra   10. Alejandra

II. VOCABULARIO

2.1 Expresiones modales.

1. **sin esperar:** *Martín got up from his chair, took his coat, and left without waiting for the end of the play.*
2. **con tristeza:** *The poor child looked at his little cloth bear sadly because it was dirty and wet.*
3. **con asombro:** *Since Teresa couldn't believe what had happened, she was speaking with astonishment.*
4. **pensativamente, en silencio:** *Ernesto was sitting at the table pensively, reading a book silently, because he was going to take a test that same afternoon.*
5. **mágicamente, sin apartar:** *The waiter made the plates disappear magically, without taking his eyes off the beautiful lady.*
6. **con exactitud:** *The engineer explained the project to build a bridge across the Almendares River accurately.*
7. **con fervor:** *The lawyer for the Secretary of the Treasury defended his client fervently, but in spite of that, he was found guilty.*
8. **con amor:** *If you treat them with love, they will love you more.*

2.2 Nombres.

1. del amanecer   2. cuchara   3. cama   4. inquietud   5. una mesita de luz

2.3 Verbos.

1. resurgirá   2. me acerqué   3. he advertido   4. se volvió   5. prosiguió

2.4 Opuestos.

1. ahorrar   2. levantarse   3. quedar   4. gustar   5. alegrarse   6. hablar
7. empezar   8. recordar   9. dormirse   10. alejarse

415

III. GRAMÁTICA

3.1 ¿Cómo se puso?

Answers will vary. Only one example is given here.

1. Sí, acabo de afeitarme con una cuchilla nueva.   2. Sí, se despertó hace diez minutos.
3. Sí, se acostaron a las ocho porque estaban muy cansados.   4. Es que perdí el autobús y me enfadé con el chofer.   5. Sí, se levantó a las cinco de la mañana.   6. Se vistió después de dormir la siesta.

3.2 Oraciones.

Answers will vary. Only one example is given here.

1. El pequeño Paquito se bañó solo en la casa de su tía.
2. Nosotros, los que vivimos en provincia, nos sorprendimos al oír las noticias de la capital.
3. Los chicos del barrio latino se encontraban todas las noches en el puente.
4. El nuevo enfermero se ocupó de atender a los heridos.
5. El pobre perrito se asustó con el estruendo del motor.
6. Marujita se peinaba frente a ese espejo todas las mañanas.

3.3 Respuestas libres.

Answers will vary. Only one example is given here.

1. Nos bañamos cuando nos parece bien y a ti... ¡no te importa!
2. Me sorprendí porque no te esperaba hasta la noche.
3. Me aboné ayer mismo.
4. ¿Asustarnos nosotros? No nos asustamos. Tratamos de asustarte a ti.
5. Ni me alegré ni me entristecí.
6. Nadie. Me peiné yo misma.

3.4 Recíprocos.

Answers will vary. Only one example is given here.

1. Sí, nos saludamos como todos los días.
2. No, nunca nos ayudamos porque son muy callados.
3. Sí, nos escribimos regularmente: ¡una vez al año!
4. Sí, siempre nos miramos y nos saludamos atentamente.
5. Nos hablamos desde hace una semana cuando hicimos las paces.
6. Nos vimos la semana pasada en la Clínica Miramar.

3.5 Reflexivo vs. recíproco.

1. Reflexiva: Mis tías se ayudan a sí mismas.
   Recíproca: Mis tías se ayudan mutuamente / una(s) a otra(s).

2. Reflexiva: Siempre nos quejamos de nosotros(as) mismos(as).
   Recíproca: Siempre nos quejamos uno del otro / unos de los otros.

3. Reflexiva: Muchas veces Marta y María se burlan de sí mismas.
   Recíproca: Muchas veces Marta y María se burlan una de la otra.

4. Reflexiva: Esos jóvenes se mataron a sí mismos / ellos mismos.
   Recíproca: Esos jóvenes se mataron mutuamente / uno(s) a otro(s).

5. Reflexiva: Los niños se cansan a sí mismos.
   Recíproca: Los niños se cansan mutuamente / uno(s) a otro(s).

6. Reflexiva: Los leones se asustaron ellos mismos / a sí mismos.
   Recíproca: Los leones se asustaron mutuamente / uno(s) a otro(s).

3.6 Gustar y...

Answers will vary. Only one example is given here.

1. Me gustan / encantan / parecen bien los juegos de pelota.
2. A mí me encantan las películas cómicas que empiezon siendo serias.
3. Me parece bien comer en un restaurante mejicano esta noche.
4. No me gusta nada la gente que habla mucho, porque generalmente se repiten mucho.
5. Me parece mal que traten de venderme algo, cuando yo no lo pedí.
6. Me encanta que seas tan inocente.

3.7 Completar...

Answers will vary. Only one example is given here.

1. cinco todavía. ¿Quién los tendrá?
2. aprender buenos modales y cortesía básica.
3. sus promesas. Es muy serio.
4. ver a los que me deben dinero desde el mes pasado.
5. salir con Victoria?
6. a clases no aprobarás y tendrás que repetir.

3.8 Completar...

Answers will vary. Only one example is given here.

1. ...muy mal conmigo ayer.
2. ...yo hasta que regreses.
3. ...sorprendido(a) al verlos.
4. ...ninguno. Se me acabaron los lápices.
5. ...aquí hasta que pase la tormenta?
6. ...ninguna; las habían vendido.

3.9 Composición.

Correct as you correct a composition you assign.

Chapter 15: The Passive Voice and Impersonal Sentences

I. LECTURA.

1.1 Comprensión.

1. En los tribunales menores.   2. Los pobres y los ricos.   3. Una pisada del ladrón.
4. Sigue la huella.   5. Con la acusación del rastreador.   6. Para el ladrón.
7. Cuarenta.   8. Humilde.   9. Una montura de gala.   10. Año y medio.
11. Se escapó un condenado a muerte.   12. Trató de confundir a Calíbar.   13. En una viña.   14. Fue ejecutado.

II. VOCABULARIO.

2.1 Justicia.

1. testigo, cárcel   2. testimonio prófugo / reo   3. pesquisa, reo / condenado a muerte   4. delito, tribunal   5. pista, prófugo / delincuente

2.2 Forma o modo.

1. **sin vacilar:** *The judge spoke without hesitating, with a steady voice.*
2. **sin perder la pista:** *The tracker kept on walking without losing the robber's trail, until he found him.*
3. **sin proceder a:** *In dictatorships, the police arrest citizens and put them in jail without proceeding to verify a charge.*
4. **fríamente:** *He gave me the news about the death of his friend coldly, as was to be expected from his harsh character.*
5. **con la punta del pie:** *The fugitive was tip-toeing so that the tracker could not follow his tracks.*

2.3 Adjetivos.

Answers will vary slightly.

1. ridículos   2. cabizbajo   3. comprometidos   4. maravillosa / fabulosa
5. circunspecto / grave / reservado   6. encorvado   7. entusiasmado(a)
8. ofendidas

2.4 Verbos.

1. anunciar   2. firmar   3. regresar   4. restaurar   5. robar   6. engañar
7. salvar   8. parar   9. hospedarse   10. interrumpir

III. GRAMÁTICA

3.1 Voz pasiva.

Answers will vary. Only one example is given here.

1. Será adornado por Papá Noel.   2. Fueron traídos por Emilio.   3. Las paredes han sido pintadas por pintores profesionales.   4. Serán envueltos por mí.   5. No sé, pero ya había sido pagada cuando saqué una de mis tarjetas de crédito.   6. Es anunciada por las hermanas de Tomás.

3.2 Cambio de voz.

1. El autobús había sido detenido por los guardias de la frontera.   2. Los tres pintores más jóvenes han sido escogidos por el jurado.   3. Los libros fueron devueltos por casi todos sin haberlos leído.   4. Los árboles enfermos eran cortados por mi papá.
5. Mis hermanos serán examinados por el doctor Cañizares.   6. (Yo) soy rechazado todos los años por la escuela de medicina.   7. La llave del apartamento me había sido pedida por la señora.   8. Ella ya ha sido observada por mí.

3.3 Oraciones activas.

1. ¿Dices que los jueces del Tribunal Provincial examinaron a los alumnos de derecho?
2. ¿Dices que el Banco del Estado mantiene el valor de la moneda?   3. ¿Dices que el nuevo enfermero ha preparado el salón de operaciones?   4. ¿Dices que el General Castro elegirá a los candidatos?   5. ¿Dices que los propios asociados te habían escogido (a ti) para ese cargo?   6. El jefe de la Sección de Narcóticos nos consideraba mucho.

3.4 Oraciones segundas de pasiva.

1. La manifestación fue disuelta al pasar por el Ministerio de Defensa.   2. Los diplomas serán entregados en el acto de graduación de este año.   3. El Casino Nacional fue derrotado en baloncesto.   4. La actriz Consuelo Villahermosa ha sido detenida por contrabando de pieles.   5. Una nueva novela será publicada en Perú.   6. Los héroes nacionales fueron honrados con una ceremonia solemne.

3.5 Construcción impersonal.

1. Vendieron ayer la casa de la esquina.   2. Habían restaurado el despacho de los abogados.   3. Han demolido el local de la Asociación de Propietarios.   4. Veneraban las iglesias del barrio como santuarios.   5. Inspeccionan los consultorios médicos regularmente.   6. Declararán monumento nacional el teatro Martí de La Habana.

3.6 Voz pasiva con *se*.

1. Se anunciaron los resultados de las carreras de caballos. 2. No se quieren vecinos con perros en esos condominios. 3. Se dijo que mañana no hay clases. 4. Se iluminará el parque el 4 de julio. 5. Se fumaba mucho en esa oficina. 6. Se alabó la organización del regimiento. 7. Se habían recibido ya los mensajes del campo de batalla. 8. No se tiene paciencia.

3.7 *Se* con *a* personal.

1. Se castigaba injustamente a los niños. 2. Se premió a los escritores nuevos. 3. Se detuvo al famoso asaltante de bancos. 4. Se citaba constantemente al poeta encarcelado por el dictador. 5. Se vigilaba al espía.

3.8 Transformación.

1. (a) Los consumidores fueron engañados. (b) Se engañó a los consumidores. (c) Engañaron a los consumidores.

2. (a) Uno come mucho en la cafetería de la residencia. (b) Se come mucho en la cafetería de la residencia. (c) Comen mucho en la cafetería de la residencia.

3.9 Respuestas enfáticas.

1. Sí, se me cayeron a mí. 2. Sí, se nos perdió a nosotros. 3. Sí, se te rompió a ti. 4. Sí, se le olvidó a mi madre. 5. Sí, se los trajeron a ustedes. 6. Sí, se las dieron a mis primas. 7. Sí, se me enseñaron a mí. 8. Sí, se nos explicó a nosotros.

3.10 Composición.

Correct as you would a composition you assigned.

Chapter 16: Prepositions

I. LECTURA

1.1 Comprensión.

1. a   2. d   3. b   4. c   5. c

II. VOCABULARIO

2.1 Completar.

1. muestras del trabajo   2. películas europeas   3. libertades políticas   4. jugar con los vecinos   5. mí   6. agua

2.2 Respuestas incompletas.

1. de   2. agitado   3. se unieran   4. a la española   5. hasta que empecé a tener sueño   6. para mi casa

III. GRAMÁTICA

3.1 *Al + infinitivo.*

Answers will vary. Only one example is given here.

1. Al entrar, nos sentamos en la última fila.   2. Al empezar a hablar el senador, Ricardo estaba en el frente del salón y no pudo salir.   3. Al llegar a la oficina, vi a Margarita. 4. Al empezar a andar el coche, todos gritaron de alegría.   5. Al volver Pedrito, yo ya estaba para salir.   6. Al pagar las cuentas, me dieron estos recibos.

3.2 *llegar a...*

Answers will vary. Only one example is given here.

1. Sí, llegará a la fábrica a eso de las siete de la mañana.   2. No, llegaré a Quito la semana que viene.   3. Sí, llegaremos a la oficina a las ocho de la mañana.   4. No, no llegaremos a Buenos Aires hasta mañana por la mañana.   5. Sí, ella llegará al hospital a la una de la tarde.   6. No, no llegarán a la convención hasta pasado mañana.

3.3 ¿A qué hora?

Answers will vary. Only one example is given here.

1. Sí, vinieron a las diez de la noche.   2. No, no saldremos hasta las ocho de la noche. 3. Sí, lo terminé a las dos y media de la tarde.   4. No, no empezarán hasta el viernes a

las doce del día.   5. Sí, lo apagué a las once y cuarto.   6. No, no las vieron hasta hoy a las tres de la tarde.

3.4 Lugares.

Answers will vary. Only one example is given here.

1. ...en el restaurante «El Venado».   2. ...desde mi casa hasta el estadio.   3. ...en la fiesta de Navidad   4. ...hasta las tiendas de la calle Monte.   5. ...desde el capitolio hasta la calle Verdi.   6. ...en mi casa.

3.5 La preposición *a*.

1. Siempre acompaño **a** mis hermanos cuando van al cine.   2. Iré **a** España a mediados de mayo, no **a** fines de junio.   3. *No hay cambio.*   4. **Al** año siguiente teníamos clase **a** las dos de la tarde.   5. **Al** ver **a** Tomás tratando de cargar las cajas, pensé que necesitaba **a** alguien que fuera más fuerte.   6. *No hay cambio.*

3.6 *Por* la mañana, tarde,...

Answers will vary. Only one example is given here.

1. Estudio por la noche.   2. Me baño por la mañana.   3. Descanso por la noche. 4. Duermo por la madrugada.   5. Leo por la mañana o por la tarde.   6. Veo televisión por la tarde.   7. Hablo con mi amiga por la mañana, por la tarde y por la noche.   8. Tomo té por la tarde, a las cinco en punto.

3.7 Expresiones con *por*.

1. Por lo general ... Por fin   2. Por ejemplo ... Por fin ...   3. por lo general ... por ejemplo ... por fin ...

3.8 *por + infinitivo*.

Answers will vary. Only one example is given here.

1. ¡No me digas! ¿Entonces la cena está por preparar todavía?   2. ¡Qué barbaridad! ¿El comedor está por limpiar y arreglar?   3. ¡No puedo creerlo! ¿Todavía el pasaporte está por solicitar?   4. ¡Qué barbaridad! ¿Entonces están por comprar todavía?   5. ¡No me digas! ¿Las reservaciones están por hacer todavía?   6. ¡Esto es increíble! ¿Las fotos, tan importantes, todavía están por sacar?

3.9 Medios de transporte.

1. Voy en bicicleta.   2. Salí en barco.   3. Viajaba en taxi.   4. Llegué en autobús. 5. Vine en avión.   6. Subí en mula.

3.10 *Por* y *para*

1. **por:** *He is a very poor man; he only earns a peso an hour.*
2. **por:** *That restaurant is famous for its seafood dishes.*
3. **Para ... Para ... para:** *Where are you going? To Havana? I don't think there are flights to Cuba now.*
4. **para ... por:** I brought the pie for you to taste and I am curious to know if you liked it.
5. **por:** *Estela is doing her best to excel in chemistry.*
6. **por/para:** *Today I'll cook for you in your place. You'll see what a good cook I am!*
7. **Para:** *Considering that Vicente has traveled very much, he is not that learned/cultivated.*
8. **por:** *I'm not planning to work today; let Samuel work for me.*
9. **para:** *Do you have time to explain that to me?*
10. **Por:** *Where does this plane pass through? Is it true that it crosses the mountain range?*

3.11 Preposiciones compuestas.

1. a cargo de ... en vez del ...   2. detrás de ... al lado de ...   3. respecto a ... a fines de ...   4. debajo de ... en vez de ...

3.12 Más preposiciones compuestas.

1. en vez del   2. alrededor del   3. Dentro de   4. a fuerza de   5. a falta de
6. Contrario a

3.13 Preposiciones simples.

1. de ... con
2. (X) ... del
3. por ... de ... por
4. con ... con
5. a ... de ... a la
6. a
7. de
8. a ... (X)
9. al
10. en

3.14 Composición.

Correct as you would correct any composition you assign.

Chapter 17: Infinitives and the Present Participle

I. LECTURA

1.1 Comprensión.

First paragraph: episodio ... escudero ... llegan ... campo ... molinos de viento.

Second paragraph: cree ... brazos largos ... gigantes ... hacerlo razonar ... parecen ... aspas ... hacer andar ... piedra ...

Third paragraph: voces ... daba ... loco ... imaginados ...

II. VOCABULARIO

2.1 Completar.

1. batalla   2. desaforado   3 enriquecerse   4. mejor de lo que   5. tiene miedo
6. Quítate de ahí.   7. ser cobarde.   8. gigante.

2.2 Selección de respuesta.

1. a   2. b   3. b   4. a   5. a   6. b

III. GRAMÁTICA

3.1 Completar con infinitivos.

Answers will vary slightly.

1. dormir   2. entender   3. creer   4. vender   5. ayudar   6. saber

3.2 La preposición *de*.

1. de   2. X   3. X   4. de   5. de   6. de   7. X   8. X

3.3 Completar con preposiciones.

1. a ... a   2. en   3. por/a ... a   4. X ... en   5. de   6. a ... X   7. X ... a
8. a ... de   9. en ... por   10. a ... de ... a

3.4 *Oír* o *ver*.

Answers will vary. Only one example is given here.

1. Sí, lo vi salir hace unos minutos.   2. No, no lo vi lavar.   3. No, no lo oí hablar. 4. Sí, los oí estudiar toda la noche.   5. No, no los oí hablar.   6. No sé, pero no lo oí llegar.

Answer key to *cuaderno de ejercicios*

3.5 *Mandar* y *hacer*.

Answers will vary slightly.

1. No, mándelas lavar.   2. No, hazla preparar.   3. No, mándenlas traer.   4. No, mándalas hacer.   5. No, hágalas limpiar. 6. No, mándenlos comprar.

3.6 Frases preposicionales.

Se ofrecen todas las respuestas correctas posibles.

1. a pesar de / además de / al / antes de / después de / en lugar de
2. antes de / en cuanto a / respecto a / tocante a
3. antes de / después de
4. además de / antes de / después de / en lugar de
5. a pesar de
6. debido a

3.7 Infinitivos en el sujeto.

1. Trabajar duro   2. Enseñar matemáticas   3. Limpiar la casa   4. Creer en esas tonterías   5. bailar   6. Vivir

3.8 Gerundios.

1. Pudiendo hacer el trabajo, no lo hizo.   2. Diciendo todo lo que tenía que decir, se sentó.   3. Terminando la carta, me acosté.   4. Apagando las luces, salimos a la calle.
5. Cerrando las ventanas, empezó a llover.   6. Atravesando el tren el túnel, ocurrió el accidente.

3.9 Gerundio en oraciones condicionales.

1. Llevando el dinero,...   2. Teniendo suerte,... 3. ...viviendo más cerca de la universidad.   4. ...sabiendo jugar a la bolsa de valores.   5. Parándote aquí,...   6. Diciéndomelo ellos,...

3.10 *Andar* + *gerundio*.

1. Sí, creo que anda trabajando en Madrid.   2. Sí, creo que andan estudiando en Toledo.   3. Sí, creo que anda pintando.   4. Sí, creo que andan practicando en el estadio.   5. Sí, creo que anda vendiendo casas en su pueblo.   6. Sí, creo que andan buscando discos de rock.

3.11 *Seguir + gerundio.*

Answers will vary. Only one example is given here.

1. Los sigue cambiando.   2. Siguió fumando; es muy testarudo (*stubborn*).   3. Pues, seguiré haciendo gestiones para conseguir los permisos.   4. Sigue trabajando en el jardín.   5. Siguió copiando.   6. No, no siguió corriendo.

3.12 Composición.

Correct as you usually correct your students' composition work.

Chapter 18: De esto y de aquello

I. LECTURA

1.1 Comprensión.

1. c   2. b   3. b   4. a   5. d

II. VOCABULARIO

2.1 Completar.

1. miseria   2. polvo   3. centro   4. suburbios   5. el contraste

2.2 Definiciones.

1. corte   2. zapatería   3. almacén   4. casa de huéspedes   5. cementerio
6. buñolería   7. taberna   8. comedor

2.3 Adjetivos.

1. sorprendido   2. resignado ... misterioso ... fantasmagórico   3. carcomido
4. chabacano   5. corto   6. hirientes

2.4 Verbos.

1. siguiendo   2. se halla   3. persistía   4. añadió   5. levanté

2.5 Palabras de uso difícil.

1. quisiera ... mismo   2. Ojalá ... muy   3. deseo ... gustaría   4. mucho ...
gustaría

III. GRAMÁTICA.

3.1 Completar.

1. u   2. e   3. o   4. o ... u   5. e   6. u

3.2 El sí enfático.

Answers will vary. Only one example is given here.

1. Yo sí hice la comida ayer.   2. ¡Cómo no! Yo sí se las di.   3. No es cierto. Yo sí los
compré.   4. Ellos sí sabían de mi enfermedad.   5. Yo sí volveré a ver a Pablo.
6. Eso no es verdad. Elena sí tiene mucho dinero.

3.3 Respuestas con *ya*.

Answers will vary. Only one example is given here.

1. No te preocupes; ya los devolví.   2. Te digo que ya fue esta mañana.   3. No te apures; ya se las di.   4. No hay por qué preocuparse; ya lo llevé.   5. Gracias por recordármelo, pero ya las anoté.   6. Ya te las di, ¿no recuerdas?

3.4 Más respuestas con *ya*.

Answers will vary. Only one example is given here.

1. Sí, ponla ya.   2. Sí, llámalo ya.   3. Sí, puedes pedirla ya.   4. Sí, debes servirla ya.
5. Sí, tráelas ya.   6. Sí, puedes cerrarla ya.

3.5 ¿Qué tiempo hace?

Answers may vary slightly.

1. Hace buen tiempo. Hace calor. Está despejado.   2. Hace mal tiempo. Hace mucho frío. Hace viento. Está nublado.   3. Hace fresco.   4. Hace buen tiempo. Hace calor. Está despejado.   5. Hace buen tiempo. Hace calor. No hace viento. Está despejado.

3.6 Formas de *haber*.

1. habían   2. habrán   3. he   4. habías   5. han   6. hubiera/habrían, ha/han
7. habría   8. hayan

3.7 Otros usos de *haber*.

1. Anoche hubo dos reuniones en su despacho.   2. El viernes habrá una fiesta en mi casa.   3. En esa escuela había una excursión todos los años.   4. Aquí hay cuatro trabajadores.   5. Habrá varios programas de televisión sobre el S.I.D.A.

3.8 *Tener + que + infinitivo*.

Answers will vary. Only one example is given here.

1. Tienes que ir a la boda, porque tuvo la amabilidad de invitarte.   2. Tienes que dormir un poco antes de seguir.   3. Tienes que tomar un poco de agua con bicarbonato.
4. Tienes que ponerte a estudiar ahora mismo.   5. Tienes que limpiarlos bien para que no se vean tan viejos.   6. Tienes que venderlas hoy mismo.

3.9 Nombres.

1. frío   2. sed   3. ganas   4. hambre   5. razón   6. frío, miedo

Answer key to *cuaderno de ejercicios*

3.10 Composición.

Correct as you normally correct composition work done in your class.

Answer key to
manual de laboratorio

Chapter 1: Demonstratives

Ejercicio 1: Dictado.

La <u>nobleza</u> local admiraba a la señá Frasquita por su <u>impresionante</u> belleza, pero <u>ninguno de ellos</u> daba a conocer el verdadero <u>motivo</u> de la atención <u>que le dispensaban</u>. No <u>cabía duda</u> de que Frasquita <u>merecía</u> esa admiración: alta <u>y colosal</u>, pero <u>ligera y graciosa</u> como una <u>jovencita</u>.

Ejercicio 2.

1. Las que   2. de acuerdo   3. en realidad   4. las almohadas   5. Ésta, aquél

Ejercicio 3.

1. aquellas   2. éstas   3. esas   4. aquél   5. eso

Ejercicio 4.

1. aquella   2. esas   3. estos   4. esta   5. aquella

Ejercicio 5.

1. éstas   2. aquél   3. éste   4. aquél   5. aquélla

Ejercicio 6.

1. Ni ésas ni otras.   2. ¿Por qué dices eso?   3. ¿Ése o éste?   4. ¿Los que tengo en la mano o ésos?   5. ¡Ay, por Dios! ¡Qué temperamento!

Ejercicio 7.

1. Tiene que terminar una tarea de geología.   2. Sólo tiene una.

Ejercicio 8.

Se deben marcar los enunciados 1, 2 y 8.

Chapter 2: The Use of Tenses in General.

Ejercicio 1: Dictado.

La historia de Caín y Abel es una de las historias más antiguas que se conocen. En el cuento, el autor trata de mostrarnos la virtud del perdón. La versión original del Antiguo Testamento nos enseña que nosotros somos los guardianes de nuestros hermanos.

Ejercicio 2: Vocabulario.

1. se asomaba   2. se levanta   3. desde   4. que   5. viene   6. estará
7. vendría   8. porque   9. se volvió   10. nada más que

Ejercicio 3.

1. veo   2. querrá   3. vendría   4. hemos conocido   5. habría saludado
6. habíamos dicho

Ejercicio 4.

1. quería; pasado   2. daría; hipotético   3. habría comprado; hipotético   4. decía; pasado   5. vivirían; hipotético   6. había arreglado; pasado

Ejercicio 5.

1. b   2. a   3. a   4. b   5. a   6. a

Ejercicio 6.

1. (a) seguridad   (b) probabilidad
2. (a) probabilidad   (b) seguridad
3. (a) probabilidad   (b) seguridad
4. (a) seguridad   (b) probabilidad
5. (a) seguridad   (b) probabilidad
6. (a) probabilidad   (b) seguridad

Ejercicio 7.

1. b   2. a   3. b

Ejercicio 8.

Deben marcarse los enunciados 1, 3, 4, 6, y 9.

Chapter 3: Interrogatives

Ejercicio 1: Dictado.

Entrevista con un <u>inmigrante</u>:

(E) ¿<u>Cómo</u> <u>se</u> <u>llama</u> usted?
(I) <u>Me</u> <u>llamo</u> Evaristo Vega.
(E) ¿<u>De</u> <u>dónde</u> es usted?
(I) <u>Soy</u> de Cochabamba, <u>República</u> de <u>Bolivia</u>, <u>Suramérica</u>.
(E) ¿<u>Dónde</u> <u>vivía</u> usted en Bolivia?
(I) Vivía en La Paz, <u>que</u> <u>es</u> <u>la</u> <u>capital</u> de Bolivia.
(E) ¿<u>Cuál</u> es su <u>profesión</u>?
(I) Soy maestro, pero <u>trabajaba</u> en el <u>Museo</u> <u>Nacional</u> <u>de</u> <u>Arqueología</u> que está en La Paz.
(E) ¿<u>Por</u> <u>qué</u> <u>vino</u> usted a <u>este</u> <u>país</u>?
(I) <u>Porque</u> <u>me</u> <u>casé</u> con una americana y <u>hemos</u> <u>decidido</u> <u>establecernos</u> aquí.

Ejercicio 2.

1. iguales   2. diferentes   3. diferentes   4. iguales   5. diferentes   6. diferentes
7. diferentes   8. iguales   9. iguales   10. iguales

Ejercicio 3.

1. No sé.   2. En el centro.   3. Porque no me gusta ofender a nadie.   4. ¡Nunca!
5. Es una composición poética.   6. Con cuchara y tenedor.   7. El invitado que trajo
la botella.   8. Para mi padre.

Ejercicio 4.

1. ¿Qué es...?   2. ¿Cuál es...?   3. ¿Cuál es...?   4. ¿Cuál es...?   5. ¿Qué es...?
6. ¿Qué es...?

Ejercicio 5.

1. ¿Dónde viven esos muchachos?   2. ¿Qué consiguieron ustedes?   3. ¿Adónde va a
ir Bernardo?   4. ¿Qué es eso?   5. ¿Cuándo te hicieron la oferta?   6. ¿Por qué no
se lo preguntas a Sergio?

Ejercicio 6.

1. b, d   2. c, d   3. a, b

Chapter 4: The Use of Past Tenses in Narration

Ejercicio 1: Dictado.

1. Elena me convenció de que <u>debía sacar ese libro de la biblioteca.</u>   2. Como Felipe no es muy estudioso, <u>siempre sale mal en los exámenes.</u>   3. Fui a la consulta del médico porque <u>me dolía mucho la espalda.</u>   4. Alberto nunca limpia el cuarto, por eso, <u>está muy sucio.</u>   5. Cada dos días, al anochecer, el hombre <u>se sentaba en el patio de su casa y hacía unos gestos raros.</u>   6. Los clientes gozaban del <u>atento servicio que recibían en el restaurante.</u>

Ejercicio 2.

1. incoherente   2. urgente   3. olorosa   4. pasmado   5. valiosas   6. semiabierta

Ejercicio 3.

1. política   2. relaciones familiares   3. costumbres   4. atravesar una intersección
5. las personas que no gastan ni dan dinero.   6. deportes invernales

Ejercicio 4.

1. presente *b* pretérito *a*   2. presente *b* pretérito *a*   3. presente *a* pretérito *b*
4. presente *a* pretérito *b*   5. presente *a* pretérito *b*   6. presente *b* pretérito *a*

Ejercicio 5.

1. imperfecto *b* condicional *a*   2. imperfecto *a* condicional *b*   3. imperfecto *b*
condicional *a*   4. imperfecto *b* condicional *a*   5. imperfecto *b* condicional *a*
6. imperfecto *a* condicional *b*

Ejercicio 6.

1. b   2. a   3. c   4. b   5. a   6. b

Ejercicio 7.

1. acción descriptiva   2. acción repetida   3. acción durativa   4. expresión de hora   5. expresión de edad   6. acción repetida   7. acción descriptiva
8. acción durativa

Ejercicio 8.

1. b   2. a   3. b   4. b   5. a   6. b

Ejercicio 9.

1. c   2. b   3. a

Ejercicio 10.

Deben marcarse los enunciados 2, 5, 6, 7, 8 y 10.

Chapter 5: Adjectives

Ejercicio 1: Dictado.

1. Porque es muy hablador.   2. Está enamorado de la actriz francesa.   3. Sí, se lo dije en su propia cara.   4. No, no me gustan los vestidos de terciopelo.   5. Resbalé en el hielo y me di un golpe fuerte.   6. Dicen que el señor misterioso es hermano del jefe.

Ejercicio 2.

1. muchacha   2. muchacho   3. muchacho   4. cualquiera   5. cualquiera
6. muchacha   7. cualquiera   8. muchacho

Ejercicio 3.

1. pánico   2. metálico   3. incomprensible   4. inofensiva   5. menor
6. simple   7. recojo   8. pura

Ejercicio 4.

1. No, son rumores.   2. Un holgazán.   3. Confianza.   4. De prisa.
5. Tranquillo.   6. Pasar el tiempo.   7. Porque tropecé.   8. En la galería.

Ejercicio 5.

1. temible   2. ancha   3. desconocida   4. maduro   5. formal   6. preguntona
7. seco   8. audaz

Ejercicio 6.

1. diferentes   2. iguales   3. iguales   4. diferentes   5. diferentes   6. iguales
7. iguales   8. diferentes

Ejericicio 7.

1. ilógica   2. lógica   3. lógica   4. ilógica   5. lógica   6. ilógica
7. lógica   8. ilógica

Ejercicio 8.

1. prado   2. despacho   3. galería

Ejercicio 9.

Fecha: <u>12 de octubre de 1494</u> Lugar: <u>ISLA DE GUANAHANI</u>
¿Quiénes llegaron? <u>Expedicionarios españoles en tres embarcaciones.</u>
¿Qué fue este encuentro? <u>Una sorpresa.</u>
¿Adónde creían haber llegado los expedicionarios? <u>A la India.</u>
¿Por qué no se entendieron? <u>Porque hablaban lenguas diferentes.</u>
¿Cómo se entendieron? <u>Con gestos.</u>
¿Qué pudieron comprender los expedicionarios? <u>Que había islas mayores al sur.</u>

Chapter 6: Ser *and* Estar

Ejercicio 1.

1. Lluvias desastrosas. Cosechas perdidas.
2. Boda pospuesta. Miguel acobardado.
3. Familia trabajando. Julio de inspector. Marí de contadora.
4. Nuestros pozos llenos petróleo. Millonarios.
5. Ricardo preso. Traficante drogas.

Estas son las respuestas correctas a la segunda parte, aunque puede haber algunas diferencias, en cuyo caso consulte con su instructor.

1. Las lluvias han sido desastrosas. Las cosechas están perdidas.
2. La boda ha sido pospuesta. Miguel está acobardado.
3. La familia está trabajando. Julio está de inspector. Marí está de contadora.
4. Nuestros pozos están llenos de petróleo. ¡Somos millonarios!
5. Ricardo está preso. Es traficante de drogas.

Ejercicio 2.

1. es   2. está   3. estuviera   4. será   5. fuera   6. estoy   7. estuvo   8. estando

Ejercicio 3.

1. es   2. está   3. fuera   4. sean   5. está   6. estás   7. estás   8. es

Ejercicio 4.

1. a   2. b   3. b   4. a   5. b

Ejercicio 5.

1. b   2. a   3. b   4. b   5. a

Ejercicio 6.

1.b, c   2. c   3. a, b, c

Ejercicio 7.

Enunciados verdaderos: 2, 4, 5, 6, 8 y 10.   Enunciados falsos: 1, 3, 7 y 9.

Chapter 7: Personal Pronouns

Ejercicio 1: Dictado.

1. Yo te lo di hoy en tu casa.   2. A mí me las van a pagar.   3. No nos los van a vender por un peso.   4. Las vi en el casino.   5. Tú no se lo das a él.   6. A la luz de la luna no se ve bien.

Ejercicio 2.

1. ellas   2. tú   3. nosotras   4. vosotros   5. él   6. yo

Ejercicio 3.

1. nos vio   2. la saludó   3. os conoce   4. me protegieron   5. te quiere
6. nos traicionó

Ejercicio 4.

1. vosotros, lo   2. lo, ustedes   3. me, la   4. los, ellos   5. nos, la   6. se, lo

Ejercicio 5.

1. b   2. b   3. a   4. a   5. b   6. a

Ejercicio 6.

1. a   2. b   3. a   4. a   5. b   6. a

Ejercicio 7.

1. a   2. b   3. b   4. a   5. a

Ejercicio 8.

Enunciados verdaderos: 2, 4, 5 y 7.   Enunciados falsos: 1, 3, 6 y 8.

Chapter 8: Adverbs

Ejercicio 1: Dictado.

1. Si quieres ser bien recibido por el jefe <u>debes llegar puntualmente</u>.
2. No quiero hablarle a ese chico porque <u>no lo conozco muy bien</u>.
3. Tendremos que esperar una hora por lo menos <u>porque el avión está retrasado</u>.
4. No me atrevo a llamar a Carlos <u>porque ya es muy tarde</u>.
5. Esos niños viven peligrosamente cerca de <u>una fábrica que contamina el aire</u>.

Ejercicio 2.

1. salvajes   2. cantarla   3. alegremente   4. dueño   5. fácil

Ejercicio 3.

1. b   2. b   3. a   4. a   5. b

Ejercicio 4.

1. a   2. b   3. b   4. a   5. a

Ejercicio 5.

1. b   2. c   3. a   4. a   5. b

Ejercicio 6.

1. Straight ahead.   2. Left turn only.   3. Go.   4. No left turn.   5. No parking.   6. Right turn only.   7. Speed limit, 60 kph.   8. Use right lane.

Ejercicio 7.

Respuestas correctas: 2, 4, 6, 7 y 8.

Chapter 9: The Article

Ejercicio 1: Dictado.

1. el, las, (X) el, las
2. los, (X) la, del, la
3. la, el, los, las (X)
4. Los, (X), (X), (X), (X)
5. Lo, la, los, las

Ejercicio 2.

1. lo   2. la   3. una   4. una   5. el   6. el

Ejercicio 3.

1. b, c   2. a, c   3. b, c   4. a, b   5. b, d   6. b, d

Ejercicio 4.

1. ajedrez   2. iglesia   3. cárcel.   4. botánica   5. toronja

Ejercicio 5.

1. opuestos   2. iguales   3. iguales   4. diferentes   5. opuestos
6. opuestos   7. iguales   8. diferentes

Ejercicio 6.

1. Darle cocaína.   2. Dependencia.   3. Alimento y compañía del sexo opuesto.
4. Un choque eléctrico.   5. A la muerte.

Chapter 10: Possessives

Ejercicio 1: Dictado.

1. Las manos le olían a jabón perfumado.   2. En junio, estará de viaje contigo.
3. Tengo un dolor de cabeza terrible.   4. Levanté la mano para contestar, pero no me vio.   5. Me molesta que faltes a clases con tanta frecuencia.   6. El gerente hizo un gesto desafiante y se fue.

Ejercicio 2.

1. yo   2. tú   3. ustedes ellos ellas   4. ustedes ellas   5. nosotros   6. tú

Ejercicio 3.

1. diferentes   2. iguales   3. iguales   4. diferentes   5. iguales   6. iguales

Ejercicio 4.

1. d   2. a   3. a   4. d   5. a   6. d

Ejercicio 5.

1. b   2. a   3. b   4. c   5. a   6. b

Ejercicio 6.

1. b   2. a   3. c   4. a   5. c   6. b

Ejercicio 7.

1. Estuvo enfermo por la noche.   2. Tuvo un accidente con su motocicleta.

Ejercicio 8.

Respuestas marcadas: 1, 3, 4, 7, 8, 10 y 12.

Chapter 11: The Subjunctive

Ejercicio 1: Dictado.

1. Aunque a Susana no le parezca bien, <u>hablaré con el director.</u>   2. No pueden estudiar por la mañana <u>sin poner la radio.</u>   3. Me gustaría que te vistieras como si <u>fueras a una fiesta.</u>   4. No vino mucha gente a la conferencia <u>que yo sepa.</u>   5. Hasta ayer por la tarde, era seguro que <u>el grupo musical «Roqui-rock» llegaba en el avión de las doce.</u>
6. Después de que le pida el dinero que me debe, <u>no le hablaré más.</u>

Ejercicio 2.

1. dijo, trajera   2. sabía, había casado   3. sería, supieran   4. terminaré, llegue
5. entraste, hubieras visto   6. vayas, encontrarás

Ejercicio 3.

1. b   2. a   3. b   4. a   5. a   6. a

Ejercicio 4.

1. persuasión   2. gusto   3. orden   4. duda   5. gusto   6. orden
7. persuasión   8. duda

Ejercicio 5.

1. (a) emoción (b) opinión   2. (b) emoción   (a) opinión   3. (b) emoción
(a) opinión   4. (b) emoción   (a) opinión   5. (a) emoción   (b) opinión

Ejercicio 6.

1. (a) futuro   (b) pasado   2. (a) pasado (b) futuro   3. (a) pasado   (b) futuro
4. (a) futuro pasado   5. (a) futuro   (b) pasado   6. (a) futuro   (b) pasado

Ejercicio 7.

1. (a) cortés (b) autoritaria   2. (b) cortés   (a) autoritaria   3. (a) cortés
(b) autoritaria   4. (b) cortés (a) autoritaria   5. (a) cortés (b) autoritaria

Ejercicio 8.

1. b   2. a   3. c   4. b

Ejercicio 9.

1. A unas elecciones.   2. En Panamá.   3. El candidato de la oposición.
4. Noriega.   5. El Presidente Bush ordenó la invasión de Panamá.

Chapter 12: Relative Pronouns

Ejercicio 1: Dictado.

Oraciones abreviadas:

1. Tormenta granizo destruye siembras maíz, frijol.   2. Campesinos víctimas aguaceros, pasan hambre.   3. Gobierno nacional promete ayuda destinada campesinos.
4. Pequeños dueños fincas valle central defienden propiedades.   5. Violento incendio destruye oficina correos.   6. Esperan ayuda iglesia católica víctimas tormentas.

Oraciones completas:

1. Una tormenta de granizo destruye las siembras de maíz y de frijol.   2. Los campesinos, víctimas de los aguaceros, pasan hambre.   3. El gobierno nacional promete dar ayuda destinada a los campesinos.   4. Los pequeños dueños de fincas del valle central defienden sus propiedades.   5. Un violento incendio destruye la oficina de correos.   6. Esperan ayuda de la iglesia católica para las víctimas de las tormentas.

Ejercicio 2.

1. Religión   2. Música   3. Multa   4. Pólizas de seguro.   5. Antigüedades

Ejercicio 3.

1. devolverlo   2. jefe postal   3. no valen mucho   4. vecina   5. armas
6. toques

Ejercicio 4.

1. b   2. a   3. c   4. c   5. c   6. a

Ejercicio 5.

1. que   2. cuyo   3. la cual   4. la que   5. quienes   6. los que

Ejercicio 6.

1. a   2. b   3. a   4. b   5. a   6. a

Ejercicio 7.

Respuestas correctas: 1, 3, 6, 7 y 8.

Chapter 13: Imperatives, Conditional Sentences, and Clauses of Concession.

Ejercicio 1: Dictado.

1. Si no quieres oír la conferencia, <u>vete de aquí</u>.
2. Saquen los cuadernos de ejercicios y <u>terminen el capítulo 13</u>.
3. Hágame el favor de sentarse aquí, <u>que quiero hacerle una pregunta</u>.
4. Si mañana no entregas tus papeles, <u>no te darán la licencia de conducir</u>.
5. El tren para aquí a la misma hora, <u>pase lo que pase</u>.
6. Por favor, no me hables <u>como si fueras mi padre</u>.

Ejercicio 2.

1. lo que   2. si   3. aunque   4. como si   5. con tal que   6. aunque

Ejercicio 3.

1. nosotros   2. vosotros   3. tú   4. ustedes   5. usted   6. él/ella
7. nosotros   8. usted   9. usted   10. tú

Ejercicio 4.

1. d   2. a   3. a   4. a   5. b   6. c

Ejercicio 5.

1. b   2. c   3. a   4. c   5. b   6. c

Ejercicio 6.

1. a   2. b   3. a   4. c   5. a   6. b

Ejercicio 7.

1. b   2. a   3. a   4. c   5. b   6. c

Ejercicio 8.

1. (a) Un burócrata.   (b) No, está aburrido.   (c) No.
2. (a) No.   (b) Los jefes.   (c) Despóticamente.
3. (a) Rumores lejanos.   (b) A eso de las doce de la noche.   (c) En la capital de un país industrializado.

Chapter 14: Reflexives and the Verbs Gustar, Faltar, and Quedar

Ejercicio 1: Dictado.

1. Yo levanté la maleta y la puse sobre la mesa.   2. ¿Te bañaste a las dos de la tarde?
3. Nos despertamos, nos levantamos y nos vestimos en menos de diez minutos.
4. Desayunaron en la cafetería de la universidad.   5. Yo me levanté hoy con dolor de cabeza.   6. Bañé al perro porque te quejaste de su mal olor.

Ejercicio 2.

1. Va a dormir mucho.   2. Se va de viaje.   3. Música.   4. Ambigüedad.
5. Ruidos nocturnos.   6. Bañarse.

Ejercicio 3.

1. ...lo advirtió.   2. ...la cara.   3. ...se suicidan.   4. ...a su lado.
5. ...acordarme.   6. ...no me faltes.

Ejercicio 4.

1. iguales   2. diferentes   3. iguales   4. iguales   5. iguales   6. diferentes
7. diferentes   8. diferentes

Ejercicio 5.

1. yo   2. ella   3. tú   4. tú   5. él, ella   6. él, ella

Ejercicio 6.

1. c   2. a   3. c

Ejercicio 7.

Respuestas correctas: 2, 4, 5, 7, 8, 9 y 10.

Chapter 15: The Passive Voice and Impersonal Sentences

Ejercicio 1: Dictado.

1. Nada. Me darán otro puesto porque no aguanto éste ni un día más.   2. Me aconsejaron que volviera mañana con mis papeles.   3. Ahora que se le critica tanto, no se sabe dónde están.   4. Sí que se le detuvo, pero no sé quién lo detuvo.   5. Creo que es acompañado por sus ministros y ayudantes.   6. Un poco encorvado, pero, para sus ochenta y nueve años, está muy bien.

Ejercicio 2.

1. c   2. c   3. b   4. a

Ejercicio 3.

1. guardarlas   2. imperceptible   3. en seguida   4. dignidad   5. poseían
6. misteriosa   7. sin moverse   8. cadalso

Ejercicio 4.

1. a   2. b   3. b   4. a   5. a   6. c

Ejercicio 5.

1. pasivo-impersonal   2. reflexivo   3. reflexivo   4. pasivo-impersonal
5. recíproca   6. pasivo-impersonal   7. recíproca   8. reflexivo

Ejercicio 6.

1. activo-impersonal   2. pasivo-impersonal   3. activo-impersonal   4. pasivo-impersonal   5. pasivo-impersonal   6. activo-impersonal

Ejercicio 7.

1. activo-impersonal   2. reflexivo   3. recíproca   4. pasiva-impersonal
5. reflexivo   6. pasivo-impersonal   7. pasivo-impersonal   8. activo-impersonal

Ejercicio 8.

1. b   2. c   3. b

Chapter 16: Prepositions

Ejercicio 1: Dictado.

1. Entra la puerta grande, no la chiquita.
   Entra <u>por</u> la puerta grande, no <u>por</u> la chiquita.

2. Ese camión viene el campo cargado vegetales frescos.
   Ese camión viene <u>del</u> campo cargado <u>de</u> vegetales frescos.

3. Vi el hermano de Felipe, el que trabaja tu tío Pedro.
   Vi <u>al</u> hermano de Felipe, el que trabaja <u>para</u> tu tío Pedro.

4. ¿Ustedes van la estación trenes o vienen allí?
   ¿Ustedes van <u>a</u> la estación <u>de</u> trenes o vienen <u>de</u> allí?

5. Le hablé la doctora Comas la fiesta Celestino Cruz.
   Le hablé <u>a</u> la doctora Comas <u>en</u> la fiesta <u>de</u> Celestino Cruz.

6. Ayer ella me habló ti, saber dónde eres.
   Ayer ella me habló <u>de</u> ti, <u>para</u> saber <u>de</u> dónde eres.

Ejercicio 2.

1. ...destierro.　　2. ...flotando.　　3. ...en la universidad.　　4. ...tan ancha.
5. ...aprovecharte de su bondad.　　6. ...por ti.

Ejercicio 3.

1. b　　2. c　　3. a　　4. a　　5. c　　6. b

Ejercicio 4.

1. iguales　　2. diferentes　　3. iguales　　4. diferentes　　5. iguales　　6. iguales

Ejercicio 5.

1. a　　2. b　　3. b　　5. a　　6. a

Ejercicio 6.

1. ver.　　2. mí.　　3. su casa.　　4. la ciudad.　　5. menos de diez minutos.
6. la plaza

Ejercicio 7.

1. b   2. a   3. b   4. a   5. a

Ejercicio 8.

1. Descubrió que los cambios de color en las plantas de maíz se debían a movimientos de los genes alrededor de los cromosomas.   2. En los años 40.   3. Botánica.

Chapter 17: Infinitives and the Present Participle.

Ejercicio 1: Dictado.

1. Cuando José pasó por aquí esta mañana iba <u>diciendo palabras incoherentes</u>.   2. Esas canciones que oímos ayer son difíciles <u>de recordar por su melodía complicada</u>.   3. Sin duda alguna, es imposible <u>ser perfecto en esta vida</u>.   4. El señor Ramirez todavía corre dos millas diarias <u>a pesar de que ya llegó a los ochenta años</u>.   5. ¿Cuántas vueltas da ese perro antes de <u>acostarse junto a su amo?</u>   6. Vicente trajo los discos para la fiesta sin <u>decir nada a nadie</u>.

Ejercicio 2.

1. decidió dejarnos preparar   2. se puso a llorar   3. se cansó de pedir   4. se obstina en ir a visitar   5. empezó por decirme   6. amenazó con dejar de hablarme   7. acordaste de enseñar a resolver   8. se arrepintió de haber bebido

Ejercicio 3.

1. iguales   2. diferentes   3. iguales   4. iguales   5. diferentes   6. diferentes   7. iguales   8. diferentes

Ejercicio 4.

1. diferentes   2. iguales   3. diferentes   4. iguales   5. diferentes   6. iguales

Ejercicio 5.

1. a   2. c   3. b   4. b   5. c   6. b

Ejercicio 6.

1. b   2. c   3. b

Ejercicio 7.

1. b   2. b   3. a   4. b   5. b

Ejercicio 8.

1. Del derribamiento de su muralla.   2. En noviembre de 1989.   3. El establecimiento de un sistema democrático de gobierno.   4. Es el título de una canción.   5. Se congestionaron.   6. Las cámaras de televisión.

Chapter 18: De esto y de aquello

Ejercicio 1: Dictado.

1. Ese estudiante debe de comer en la cafetería; <u>por eso tiene tiempo para estudiar más.</u>
2. Hace mucho frío desde ayer <u>porque el viento viene de Canadá.</u>   3. Como era tan tarde, el profesor me dijo que <u>ya no podía tomar el examen.</u>   4. Tú debes tener más cuidado con lo que dices <u>para que no tengas peleas.</u>   5. Padres e hijos deben de llevarse bien <u>en esa familia.</u>   6. Tú has de hacer ahora mismo <u>lo que sea necesario hacer.</u>

Ejercicio 2.

1. siete u ocho, deben de ser   2. Hace cuatro, he visitado   3. ¿Te gustaría, mucho todos   4. lentos e ineficientes, debería   5. hubo muchos, pudieron haberse evitado

Ejercicio 3.

1. iguales   2. diferentes   3. diferentes   4. iguales   5. iguales   6. iguales
7. iguales   8. diferentes

Ejercicio 4.

1. pasado   2. pasado   3. presente   4. futuro   5. presente   6. pasado
7. futuro   8. presente

Ejercicio 5.

1. autoritaria   2. autoritaria   3. cortés   4. autoritaria   5. cortés   6. cortés

Ejercicio 6.

Deben marcarse los enunciados 1, 3, 4, 5, 7, 9, 11 y 12.